数读清史

李治亭 杨东梁 主编

乾隆鼎盛

衣长春 郑硕 著

肆

第四皇子即位
治理四大水系
四次东巡
四库全书
四万首御制诗

捌

八次蠲免全国钱粮
解决八旗生计
国库存银八千万两
八十九岁长寿帝王
钦定八旗通志

辽宁民族出版社

图书在版编目（CIP）数据

乾隆鼎盛 / 衣长春，郑硕著. —沈阳：辽宁民族出版社，2020.1

（数读清史丛书 / 李治亭，杨东梁主编）

ISBN 978-7-5497-2014-9

Ⅰ. ①乾…　Ⅱ. ①衣…　②郑…　Ⅲ. ①中国历史—清代　Ⅳ.①K249

中国版本图书馆CIP数据核字（2019）第247423号

乾隆鼎盛

QIANLONG DINGSHENG

出版发行者：辽宁民族出版社
地　　　址：沈阳市和平区十一纬路25号　邮编：110003
印　刷　者：辽宁新华印务有限公司
幅 面 尺 寸：180mm × 250mm
印　　　张：19.25
字　　　数：300千字
出 版 时 间：2020 年 1 月第 1 版
印 刷 时 间：2020 年 1 月第 1 次印刷
责 任 编 辑：李　璜
封 面 设 计：杜　江
责 任 校 对：王　荷

标 准 书 号：ISBN 978-7-5497-2014-9
定　　　价：58.00 元

网址：www.lnmzcbs.com　　邮购电话：024-23284335
淘宝网店：http://lnmz2013.taobao.com
如有印装质量问题，请与出版社联系调换　　联系电话：024-23284340

前言

李治亭　杨东梁

《数读清史丛书》经构思、组稿、成稿、定稿，历经数年，现在终于可以与读者见面了，这首先要感谢辽宁民族出版社的鼎力相助。

那么《数读清史丛书》究竟是一部什么样的书呢？为什么把“数字”与“清史”联系在一起？这是必须要首先交代清楚的。

提起清史，人们并不陌生，但清朝全史的研究及有关清史图书的出版，在中华人民共和国建立前后一段时间内却显得较为冷清（部分涉及中国近代史、农民战争史者除外）。进入改革开放时期后，清朝的历史和故事受到社会的广泛关注，一方面，学术界不断掀起研究清史的热潮，从地方到全国，国家级暨国际性的研讨会频频举行，研究成果如论文、著作、资料、通俗读物等层出不穷；另一方面，文艺界如戏曲、小说、评书、电影、电视等，也介入清史领域，将其演绎成一部部艺术作品推向社会，从而使清史故事和知识普及千家万户。至今，自20世纪80年代掀起的“清史热”不减不退。可以说，清史的普及率是其他断代史无法比拟的。清史一跃成为史学界之“显学”，不能不使各断代史相顾“失色”！这与改革开放前数十年相对冷清的局面形成鲜明对照。

清史研究的大发展和空前繁荣，实非偶然。清朝距我们当代社会最近，自其亡国至今，也只有百余年；说起清朝的人和事，似在昨天，如在眼前，很容易引起人们更大的兴趣。清朝的历史漫长，经历的时代多变，其丰富多彩的内容，为文学艺术创作提供了取之不尽的素材。坦率地说，把清史故事搬上舞台、银屏，也许比创作关于现实生活的作品来得容易些。因为编导者们受到的约束较少，创作发挥的天地较为广阔，这是不是也算一种“捷径”呢?

对于史学界来说，清史园地既广大又富饶，还有许多待开垦的“处女地”，确有强烈的吸引力。学者们为之付出辛勤劳动，研究成果难以计数，近40年所取得的进展，远胜前60年的总和!

有清一代，比它以前任何一代王朝更受到当代人的重视与关注，这也许是清朝的幸运。但其中也有颇多是非曲直、重重疑点，现在学术界还在争论不休，难以达成共识。不同观点已成对峙状态，能延续多久，尚难预料。不过，争论绝不是一件坏事，学术就需要百花齐放，百家争鸣。如果没有争论，学术也就失去了它的生命力。

现在的问题是，有关清史的歧见，已远远超出了学术争论的范畴。例如，文艺小说及影视、戏剧“戏说”成风，更有甚者，某些清宫影视剧，荒诞无稽，莫此为甚！诚然，文艺作品既然是艺术创作，自然允许虚构，但不能脱离生活，特别是历史题材的作品，更不能天马行空，颠倒、篡改历史，我们常说的“大事不虚，小事不拘”，就是这个道理。文艺界的“戏说”风也刮进了学术界，一些“学者”跟风而上，打着学术的幌子，对三国史、清史，乃至孔子、庄子恣意解读。特别是清史，标榜“正说”者未必不是邪说，其公开宣扬历史唯心主义，信口开河，实则搞乱了清史。任意涂改历史，胡乱编造之风必须煞住，因为不得民心，终将被弃之如垃圾。

尽管“戏说”荒诞，谬说悖理，却仍在社会中流传，清史难“清”。这促使我们决意写一部“新清史”，阐明我们的“清史观”，表述对清史的基本认识，希望能尽量做出科学评断，向社会传达准确的历史信息。这大抵是我们编纂本丛书的初衷，是否如愿，有待实践检验。

撰写一部王朝断代史，首先遇到一个问题，即王朝的起始与终结时间。这似乎是个常识，无须讨论。清以前的历代王朝姑且不论，只说清朝，确有特殊之处。它的终结时间，为宣统三年（1911），清帝宣布退位，清朝统治就此结束。对此，没有任何疑义。那么，清朝的历史又始于何时呢？说法有三：一说，以清顺治元年（1644）入主北京为其始，清有国应为268年；一说，以明万历四十四年（1616）努尔哈赤创建后金政权为清史开端，至终结，共296年；一说，从努尔哈赤于明万历十一年（1583）起兵算起，直至清亡，共历329年。

这三种说法都有一定道理。正如一个人的人生历程，如从参加工作算起，至退休，强调其人的工作时间。如从出生算起，直到去世，这是表示一个人的寿命。清朝的三个“开始”时间，各有所重。学术界采用的是第一种说法，约定俗成，从未受到质疑。因为从入关后清朝才开始统治全国，到其退出历史舞台，就是清朝统治中国的全史。入关前的历史只是清史的序曲，被视为清史的楔子，可不计入清史的时间统计。

我们的意见，取第三种说法：从努尔哈赤创业，到确立在全国的统治，直到溥仪退位，这是清朝历史的一个漫长而完整的过程。其中各个时期，都是清史不可分割的一部分，而各个部分的总和，就是清史的全部。可以说，清史的绝对时间应为329年，举其概数，可称“清史三百年”。同大多数王朝一样，清朝三百年经历了兴、盛、衰、亡的漫长过程。考察清朝三百年，可以说有其独特的经历，这就是：创业、盛世、衰亡，而这三段恰恰是各占百年左右。

先说创业。如前指出，明万历十一年（1583），努尔哈赤起兵，为被害的父祖报仇，即为清朝创业之始，已无疑问。那么，创业于何时完成？进一步问：创业完成的标志是什么？很简单，全国完全统一之日，就是创业完成之时。清在关外时期，仅占有东北与内蒙古地区，统一大业远未完成。清军入关后，于顺治十八年（1661）消灭南明最后一个政权——永历政权，至此，已完成对中华大陆的统一，但台湾仍被郑氏集团控制，故清之创业还不能说完成。直至康熙二十二年（1683），郑氏政权兵败投降，台湾归入清朝版图，至此，清朝才完成了创业。收复台湾，是一个标志。到收复台湾之时，清朝创业正好历时一百年。所谓百年创业，名副其实。

那么何谓百年“盛世”？“盛世”是指最好的历史时期。经济全面发展，文化繁荣昌盛，社会长治久安，国力空前强大等，都是构成盛世不可缺少的条件。清史学界主流意见，认定康熙、雍正、乾隆三朝为清之盛世，史称“康乾盛世”。这个“盛世”，从何时开始？何时结束？学界并无具体界定，学者们见仁见智，但整体上差异不大。我们认为，无论开始、结束，必有一标志性事件，为其时间的界标。进入盛世的标志，恰好是收复台湾的第二年，即康熙二十三年（1684），圣祖首次南巡，非为娱乐，而是专程亲临治理黄河工地，阅视河工。黄河之重要，实关中国历代王朝兴衰，亦为中华民族之命脉。在以农业立国的时代，治理黄河水患，如同治国，是国家头等大事。在收复台湾后，圣祖立即转入治河，说："今四海太平，最重者治河一事。"[①]治河即治国，国家形势已由前期的战乱转为相对稳定，此即盛世开始之时。从大乱走向大治，治河是标志。

盛世何时结束呢？嘉庆元年（1796），高宗刚退位还不到一年，就发生了一个重大的事件，即川、楚、陕、豫白莲教大起义，引发社会矛盾总爆发，社会动乱。以此事件为标志，宣告"盛世"结束。至此，盛世历时112年，取其概数，称为"百年盛世"。

以嘉庆元年为由盛转衰的时代分界线，清朝转入衰落。历嘉庆、道光、咸丰、同治、光绪、宣统等六朝，经时115年，可称"百年衰亡"。

清朝全史，三个"百年"，并非是人为机械地划分，恰恰是清朝本身自然形成的"三段式"，此说只是我们的一种看法，有待学界形成共识。

我们就是依据上述认识，按照三个百年的历史时期，设计出三个阶段，每个阶段各由3册书组成，共计9册，约180万～200万字。

这套丛书，可以说是一部完整的新清史。清朝灭亡百年来，研究清朝历史的成果不断问世，近30年最为突出，已出版长短不一的清朝全史不下10部。本套丛书则有自己的独特之处：其一，给清史定位三百年，按百年创业、百年盛世、百年衰亡"三段式"撰写清朝全史，似乎尚无先例。其二，予清史以新的解释，反映近30年学界清史研究的新认识、新水平，不落俗套，并非老生常谈，而是对清史的一种新解读，着重阐述我们新的清史观。其三，我们在理论上坚持求

① 《圣祖仁皇帝祖训》卷33，"治河一"。

实求真的中国优良学术传统，吸收已有的研究成果，抵制西方史学中的败笔和不良影响，不跟风，不媚俗，也不接受所谓“山寨”的“雷人”之语，更与“戏说”划清界限。一句话，坚定文化自信，坚守中国学风中的优良传统，挡住学术歪风之诱惑，坚定地走自己的路！其四，本丛书的体例与以往不同。近代以来写史多采取西方的章节体，千篇一律，有的节以下再设目、小目，结果节、目重叠，不胜繁杂。本丛书体例设计打破惯例，采用更为灵活的纪事本末体，每件事都是一个故事，通过将这一件件大小事串联起来，以展示清朝三百年历史长编，再现清朝波澜壮阔的历史画卷。

本书更为明显的特点还在于用数字写清史。前文已指出，近40年来，学界或文艺界对清史颇多“创造”，如“戏说”风，风靡各界，以致清史学界也不能幸免！跟“风”而起，“戏说”起来。当“戏说”渐失市场时，又有“正说”“实说”相继出笼。所谓“实”“正”不过是作者主观意识的表达，能否真做到“正”、做到“实”，那就得看作者的史识、史才、史德如何了。事实表明，标明“正说”者，未必正；声明“实说”者，未必实。凡此种种，一个共同特征，就是作者或编导顽固地表现其主观随意性，却弃事实于不顾。我们则希望坚持以历史事实为依据，并通过数字来述说清史之由来。

数字之重要，在于它是代表人类存在的一种符号！在社会生活中，如果没有数字，人类社会将会怎样？毫无疑问，人类必将重返蒙昧时代。考察历史，可知数字与历史的关系至关重要，不容忽视。从《史记》到《清史稿》共26部所谓“正史”中，留下了大量用数字论述历史的资料，在其他各种史书，包括私人著述中，也留下了不少数字的记录。应当承认，我们的祖先对数字远不如西方人那么重视，故史书中有关数字的记录并不多。以数字为基础的统计，其涵盖面颇受局限，而且所记数字也未必都准确。如同文字记述之不确，当考者必考之，以求其真。尽管缺憾多多，但史籍中所留数字仍弥足珍贵。数字与文字记述同等重要，两者互证且互补，数字表明事物存在的形式、规模与质量，是人类从事政治、经济、军事及生产、生活实践活动的依据，亦是政府决策、做出判断的参数；而文字是对数字的说明，如果没有文字的解读，数字也就失去了意义。

如上所言，中国古代不如西方那样重视数字，历来不重视数学发展，数学古称“算数”，即便出现过祖冲之、刘徽这样杰出的算数家，国家整体科技还是没有发展起来。因为古人治国不靠科技，唯专仰经书而已。已故美籍华人、历史学者黄仁宇就晚清百年中国动乱做出独特的分析，称“中国过去百多年来的动乱，不是所谓章法不良、人心不古，也不是全部军人专横、政客捣乱”，却是因为中国未能像西方那样实行“在数目字上管理”的治国手段。

当然，中国古代也并非完全不重视数学，如把“数”列为六艺之一，以数字为基础的学问称“算数”。清朝人对算数的认识颇为深刻，大学者阮元曾说过一段很精彩的话：“数为六艺之一，而广其用，则天地之纲纪，群伦之统系也。天舆星辰之高远，非数无以效其灵；地域之广轮，非数无以步其极；世事之纠纷繁赜，非数无以提其要。通天地人之道曰儒，孰谓儒者而事以不知数乎！”[1]阮元一席话，可知数字无处不在：上经天，下通地，社会生活不可离。阮元之数字论，无疑是对几千年数字之用的正确总结。

① 阮元：《揅经室三集》卷5，“里堂学算记序”。

回顾历史，历代史籍对数字的应用、用数字记述史实的例子，俯拾皆是。如《史记·高祖本纪》载：刘邦率大军攻入咸阳，金银财宝、后宫美女皆不取，独取户籍、地亩、图册，此意是在掌握全国的土地与人口数，以备将来治国之用。其后历代史书皆记载本朝的人口、土地及税收等大量人文经济信息，及至国家各级官吏设置、行政区划、军队及军事活动等，均有数目统计。这些宝贵的具体数字，为后世展开学术研究提供了实证。清代所载各项数据，远比前代更为全面而丰富，如官方编纂的《清实录》、国史及其他官书（如《四库全书》等），还有大量的地方志书、私人著述，无不包含用数字记述的史实。特别是清朝诸帝在位的每一年都要统计并公布该年度的土地增长面积及人口变化，乃至国库存储、蠲免钱粮、水利工程投资、军费支出、官员薪俸等情况，可见数字在国家政治、经济与社会生活的一切领域都占据重要地位。

毫无疑问，数字就是史料，是各种史料最值得重视的组成部分。数字同文字记录一样，都是历史的载体，其独特之处在于，它把历史的内涵具体化，彰显其真实的存在。

数字与历史的关系如此密切，对于史学研究不是可有可无，而是必不可少。应当承认，我们的史学研究往往不那么看重数字，总是偏重于研究事件始末、人物的实践活动、是非的评断，数字只是其中的附属，很少有人把它视为主要依据。这里，还有一个认识误区，即以为"摆弄"数字与统计，是经济史学家的事，似乎跟史学其他方面的研究无关。这一认识显然有失偏颇。我们应当树立"数字历史"的新思维，重新认识数字在史学研究中的特殊价值，若能如此，将深化我们对历史的理解，并做出新的判断。

基于以上认识，我们提出了用数字写清史、读清史的学术概念。同时，清代个别学者对数字的重视与分析，无疑给予我们很多启发，促使我们对这个问题的认识又有了新的升华，具有新的学术意义。

本文开头就提出何谓“数读清史”的问题，现在可以回答：简言之，即以数字为纲，将清史中的各种事件与人的实际活动用具体数字加以量化，展开对清史的叙述。说得更明确些，就是应用数字史料来写清史、读清史。本丛书共9册，每册的标题全用数字表述，此即“数字标题”，体现数字为纲之意。一个“标题”中的数字，构成一个历史事件的中心内容，叙其始末，如此相互衔接，清史全通。试举几例说明之：

例一，努尔哈赤于后金天命三年（1618）率八旗伐明，发动抚（顺）清（河）之役，揭开了明清（后金）战争的序幕。伐明前，发布“七大恨”檄文，阐述其伐明的正当性，此 “七大恨”之数字“七”即构成此事件的本质内容，故列题“以‘七大恨’伐明”（见第一册《清朝兴起》）。

例二，康熙中期，国家已进入“盛世”，为与万民同享“盛世”太平，圣祖两度举办“千叟宴”，招请全国60岁以上老人代表共4000余人至京，参加他举办的盛宴，这是“盛世”中的盛事，反映了中国封建社会发展到顶峰的盛况，故以“盛世两举千叟宴”为题，记述其事之始末（见第四册《开创盛世》）。

例三，高宗刚即位，还不到一年，监察御史孙嘉淦上疏，陈述他的治国之见，提出防止“三习”之恶俗与杜绝“一弊”之办法。此疏向新即位的乾隆帝发出了警告。其识见之深、文笔之犀利、预见性之强，一时震动朝野，士子争相阅读。清人即誉此疏为“三习一弊疏”。书中以此为题，评叙其事，为此卷之必不可少，故照此疏之名录下为标题（见第六册《乾隆鼎盛》）。

例四，“103天变法”又称“百日维新”，是晚清时期一次重要的政治变革。“百日”足见其时间短促，反映了顽固派与改良派力量对比之悬殊，也说明当时资产阶级改良派政治上之不成熟。此一数字包含了深刻的政治内涵（见第八册《危局求变》）。

例五，“江楚会奏变法三折”，此折是光绪二十七年（1901）湖广总督张之洞、两江总督刘坤一联合向清政府提出的全面改革方案。三份奏折共计三万多字，代表了朝野上下改革派政治改革的基本框架和思路，成为“清末新政”的纲领性文件。“三份”和“三万”的数字足见其内容之丰富（见第九册《清朝覆亡》）

“数字标题”，涉及如何选用数字。可以肯定地说，我们不会随意采用。如同选择史料，必选有重要价值、内涵丰富、具有代表性的，且数据可靠的数字。具体筛选数字的方法，可概括为三种：

一是直接取用于清官方各书中的准确数字。如以上例证中，“七大恨”“千叟宴”“三习一弊”等，皆来源于《清实录》中的明确记载。

二是归纳或统计后得出的数字。如努尔哈赤先后三次征讨乌拉部，最后一次将乌拉部灭掉，由此归纳为“三征乌拉”；世祖去世前，命索尼、遏必隆、苏克萨哈、鳌拜等为“辅政大臣”，辅佐年幼的少年皇帝圣祖，即成“四大臣辅政”；余类推。

三是概数，将不确定的数字，予以约定。高宗执政时，诛杀多名贪官，有的已计入“实录”，有的则未入录，不能完全确定诛杀贪官的数目，便用“众贪官”表述。因为“众”字及“多”“少”等字，也是数字概念，只是不甚具体而已。如“盛世修书百余种”，其“百余种”系作者据史籍的统计，而“余”字则表明为概数。

数字之用，在于无隐晦，不夸张，不修饰；看数字即识内容，不露作者的主观意图，亦不直接反映作者的观点倾向，一切都通过数字来反映历史的真实客观，其是非、长短，概由读者自行判断，不致被作者表述失当而误导。

书中每一个数字都不是凭空捏造的，甚至可以引申出一篇精彩的故事，读来饶有情趣。那么，为写好每一篇数字故事，采取什么样的体例最适合？比较再三，最后，我们认为采取纪事本末体为好。前已说到，当代盛行的章节体例，过于复杂而烦琐。纪事本末体，为我国传统史书的体例之一，更简捷、明快，尤其便于记述事件的过程，娓娓道来，有引人入胜之效。

与此相适应，本书的文字表述，力求通俗易懂而不失生动，朴实无华而不失美感。时下，文风、学风颇多不端之处，尤其是文风浮华，玩弄“概念史学”，把文字写得晦涩难懂；更有甚者，将中国话“洋化”，引来时尚名词，写的是中国字，讲的却不是“中国话”。我们坚决反对这种坏文风，并与之划清界限，要坚持体现中国传统的优良学风与文风，体现当代中国特色的史学新风。本丛书的各位作者共同约定：要写自己的话，也就是要用自己的语言文字把每件史实写明白，以让读者读懂为最高要求。至于能否做到，效果如何，我们不敢自夸，只能以此为努力目标，并有待广大读者检验。

研究历史，撰写史学著作，目的是经世致用，正如清代学者所倡导：“夫学不经世，非学也！”如果下笔成书，还不明白对社会、对读者有何价值，写书又有何用呢？我们明确宣示：撰写本套丛书，除意在正确传播清史知识外，更重在总结清史中的经验教训，把人生感悟与历史启示贯穿于本丛书的各个篇章，让人读后，多有获益。读者是否有此感受，只可待读后而论也。

以数字写清史、读清史，是我们的大胆尝试，不完美、不完善是必然的。我们不知，此举是否是清史研究和清史著述的新通道，如果这条路径行得通，“数读”对任何一代王朝都适用的话，就会有“数读唐史”“数读明史”等。果真如此，那么中国通史的写法能否跳出原有形式，有所创新呢？

本丛书既然是一种新尝试，难免有诸多不足之处。读者诸君如发现不当，尚祈给予教正。

2019年4月6日于北京

目录

一

乾隆新政　惩治朋党

第四皇子即位

清高宗是清朝乃至整个中国历史上颇具名望的一代帝王，想要全面地了解这位长寿帝王辉煌的一生，首先应了解其成长历程。

高宗生于康熙五十年（1711）八月十三日，他的祖父清圣祖，执政时间达61年之久，是中国历史上在位时间最长的一位皇帝。他的父亲清世宗是圣祖的第四个儿子。世宗即位前，圣祖曾一度将胤礽立为储君，而世宗并未有过被立为储君的经历，更没有行使过储君的权力。

高宗本名爱新觉罗·弘历，是雍亲王胤禛的第四个儿子。康熙五十八年（1719），9岁的弘历师从翰林院庶吉士福敏，在福敏的严格要求和悉心教导下，弘历对经史子集、琴棋书画无一不通。后又师从胥宿儒、徐元梦、朱轼、张廷玉及嵇曾筠。弘历自幼深得祖父圣祖和父亲世宗的喜爱。一次，圣祖带弘历到围场狩猎，先用火枪击中一头熊，大熊应声倒地，圣祖命侍卫随弘历前去补射一箭，让弘历博得“初围获熊”的美名。弘历领命上马，当行至大熊身旁时，倒地的大熊猛然站了起来，向弘历猛扑过来。骑在马上的弘历见此情形，依旧镇定自若，圣祖反应迅速，再次举枪射倒大熊，弘历方才躲过一劫。

弘历的沉稳给圣祖留下了深刻的印象，他对随驾的惇怡皇贵妃说：“伊命贵重，福将过予。”这次行围后，圣祖特意去了狮子园，指名要看看弘历的母亲，在观察许久后，连连赞道：“有福之人！”

康熙六十一年（1722）正月，圣祖举行千叟宴，命弘历与诸皇孙向老臣敬酒。同年三月，他两次驾临圆明园，均召弘历觐见。从此以后，便将弘历留在身边养育。四月，弘历随皇帝巡幸热河避暑山庄，在木兰围场秋狝过后，于九月返京。十一月，圣祖去世，胤禛继承皇位，即世人熟知的世宗雍正皇帝。

雍正元年（1723），弘历的命运随着其父雍亲王胤禛登基而发生变化。作为皇子，弘历在徐元梦、朱轼等人的教导下，开始了新的学习历程。雍正五年，弘历已然成年，17岁的弘历听从其父世宗的安排，迎娶了察哈尔总管李荣保之女富察氏作为福晋。

雍正十一年，世宗册封皇四子弘历为和硕宝亲王，皇五子弘昼为和硕和亲王。十三年二月，贵州苗民起事，西南边疆受到巨大威胁，世宗任命弘历、弘昼、鄂尔泰等人为办理苗疆事务王大臣，处理贵州苗变相关事务。在处理西北准噶尔和贵州苗变事务的过程中，弘历表现突出，被委以“综理军机，谘决大计”的重任。

雍正十三年八月二十三日凌晨，一生勤勉的世宗病逝于圆明园寝宫之中，他在位仅13年，终年58岁。大臣们连夜将其遗体送回紫禁城，并商讨世宗的葬礼和新皇登基等事宜。

常言道，国不可一日无君。世宗即位之初，鉴于前朝皇子众多，储位之争极为残酷，便开始实行秘密建储制度，以年仅13岁的弘历为秘密储君，将建储密旨藏于锦匣之内，高悬于乾清宫正大光明匾额之后。诏书一式两份，另一份密旨藏于圆明园之中，留作日后核对之用。世宗遗体安置稳妥后，庄亲王允禄、果亲王允礼、张廷玉、鄂尔泰，以及年轻的宝亲王弘历等，命人将早已藏于“正大光明”匾背后的锦匣取下，当众开启宣读：

> 宝亲王皇四子弘历，秉性仁慈，居心孝友，圣祖皇考于诸孙之中最为钟爱，抚养宫中，恩逾常格。雍正元年八月间，朕于乾清宫召诸王满汉大臣入见，面谕以建储一事，亲书谕旨加以密封，藏于乾清宫最高处，即立弘历为皇太子之旨也。其仍封亲王者，盖令备位藩封，谙习政事，以增广识见。今既遭大事，着继朕登基，即皇帝位。[①]

弘历与在场群臣听闻密诏之后深感悲痛，根据遗诏，宣布果亲王允礼、庄亲王允禄、大学士鄂尔泰、大学士张廷玉四人作为辅政大臣辅佐朝政，后又改任为总理事务王大臣。又命履郡王允裪、和亲王弘昼、公纳穆图、内大臣海望等负责办理世宗下葬事宜。当天下午，世宗遗体大殓。

九月初三日，弘历于北京紫禁城太和殿登基，接受文武百官朝贺，开始了他作为皇帝文治武功的一生。即位之初，高宗想要让大清的天下在自己手中变得更加繁荣昌盛，他对于先皇制定的政策采取了“分而沿用”的原则，既有沿袭，也有创新。

高宗即位时只有25岁，他知道自己经验不足，为确保文武大臣忠心，他强调“敬天法祖”，对文武大臣进行优礼赏赐，让百官们懂得知遇之恩。除此之外，他还罢黜了一批不称职的官员。

“祖宗成法”历来都是清朝皇帝所必须遵循的一条原则，一些典章制度与重要政务都要严格遵循祖制。新皇帝登基通常要通览先帝的实录、圣训等，

① 《清世宗实录》卷159，雍正十三年八月己丑。

只有这样，才能保证统治的延续性和正统性。高宗即位之初，便明确地表示出他对圣祖、世宗的尊崇。他说："朕之心即皇考之心"，"朕以皇考之实心为心，以皇考之实政为政"，"朕所办之事，即皇考之事；所用之臣，即皇考之臣"。世宗去世后的第三天，他便发布上谕："朕以藐躬受皇考付托之重，兢兢业业，甚以不能仰报为惧。凡皇考办理未竟之事，皆朕今日所当敬谨继述者。诸王大臣，均系受恩深重之人，各宜殚心竭力，辅朕不逮……仍如我皇考临御之时，庶足以仰报圣恩于万一。至于外省文武大臣等，现有具本具折者，既系陈奏皇考之事，即朕今日应办之事。若闻龙驭上宾之信，或将本章奏折，中途赶回，另行更改。或到京后彻回不进者，经朕察出，定行从重治罪。"[①]此谕将年轻皇帝雷厉风行的执政风格表现得淋漓尽致，迅速平复了国丧之后满朝文武一直存在的不安心理，也使得朝野对新即位的皇帝有了全新的认识。

高宗继续沿用雍正时期的密折制度，奏折按书写文字可分为满文折子、汉文折子和满汉合璧折，按内容及功能可分为奏事折、谢恩折、请安折以及庆贺折。奏折经由专差或驿递直达御前，由皇帝亲自拆阅，并用朱笔批答，称为朱批。奏折始于康熙朝，定制于雍正朝，在乾隆朝已经成为清朝皇帝与臣工进行信息传输的主要手段。通过奏折这一特殊的沟通渠道，皇帝与中央和地方臣工进行广泛交流，以便在获取大量地方信息的同时，有效地统御四方。

在对待水患治理、八旗生养等方面问题时，高宗登基之初基本上遵循雍正朝所制定的各项大政方针，在此基础之上加以发展沿用，收到了明显的成效。在沿用和贯彻雍正朝部分政策的同时，年轻的皇帝也进行了大刀阔斧的改革，在诸多方面进行政策调整。

世宗生前迷信鬼神，传说他死于服食丹药。高宗深感此类"流言"与皇

① 《清高宗实录》卷1，雍正十三年八月庚寅。

家颜面干系重大，必须全面肃清。因此对内宫进行全面整顿，明令禁止宫内任何人散布流言。同时，对外严禁各类谣传。高宗恩威并施，竭力为世宗晚年长期醉心于丹药，以致身体不适之事开脱，以此维护父亲颜面与皇家天威。

高宗登基后开铸乾隆通宝，他认为雍正朝制的钱含铜量低而含铅量高，导致钱币上的字迹不够清晰，要想让钱币上的字清晰，则需调整制钱配方中的铜铅比例。经过调整的乾隆通宝果然字迹清晰许多，这也是乾隆通宝比雍正通宝保存状况更好的原因之一。

高宗颇为礼遇朝中的老臣，例如他加封庄亲王允禄、果亲王允礼永食双倍俸禄，大学士张廷玉与鄂尔泰世代承袭一等轻车都尉并配享太庙，朱轼也世袭骑都尉。除礼遇老臣外，还休罢西北之兵，免除雍正十二年（1734）以前各省民欠税赋，并酌情宽免江南历年累积的官侵、吏蚀二项，甚至宽免一批在雍正朝因权力争夺问题而获罪的王公大臣。此举既显示了年轻皇帝重视栋梁、雄才大略的一面，又展现了其海纳百川、宅心仁厚的一面。

在对西北用兵一事上，高宗进行了新的尝试。将雍正朝以武力解决准噶尔问题的方式，逐步转化为剿抚并举、恩威并施的方式，为西北地区换来了近十年的安宁，高宗七见准噶尔来使也成为清廷处理民族问题的一段佳话。

弘历自诩“幼读诗书，颇谙治治理”，并在年轻时就懂得“君德修明，惟在躬行实践，不徒尚喋喋讲论之虚文”[①]。即位后，他自称“春秋方富，年力正强，乃励精图治之始”[②]，认为自己终将有所作为，成为一位有作为的君主，真正做到上不负祖宗，下不负万民。即位伊始由于朝中政务纷繁，他从各方面入手采取各项措施进行改革，成效显著，为后来的乾隆盛世打下了坚实的基础。

① 《清高宗实录》卷36，乾隆二年二月甲子。

② 《清高宗实录》卷67，乾隆三年四月壬寅。

『三习一弊』疏

高宗胸怀大志，文武大臣在他面前也常常是“悟以往，知来者”，对其歌功颂德。正在他沉浸于自己初登帝位，准备大展宏图的喜悦之中时，一篇奏疏却给皇帝泼了一盆冷水。但弘历并未因此恼怒而惩罚上疏者，反而对上疏的大臣大加赞赏。这篇让新皇帝获益良多的奏疏，就是被后世广为称赞的《“三习一弊”疏》，作者是一代名臣孙嘉淦。

孙嘉淦，祖籍山西省兴县，康熙五十二年（1713）考中进士，步入仕途。他颇得世宗信任，高宗因《“三习一弊”疏》对其大加赞赏，官至工部尚书、刑部尚书、直隶总督，为乾隆朝重臣之一。

孙嘉淦在康熙朝还是一位尚欠经验的年轻官员，到了雍正朝开始厚积薄发。雍正元年（1723）九月，孙嘉淦晋升为国子监司业，很快又调任两江，任江西乡试副考官。到雍正三年，孙嘉淦就已经官至安徽学政，居正三品，成为一方大员。雍正四年九月，他再次调任顺天学政。从其雍正时期的为官履历来看，孙嘉淦的职务主要涉及教育和人才选拔。从中央到地方以及再回中央的为官经历，让孙嘉淦对于教育，尤其是人才选拔有了一定的心得。孙嘉淦在《奏陈振兴国学诸项事宜管见八条折》中提出："刑名法律，其效近而易见，礼乐教化，其功远而难成。然而治天下之本在于人才，育人才之源在于天下。"[①]教育对国家的发展至关重要，因此他建议振兴国学，整饬习俗风化。正因有这样的想法，孙嘉淦一生都在为教育、选拔人才与整饬习俗风化而努力。这一时期，孙嘉淦共进汉文奏折27件，其中涉及教育、选拔人才与整饬习俗风化的有9件，占奏折总数的三分之一，可见此人对国家教育发展的用心程度。

孙嘉淦还认为，稳固清朝统治的根本在于振兴八旗官学。雍正五年（1727）九月，他提出应该根据八旗官学的实际情况，确定八旗官学的校舍安排、教师配置以及学生数量，以此振兴八旗官学，此举得到了皇帝的认可。

孙嘉淦一生以直言著称，在雍正朝、乾隆朝，都曾因直言敢谏而受到皇帝青睐。高宗对孙嘉淦有过这样一段详论："朕看其为人，似属朴实，屡加任用迁擢，数年之间，官至侍郎，实望其殚竭诚心，为国家宣猷效力。"[②]孙嘉淦遵循着直言善谏的为官原则，不怕冒犯皇帝，针砭时弊、毫不避讳，着实为世人为官之表率。

中国历来不乏直言敢谏的重臣，《"三习一弊"疏》之所以被后人称赞，主要是因为孙嘉淦作为臣子，想君主之所想，忧天下之所忧，尽臣子之所忠，为人臣之表率。针对雍正后期至新皇帝即位之初这段时期的政治状况，他有较为全面深刻的认识和理解：年轻的君主往往胸怀大志，但经验不足，容易被人蛊惑。因此，孙嘉淦在高宗刚继位时提出"三习一弊"，希望年轻的君主能够采纳其言，成为一代明君。

① 中国第一历史档案馆编：《雍正朝汉文朱批奏折汇编》，《孙嘉淦奏陈振兴国学诸项事宜管见八条折》。

② 《清世宗实录》卷126，雍正十年十二月乙卯。

《三习一弊疏》的核心内容：

君主贤德，臣民才会心悦诚服，进而支持君主的作为，君主往往说一句话就换来文武百官的称颂；君主广施仁政，那么百姓就会对君主感恩戴德，一道诏令便换来天下称颂。对臣民而言，虽并非是阿谀奉承，但君主听多了赞美，就会习以为常，久而久之，便听不惯逆耳之语，会对进忠言者敬而远之。这就是“三习”中的“第一习”——“耳习于所闻，则喜谀而恶直”。

君主施政越是充满智慧，则臣下就愈发愚笨；君主越有能力，则臣下越畏惧君主。臣子对英明君主的号令往往只是俯首帖耳，唯命是从，于臣子而言，这样的行为是恪守君臣之礼，但对君主而言，看多了就会对此司空见惯，便愈加看不惯直言敢谏之人，时间久了，就会对不完全顺从的臣子产生厌恶之情。这就是“三习”中的“第二习”，所谓“目习于所见，则喜柔而恶刚”。

君主想要天下士人归心，但有才之士人见得多了，君主就会产生居天下之高位，藐视一切的心态。君主处理天下政事，本就见多识广。加之高高在上，总是在质问旁人，难以发现自己的短处，更无法清楚地认识到自己的过失，从而间接导致了君主可以为所欲为，令其产生只要是自己的命令，哪怕是错误的，也必须不折不扣地被执行的错觉。这就是“三习”中的“第三习”——“心习于所是，则喜从而恶违”。

孙嘉淦提出不良之“三习”，认为君主习惯了所听、所看、所思，就会引出一大弊端，即“喜小人而厌君子”。

其实，从《“三习一弊”疏》的内容上可以看出，这篇文章与历史上有名的《出师表》《谏太宗十思疏》有着异曲同工之处。《出师表》是三国时期蜀汉丞相诸葛亮给君主刘禅所进之表，其中“亲贤臣，远小人，此先汉所以兴隆也；亲小人，远贤臣，此后汉所以倾颓也”与《“三习一弊”疏》的核心思想“喜小人而厌君子”，君主君临天下的一大弊端颇为相似。而《谏太宗十思疏》是唐代名臣魏徵向唐太宗李世民谏言之疏，“君人者，诚能见可欲，则思知足以自戒；将有作，则思知止以安人；念高危，则思谦冲而自牧；惧满溢，则思江海下百川；乐盘游，则思三驱以为度；忧懈怠，则思慎始而敬终；虑壅蔽，则思虚心以纳下；想谗邪，则思正身以黜恶；恩所加，则思无因喜以谬赏；罚所及，则思无以怒而滥刑”。此十思又与《“三习一弊”疏》中的“三习”颇有相似之处。可见，历朝历代真心为君主谏言之臣，都明白居安思危、见贤思齐、亲贤远佞是作为君主者必备的良好品德。

《“三习一弊”疏》虽然受到了皇帝的重视，却未付诸实践。到乾隆朝中后期，官场的弊端被孙嘉淦不幸言中，高宗没能保持年轻时代的作风，变成了一个喜小人而厌君子的君主。在封建体制下，皇权长期不受任何限制，任何作风优良的人都有可能变质。《“三习一弊”疏》是臣子对于英明君主的有力警示，但即便再英明的君主，也终不能跳出制度的限制，更不能超越时代的局限。

孙嘉淦为官时很有作为，在政治研究方面大有建树，甚至可以说是独树一帜。孙嘉淦作为历经康熙、雍正、乾隆三朝的元老，学识渊博、经验丰富，其门生故吏遍布天下。孙嘉淦一生勤勉好学，精通四书五经，处理日常事务时会结合以往经验。在他为官四十余年的生涯中，在教育、民政、刑狱等方面都颇有建树，还留下了多部著作，涉及政治、历史、经书等多个方面。孙嘉淦的著述善于在前人的基础之上提出自己的独特见解。他的主要作品有《春秋义》《南华通》《诗义折中》《周易述义》《司成课程》《近思录辑要》《成均讲义》《诗删》《孙文定公文录二卷》和《孙文定公奏议》等。

若论为人处世、为官之道，孙嘉淦堪称是具有超前意识、胆识过人的儒臣，仕途上更是廉吏的榜样。康雍乾时期的繁荣盛世也应有孙嘉淦的一份功劳，作为分管教育的臣子，能够无时无刻不在为国家社稷着想，实属不易。

孙嘉淦心系中下层民众，是深受百姓拥戴的朝廷官员，其汉文奏折中很大一部分是涉及基层民生方面的内容。但是，孙嘉淦的著述也有其历史局限性，儒家的等级观念和礼教思想对其影响深远。从历史的角度全面地看其本质和主流，孙嘉淦的“居官八约”以及严谨的治学态度和理论联系实际的治学方法都非常值得后人借鉴、效法，这些充分体现出一名正直敢言、忧国忧民的朝臣的良好品行。

时至今日，坐落于河北省保定市的直隶总督署（即今直隶总督署博物馆）后堂门梁之上还悬挂着孙嘉淦的“居官八约”，展示着他昔日身为京畿宰辅、地方重臣时对后世为官者的影响。“事君笃而不显，与人共而不骄，势避其所争，功藏于无名，事止于能去，言删其无用，以守独避人，以清费廉取。”仅仅42个字，却蕴含了丰富的为官之道，这也是孙嘉淦晚年在经历了“文字狱”风波之后，对为官之道的反思。

四大臣辅政

任用亲信官员辅佐年幼皇帝治理国家，是清朝为应对幼年皇帝登基所采取的措施。早在清军入关前，世祖6岁登基，多尔衮与济尔哈朗作为辅政王辅政。圣祖8岁即位，索尼、鳌拜、苏克萨哈、遏必隆被委为辅政大臣。圣祖即位之初，四辅政大臣尚能同心协力辅佐幼主。然而时间一长，辅政大臣之间便开始结党营私，相互倾轧。在鳌拜和苏克萨哈的争斗中，苏克萨哈首当其冲被斗倒之后，鳌拜专权，迫使康熙皇帝不得不铲除鳌拜党羽。世祖为玄烨安排的辅政大臣是四人，世宗为弘历安排的辅政大臣也是四人，这或许是效法先王，抑或只是一个历史巧合。然而不论是刻意安排还是偶然，高宗总算没重蹈圣祖四大臣倾轧的覆辙。高宗对辅政大臣驾驭得当，因此在乾隆朝初年没有出现辅政大臣专权的局面，但是四位辅政大臣中还是有两位结党营私，高宗最终凭借自己的政治智慧，妥善处理了这些问题。

尽管世宗驾崩得十分突然，很多事情还未及安排妥当。不过，他对自己身后之事早就预做布局。世宗在执政的第八年六月曾得过一场几乎夺走其生命的大病，现存的各类宫廷档案都对此事只字未提，但是高宗为世宗之泰陵所撰写的《圣德神功碑》（写于乾隆二年九月，即1737年）里有所披露：雍正八年（1730）六月，皇帝“圣躬违和”，特召见他和其他亲王、大学士与内臣数人，特别“面谕遗诏大意”。由此可知，雍正八年的这场大病相当危重，使得世宗不得不在病笃之际召见亲王大臣。世宗在这次召见中交代了遗诏的内容，并在为自己施政辩护之余，期望继位者对过于严苛的新制再行斟酌，务以宽仁施政。因此，高宗即位后，对雍正时期的章程时有商榷和更张之举，对他而言，不过是秉遵父亲遗训，顺理成章的事情。

世宗在面谕遗诏的五年后病逝。当时，面谕的全部内容已不可知，不过和圣祖一样，世宗并未在这次公开面谕中交代继位人选，这当然是因为根据他最早秘密建储的构想，继位人选是在皇帝崩逝之后才能启封公布。除了传位人选之外，世宗还在密旨中对人事布局做了进一步安排。他十分倚重的大臣张廷玉，在其自订年谱里曾经透露：雍正八年自春至秋，圣躬违和，命廷玉与大学士马尔赛、蒋廷锡办理一切事务，并与御医商定方药。间有密旨，则命廷玉独留。从张廷玉这段隐讳的描述来推测，世宗的密旨应该与他安排死后的人事布局有关，以备万一。后来皇帝经过调养静摄，终得痊愈，故《清实录》《起居注》对这段“圣躬不豫”的经过，以及面谕遗诏之事皆隐而未载。世宗曾将这份密旨的内容在雍正八年九月间密示张廷玉，在十年正月间又同时出示给鄂尔泰与张廷玉两人，当时世宗病已痊愈，意在笼络两位心腹大臣。在世宗弥留之际，赶赴圆明园的张廷玉与鄂尔泰便向在场的亲王大臣表示过，皇帝曾经就立储一事给过二人一份密旨。此旨收藏于宫中，如遇紧急情况，则出示密旨以正大统。总管太监表示不知密旨所在，经张廷玉提示：该密旨的样式是“外用黄纸固封，背后写一封字”。这件事关“传位大事”的密旨，与雍正元年八月十七日置于乾清宫的建储密旨应有不同。因为如只是皇位继承人选，总管太监在世宗去世之际一时遍寻不得，自可差人赶赴乾清宫取下宣读即可。可见，这份置于世宗身边的密旨，除了指定传位人选之外，还有其他重要的人事指示。就在张廷玉宣读这份密旨后不久，受命继位的弘历随即传令内侍宣谕：遵皇考遗旨，令庄亲王允禄、果亲王允礼、大学士鄂尔泰、大学士张廷玉辅政。

可见，世宗密旨里至少有命四大臣辅政的安排。在雍正八年（1730），世宗的身体状况一度迅速恶化，拟定密旨时，也许考虑到继位的弘历年仅二十，任命大臣辅政或有稳定政局的需要，此亦有前例可循，例如圣祖登极之初，亦有四位顾命大臣襄佐政事。不过雍正十三年，年满廿五岁的弘历登基，四位大臣明白弘历非幼童可比，随即奏称“不敢当辅政之名，请照前例称总理事务”，所得答复自然是“蒙恩俞允”。

在世宗遗诏的末段中，特别论及庄亲王允禄和果亲王允礼：“庄亲王心地醇良，和平谨慎，但遇事少有担当，然必不至于错误。果亲王至性忠直，才识俱优，实国家有用之材，但平日气体清弱，不耐劳瘁，倘遇大事，诸王大臣当体之，勿使伤损其身，若因此而损贤王之精神，不能为国家办理政务，则甚为可惜。”①

世宗之所以特别提出这两位亲王，正是有意要托付辅佐新君的重责大任。而在评价两位皇弟亲王的才品之后，又称：“张廷玉器量纯全，抒诚供职，其纂修圣祖皇帝实录，宣力独多。每年遵旨缮写上谕，悉能详达朕意，训示臣民，其功甚巨。鄂尔泰志秉忠贞，才优经济，安民察吏，绥靖边疆，洵为不世出之名臣。此二人者，朕可保其始终不渝。朕万年之后二臣著配享太庙，令朕欲将。”②

雍正十三年（1735）八月二十三日，世宗逝世，弘历于次日向庄亲王等大臣表示：将世宗恩准张廷玉、鄂尔泰两人配享太庙的谕旨纳入“遗诏内颁

---

①《清世宗实录》卷159，雍正十三年八月己丑。

②《清高宗实录》卷1，雍正十三年八月庚寅。

发”。高宗所引述世宗谕旨的内容，与前引遗诏的内容毫无二致。他口中的这份谕旨，显然指的就是雍正八年（1730）的密旨。当时鄂尔泰与张廷玉两人曾一度谦让推辞，但弘历坚持其“惟知遵奉皇考圣旨”[①]，并且为回应鄂尔泰和张廷玉两人“稽古典礼”的请求，特地命令总理事务的庄亲王与果亲王等大臣“备查古典，详议具奏”。诸王大臣虽表示“查历代遗诏，史不备载”，但也查出明太祖朱元璋于洪武二年（1369）降旨恩准李善长等七人入祀太庙的前例。因此诸人表示，可以将此恩典殊荣缮入遗诏。于是，在八月二十五日，高宗下旨依议办理。遗诏于世宗去世四天后正式颁布。由此可知，遗诏确是在二十五日、二十六日正式撰拟定稿的。庄亲王等人的奏复中更清楚地指出：“如大学士鄂尔泰、张廷玉者，久在圣明洞鉴之中，是以特书谕旨，密封内廷。”这也意味着雍正皇帝生前特别将这份亲笔密旨先后取给鄂尔泰和张廷玉两人看过，意在视两人为股肱心腹。对鄂尔泰、张廷玉而言，此等恩典写入遗诏，作为世宗的最后一道命令公布天下，给予了他们“旷代殊荣”。

在世宗遗诏的制作过程中，辅助高宗继位的辅政之臣扮演主导的角色，大体上仍是遵照雍正八年面谕中宽仁施政的指示及密旨中的人事安排。唯有任命四大臣辅政一节，四位亲王大臣审时度势，洞悉高宗乾纲独断的心意，坚辞“辅政”之名，而遗诏对此付之阙如，也使遗诏中言及两位亲王才品一节，变得相当突兀，殊不知世宗本意，正是在提及此四人之后，赋予他们“辅政”大任。

这四位辅政大臣有着自己独特的从政经历，也有着不同的辅政风格，这最终决定了四人的结局。

允禄，原名爱新觉罗·胤禄。为避雍正胤禛讳，将“胤”改为“允”，

① 《清高宗实录》卷1，雍正十三年八月庚寅。

康熙皇帝第十六子，其初排行为第二十六。此人精通数学、乐律、火器，才华全面，曾为弘历学习火器的老师，与高宗私交甚好。康熙三十四年（1695）乙亥六月十八日卯时，由庶妃王氏，即顺懿密王氏妃所生，为皇十五子允禑的同母胞弟。康熙末年，允禄奉命掌管内务府。雍正元年（1723）三月，庄亲王博果铎卒而无子，年轻的允禄便被过继给庄亲王。历官正蓝旗汉军都统、正黄旗满洲都统、镶白旗满洲都统。乾隆元年（1736），任总理事务大臣，兼管工部事务，食亲王双俸。不久，犯事被夺爵，仍被厚予田宅。乾隆四年十月，因为与理亲王弘皙（世宗之子）往来"诡秘"，被高宗猜忌，罢免其职务。乾隆三十二年二月病逝，终年73岁，谥"恪"。有儿子10人、女儿9人。

允礼，本名爱新觉罗·胤礼，是圣祖第十七子，其初排行二十七，康熙三十六年三月初二生。负责理藩院和户部事务，在处理苗疆问题方面有着丰富的经验。幼时师从沈德潜，豁达识体，不参与皇权之争，且聪明持重，政绩斐然。工书法，善诗词，好游历。曾秘密奏请蠲免江南诸省民欠漕粮、芦课、学租、杂税，皇帝允准，因而获"秉性忠直""存心宽厚"的美誉。乾隆三年卒，谥毅。著有《春和堂集》《静远斋集》《奉使纪行诗集》和《工程做法》等书。

张廷玉，进士出身，康熙朝始为朝廷效力，至雍正朝已官居保和殿大学士、吏部尚书、军机大臣，加少保衔，后加太保。张廷玉是大学士张英之子，世宗即位后对他十分赏识，令其教授皇子，擢礼部尚书。不久，又兼翰林院掌院学士并调户部任职。此后张廷玉又被授予文渊阁大学士、文华殿大学士、保和殿大学士之职。雍正八年，设立军机处，张廷玉负责制定军机处规章，可见张廷玉在雍正朝备受重用。军机处的一整套管理运作制度极为严密，在加强皇权统治的同时，防止机密外传，同时有效避免了政出多头、效率低下的情况。将文稿办理职权集于一身，保证档案保存的规范性与完整性，为皇帝进行中枢决策提供诸多便利。张廷玉担任军机大臣多年，位列中枢重臣。雍正朝时，其门生广布天下，而张氏亲属为官者甚多。至乾隆朝，张廷玉身为辅政大臣，一时权倾朝野，其势力更得到极大发展，已经达到"外间舆论动云，桐城张、姚两姓，占却半部缙绅"[1]，这也为其最终得罪高宗、遭到严惩埋下隐患。

鄂尔泰，满洲镶蓝旗人，西林觉罗氏。与田文镜、李卫同为世宗的心腹。鄂尔泰6岁入学，攻读四书五经，8岁开始练习书法与作文，17岁考中秀才，19岁补廪膳生。20岁便中举人，从此步入仕途。至21岁时，袭佐领世职，充任侍卫之职。他的仕途并非一帆风顺，康熙五十五年（1716）时已经37岁的鄂尔泰，才刚出任内务府员外郎。他曾于42岁时作诗自叹："揽镜人将老，开门草未生。"又在《咏怀》诗中吟道："看来四十犹如此，便到百年已可知。"早已过不惑之年的他颇为困惑，感觉前途黑暗，然而他没有料到自己日后能够位居高官，贵为将军。

鄂尔泰官运的转机，出现在世宗继位之时。雍正元年（1723）正月，鄂尔泰被任命为云南乡试副主考。同年五月，又被提升为江苏布政使。雍正三年，贵州改土归流地区土民叛乱，鄂尔泰行使总督职权处理当地事务。雍正四年十月，鄂尔泰被正式任命为总督，加兵部尚书衔。两年后便任云、贵、广西三省总督。雍正七年，又加少保头衔。雍正十年，回京，任保和殿大学士后，官居内阁首辅。后因改土归流功劳甚大，晋封爵位。同年，因清政府在西北两路用兵，皇帝命其出任三边经略，赴陕甘前线督师。雍正十三年，贵州发生叛乱，世宗认为他善后不力，削其伯爵，但对他信任如故。世宗死后，鄂尔泰出任总理事务大臣。乾隆元年（1736），为钦点会试大总裁。除此之外，他又兼任军机大臣、经筵讲官、议政大臣、领侍卫内大臣，管翰林

① 《清高宗实录》卷156，乾隆六年十二月乙未。

院掌院事，加衔太傅，玉牒馆、国史馆、三礼馆总裁，赐号襄勤伯。乾隆十年病逝，享年66岁。

四位辅政大臣各有各的特点：两位亲王身份高贵，个人能力较强，是皇族中的典范，对于稳定皇族亲贵人心作用较大；张廷玉在中书行走，谙熟协调各方之术，了解中央各部门运作规则，门生遍布中央各部门，对于掌控中央政权有着极为特殊的作用；鄂尔泰在地方为官多年，在地方长期处理民族及边患问题，对于处理地方政务有着深入的认识，而门生遍布西南、西北等要地，对安定地方也起着至关重要的作用。这四位辅政大臣在高宗执政之初，为其稳定政局立下了汗马功劳。

当然，辅政大臣毕竟是“前朝遗臣”，在雍正朝已建立功勋，能够独当一面，学生遍布天下，自然给高宗带来了巨大的压力。正所谓“一朝天子一朝臣”，高宗在自己地位稳固后，也必然要甩开这些辅政大臣，收回权力。高宗即位之初，便先后罢免了两位亲王的辅政之职，几年后又相继对张廷玉、鄂尔泰及他们的后人门生进行了处理。四大臣最终在凄凉中结束了其辅政大臣的生涯。

剪除两大朋党

张廷玉、鄂尔泰二人均为世宗生前的肱股之臣，一个在内协理朝政，为世宗推行新政立下汗马功劳；一个在外镇守一方，为世宗推广改土归流鞠躬尽瘁，为稳定清政府的统治做出了巨大贡献。其中，张廷玉更是弘历年轻时的老师，两人有着深厚的师生情谊。

雍正十三年（1735），世宗病逝，在他离开人世之前，委托庄亲王、果亲王与张、鄂二人一并作为辅政大臣，共同协助年轻的高宗处理朝政，乾隆初年，他们为巩固统治，在调整各项政策的过程中发挥了重要作用。因而，弘历在即位伊始，对张、鄂二人极为器重，并委以重任。在大丧期间，高宗任命张、鄂二人为总理事务王大臣，直接处理各类政务。居丧期满，高宗在重组军机处的过程中，又让张、鄂二人担任军机大臣，面授机宜，还命张、鄂分管吏部、兵部和户部这样重要的中央部门。而另外两位辅政大臣，庄亲王和果亲王在乾隆初年便退出了政治舞台；乾隆三年（1738），允礼病逝；次年，允禄以谋反论处，被削爵，从此失势。

正因为两代皇帝的赏识与器重，张廷玉、鄂尔泰二人长期担任部门要职，督办重要军机事务，门生故吏遍布天下，且大多身居要职，掌握一定权力，在中央和地方均具有极大影响力。随着皇权的不断巩固和高宗统治地位的逐渐加强，手握重权的张廷玉、鄂尔泰就成了高宗加强中央集权的绊脚石。张、鄂二人势力盘根错节，相互排挤，不但是乾隆朝初期巩固统治的一大顽疾，而且在一定程度上对高宗施展其远大抱负起到了阻碍作用。因此，剪除鄂、张两大朋党成为高宗进一步巩固皇权的至关重要的一步。

剪除鄂尔泰朋党

鄂尔泰出身镶蓝旗，胤禛还未即帝位时，曾向其索取过一些财物，遭到拒绝，因而世宗认为此人十分正直，非常看重他，在登基后托付重任于他。雍正十年（1732），出任首席军机大臣，授大学士。鄂尔泰在西南多年，改土归流实施得较为妥当，因而其门生故吏多在地方担任督抚等要职，雍正朝后期，鄂尔泰又在京城结交了诸多王公大臣，进一步巩固了自身势力。随着其权势地位的提升，很多满洲权贵逐渐依附于鄂尔泰，甚至有些汉官也向鄂尔泰靠拢，这些人聚集起来逐渐形成了一个新的利益集团。鄂尔泰和很多王公贵族、朝廷大臣等都关系亲密，如庄亲王允禄、陕西学政胡中藻、工部尚书史贻直、湖广总督迈柱、御史仲永檀、云贵总督张广泗、河道总督高斌、江西巡抚鄂昌、军机大臣海望等人，这些人便是以鄂尔泰为核心的“鄂党”的重要成员。

雍正末年，鄂尔泰率先在西南地区实行“改土归流”，这个举措意义重大，有利于巩固清廷对地方的政治统治。然而，因为方式方法不当，贵州一带的苗族人奋力抵抗，世宗对此很生气，一度下旨指责他的不是，并任命张照为苗疆大臣，深入贵州一带处理征剿事宜。而张照是张廷玉集团的人，因集团斗争，不免有失客观公正。他伺机报复鄂尔泰，在贵州不断搜集其罪状，并向皇帝告发，企图推翻“改土归流”政策，岂料正好赶上世宗去世。

弘历即位后，继续实行“改土归流”政策，而张照的建议令高宗极为不满。不久，张照征剿失败，于是朝廷重新任用鄂尔泰集团的张广泗，由他处理西南事务。正所谓此一时，彼一时，鄂尔泰集团重整旗鼓，欲穷治张党，将张照置于死地。

尽管高宗对鄂尔泰的“改土归流”建议是赞同的，然而皇帝面对党争所造成的朝廷消耗也并非熟视无睹。从长远角度考虑，他毕竟也想维持两大集团间的势力平衡，让双方都在自己的掌控之中，这样才能更好地维护和巩固自己的统治。所以，高宗并没有采纳鄂尔泰要求将张照处死的建议，反而对张照委以重任，命他在武英殿修书处行走，一直升任至吏部大臣。后来回忆起此事，高宗还说道：“鄂尔泰、张廷玉素不相得，两家亦各有私人……盖（张）照即张（廷玉）欣喜而鄂（尔泰）所恶者，张广泗即鄂所喜而张所恶者。余非不知，既不使一成一败，亦不使两败俱伤，在余心固自有权衡，而鄂与张两皆成就为贤臣，不亦善乎？”

在高宗看来，两大集团的斗争此消彼长，既不能过于偏向其中一边，打破天平两端的平衡，也不能坐视不管，任其两败俱伤，只有维持两派平衡才是上策。如此便可吸纳两派中有才能之人加以利用，倘若能使鄂尔泰和张廷玉悔悟，摒弃斗争，做一代“贤臣”，便是再好不过了。高宗的想法和采取的措施体现出他善用驭臣手段维护帝王集权的高明之处，不失为一代“贤君”。但是，往往事与愿违，两党之争愈演愈烈，高宗失望之余，只能打消“感化”的念头，进而转变策略，严厉打击党争。

乾隆六年（1741），鄂党成员中一位号称“敢于言事”的御史仲永檀又对张党展开攻击，他告发对手收受贿赂，行贿之人为京城一位富商俞氏，于是便将矛头指向了张党集团。高宗并不相信，经过调查，此事乃子虚乌有，但调查过程中发现提督鄂善受贿千两，鄂善遂被处死。仲永檀举报立功，被擢升为佥都御史，皇帝颁发谕旨以示奖励："自今以后，诸居言官之职者，皆当以仲永檀为法，而不必畏首畏尾矣。"[①]仲永檀弹劾成功之后，认为弹劾是打击对手的好办法，很快又将矛头对准了张照并上疏举报，皇帝认为张党诸人滥用权力向他人泄密："向来密奏留中事件，外间旋即知之。此必有串通左右，暗为渲泄者。则是权要有耳目，朝廷将不复有耳目矣。"[②]这里所说的"权要"，指的便是张廷玉。其实，高宗也不太相信这样的指控，他还说："鄂尔泰慎密之处，不如张廷玉。"言外之意是，就算是张党有泄密之嫌，但鄂党更甚。

仲永檀没能弹劾成功，随即张党的张照展开反击。他私下探查，得知仲永檀有泄密之事：把留中密奏的疏稿记录的内容秘密告诉了鄂尔泰的儿子鄂容安。张党随即上疏奏报此事。高宗下旨令张廷玉和其他大臣连同三位亲王一起查办此事，经查：仲永檀与鄂容安的确"往来亲密"，也确实出现了泄密之事。对此，张照提议开展大范围调查，其目的就是把鄂尔泰也拉进来，然后将其党羽一起消灭。但高宗深知其中的利害关系，倘使除掉鄂党，那么张党独大的局面就很难遏制，到时他们就会更加肆行无忌。因此高宗并不打算重罚，只是把仲永檀关进了大牢（后病死于狱中），对鄂容安的处罚也不过是让他退出南书房，不再待在皇帝身边，对鄂尔泰怒斥一番："以仲永檀如此不端之人，而鄂尔泰于朕前屡奏其端正直率，则其党庇之处，已属显然……但其不能择门生之贤否，而奏荐不实，不能训伊子以谨饬，而葛藤未断之处，朕亦不能为之屡宽也。鄂尔泰自思之，朕从前能用汝，今日能宽汝，将来独不能重治之罪乎？……"[③]

乾隆十年（1745），鄂尔泰病死，但其势力依旧。直到乾隆二十年，胡

① 《清高宗实录》卷139，乾隆六年三月辛卯。

② 《清高宗实录》卷139，乾隆六年三月甲申。

③ 《清高宗实录》卷181，乾隆七年十二月癸卯。

中藻文字狱事件才使高宗对党争的态度有了转变。胡中藻原是鄂尔泰的门生，因他写的诗文有诸多悖逆之辞，高宗下令将他处死。如此一来，这个案子深入追究，又牵扯其他人，其中就有鄂尔泰的侄子，即甘肃巡抚鄂昌，高宗令鄂昌自尽，至此，鄂党的势力才被削弱。但祸不单行，此时，鄂尔泰的两个儿子正在准噶尔平定战乱，却不幸相继阵亡。从此，鄂党集团的势力便一落千丈，再不能翻身，两党纠纷终以鄂党彻底失势而不了了之，在历史长轴中画上了句点。

压制张廷玉势力

张廷玉是清朝大学士张英的儿子，世宗继位后很器重他，并让他做皇子的老师，擢礼部尚书。不久，命其兼翰林院掌院学士，调到户部出任官职。此后，张廷玉又被授予文渊阁大学士、文华殿大学士、保和殿大学士之职。雍正八年（1730），设立军机处，将军机处的章程交由张廷玉制定，不难看出世宗对他的重视。张廷玉担任军机大臣多年，位列中枢，门生广布天下，张氏亲属为官者颇多。乾隆朝，张廷玉身为辅政大臣，权倾朝野，其势力得到极大发展，已经达到“外间舆论动云，桐城张、姚两姓，占却半部缙绅”[①]的程度。

高宗一面打压鄂党，一面极力打击和控制张党。为抑制张氏一族的势力，左都御史刘统勋献策，称可以效法圣祖：“敕下大学士张廷玉，会同吏部衙门，将张姚二姓部册有名者，详悉查明。其同姓不同宗与远房亲谊不在此例。若系亲房近友，支累世密戚，现任之员开列奏闻，自命下之日为始，三年之内，停其升转。”[②]对于刘统勋的这一建议，高宗表示赞同。但为不

①②《清高宗实录》卷156，乾隆六年十二月乙未。

致过度惊扰张党，引起他们的恐慌，便安抚张廷玉，阐明利害关系，说这样做其实对他不是件坏事。张廷玉为官几十载，深知皇上此举用意。主动上疏请辞，后来多次请求告老还乡。直到乾隆十四年（1749），皇帝才批准他保留原官致仕。尽管高宗批准了张廷玉的请辞，但他多次请辞的做法让高宗非常不快，高宗认为臣子应该专心侍主，而张廷玉有负皇恩，这不是一个朝廷重臣该有的行为。果然，张廷玉为此付出了代价，鄂党借机抨击他，并禀奏皇帝，称其不配得到尊享太庙的殊荣。

张廷玉听后，心急如焚，他很重视这项荣誉，毕竟大清开国以来得到这项荣誉的异姓大臣仅十二人，而作为汉臣得到这项荣誉的也只有自己，倘使撤掉这个荣誉，他将来定会死不瞑目！他去朝见皇帝，哭咽难抑，竟要求“乞上一言为券”，也就是让高宗写份类似保证书之类的东西。这使得高宗更加不悦，但还是承诺不会撤销世宗遗诏，希望他安心。事后，张廷玉让其子张若澄去代谢皇恩，这使得高宗恼怒万分，他觉得张廷玉当初请求配享太庙一事亲力亲为，等到谢恩却要别人代替，这明显是把皇恩当作“分所应得”，便下旨斥责他。高宗这个举动让人觉得有些异常，张廷玉的门生协办大学士汪由敦对此感到不安，于是偷偷给张廷玉报信。在圣旨到达之前，张廷玉立刻上朝谢恩。怎奈高宗看到他消息如此灵通，愈发怒火中烧，命人彻查，得知是汪由敦走漏的风声，便将张廷玉削爵，虽保留他配享太庙的资格，却已令高宗厌烦至极。至于报信的汪由敦，则被免去了协办大学士及尚书之职，令其留任办事，将功赎罪。

张廷玉已然失宠，但乾隆仍不放过任何打压他的机会，时常伺机指责张廷玉。此时张廷玉只想赶紧离开这伴君如伴虎的是非之地，回原籍养老。乾隆十五年，皇长子、定安亲王永璜病逝，初祭刚过，张廷玉不顾忌自己的身份，匆忙奏请回乡，高宗斥责道：“试思伊曾侍朕讲读，又曾为定安亲王师傅，而乃漠然无情，一至于此，是谓尚有人心者乎？”[1]看来，皇帝对张廷玉已厌恶至极。

此后，高宗召集九卿商讨张廷玉配享太庙资格一事，并定议具奏。朝中诸大臣看出皇帝的心意，他们都认为应当免去张廷玉配享太庙的资格，并将此意见上奏。高宗以此为据，遂变更世宗遗诏，完全不顾之前的允诺，取消了张廷玉配享太庙的资格。高宗此举不仅彰显了皇权至高无上的权威，而且大大削弱了张党的势力，缓解了朋党之争，有利于维护清朝统治。

乾隆十五年（1750）九月，高宗认为张廷玉的姻亲朱荃与吕留良案有关，下旨处罚张廷玉，罚银一万五千两，并将之前御赐之物悉数追缴回来，查抄了他在京城的宅子。就连张廷玉集团的其他人，如汪由敦等，也都受到处罚。乾隆二十年，张廷玉病逝，高宗佯装顾念旧臣，宽恕张廷玉，并恢复其配享太庙的资格。

君权重则无权臣，君权轻则权臣当道，对朋党势力的打压，是历朝历代亘古不变的法则。年轻的弘历即位伊始，虽然经验和资历尚浅，其面对的权臣，更是权倾朝野，经验丰富。但高宗平衡各方势力，逐一待机打击，通过抑制腐败、控制舆论等手段，有效抑制了朝臣派系化，维持了权力的平衡。可见，高宗在驾驭臣属方面有了很大的突破，正在朝着自己的梦想努力前行。在剪除朋党势力过程中，高宗发现贪腐、瞒报情况在朝中时有发生，其目光便逐步转移到惩治贪腐上，新一轮的权力整合开始了。

① 《清高宗实录》卷363，乾隆十五年四月己丑。

诛杀众贪官

高宗即位伊始，第一要务就是解决世宗在位期间的一系列政治矛盾。乾隆二年（1737），为了缓和亲缘关系，恢复了部分在康熙朝末期因争夺储位而获罪的八旗亲贵，其中更是赐予允禟、允禩爵位，恢复其俸禄，并在乾隆四十三年宣布恢复多尔衮王爵。为了缓和君臣关系，先后释放在西北用兵过程中，因贻误战机而被判死刑的岳钟琪、傅尔丹等雍正朝重臣。经过各方面的调整，乾隆朝君臣不协调、皇室不睦的情况得到了极大缓解，统治阶层的关系得到了有效理顺，也更加巩固了高宗在中央政权中的绝对主导地位。

乾隆中期以后，皇帝更加注重官吏的选拔与培养，选拔官员一律挑选年轻、干练之人。对于官员考核也十分重视，明确将“年老、有疾、浮躁、才力不及、疲软无力、不谨、贪、酷”八类官员纳入不称职官员的行列。对不称职的官员，高宗还规定了不同的惩处方法，很多官员由于触犯了这八条而被列入不称职官员的行列，进而被降级调用或降级留用。

高宗充分利用密折制度，与中央和地方官吏进行沟通，监督各级官员。这样，连原本在地方不用参与考核的总督、布政使和按察使等地方大员都被纳入监督序列，从而起到了很好的效果。为了解决官员的生计问题，高宗还特别为在京官员增加俸禄，给外放官员增加养廉银的发放额度，使之不再为生计担忧，从而大大减少了腐败事件的发生。

与雍正朝末年严厉打击腐败的力度相比，乾隆朝初年对于贪赃腐败的惩治力度则显得“温和”许多。高宗对很多贪腐官员都未予以深究，更放松了对地方官员的监督与考核，导致地方吏治腐败，整个官僚体系再次陷入混乱之中。高宗对此并非没有察觉。自乾隆三年（1738）起，高宗开始加大对贪腐的整治力度，先后将兵部尚书兼九门提督鄂善、甘肃巡抚勒尔谨、云贵总督恒文、云南布政使钱度、山东巡抚国泰、浙江巡抚王亶望等贪腐官吏正法。之后，还先后处决了一部分贪腐官员，甚至连皇亲国戚中的贪腐之人也没有放过，全部进行了严肃处理。

赐死兵部尚书鄂善

乾隆六年四月，时任兵部尚书鄂善由于受贿数量巨大，达白银数千两，被高宗下令赐死。当时，俞君弼任工部凿匠，劳碌一生，终得家财千金，却膝下无子。俞君弼逝世后，其义女婿许秉义因俞家孙子长庚尚且年幼，欲谋夺其家产。俞君弼出丧前，许氏安排其同族内阁大学士许王猷邀请朝廷九卿前往吊唁，并揭发俞君弼埋银之事。步军统领鄂善听闻此事，上奏皇帝，依大清律，逮捕许秉义，将许王猷革职。乾隆六年三月间，仲永檀任监察御史，密奏高宗称：兵部尚书鄂善受俞姓贿银万两，因未得确据，不敢明参，以“风闻言事”，据实密奏，以备访查。乾隆帝最初疑此为朝廷党争，欲以“诬陷朝廷大臣”治永檀罪。乃下令，命怡亲王、和亲王、鄂尔泰和张廷玉等“心腹”秉公查办此案。谁料确有其事。不日，高宗下令将鄂善革职并交于刑部严刑审讯。鄂善家人均供认不讳。但高宗召主事大臣与鄂善一同面圣时，鄂善仍矢口否认。然事实确凿，思虑良久后，鄂方承认白银千两之事。遂命王大臣传谕，令其自尽。在此期间，高宗念及鄂善之情谊，其想法也有过松动，“朕于此案，再三斟酌，未尝不欲从宽，即遣王大臣向鄂善降旨时，亦非必不可暂缓其死”[①]。然而鄂善忽称并未受贿，九卿亦为鄂善开脱罪责，想劝皇帝从轻发落，高宗为此震怒，下令将其交刑部严加询查。乾隆六年（1741）四月，大臣等核实鄂善受贿等罪行，拟绞刑。高宗念及君臣情分，赐自尽，并提拔在鄂善案中立功的仲永檀为佥都御史。

严办云贵总督恒文

乾隆二十二年六月，云贵总督恒文会同云南巡抚欲给皇帝进贡金炉，命令从属官员压低市场价格，强行购买民间黄金，引发民怨，官民上疏检举恒文贪赃枉法。根据揭发，恒文在其任职地方巡阅各地时，多次勒索地方府道州县官员。以勒索搜刮等手段，在任职云贵总督的短短一年多时间内，竟敛财数百万之巨。高宗得知此事后甚为恼火，认为“恒文深负朕恩，情罪重大”，“此而曲为宽宥，其何以饬官方而肃吏治”[②]？下令彻查严办。皇帝派遣刑部尚书刘统勋会同贵州巡抚办理恒文一案，经查恒文在任期间贪赃枉法，多有不轨行为。遂将其逮捕后押送至北京。乾隆二十二年九月，高宗派遣侍卫赐死云贵总督恒文，查没财产充公。

① 《清高宗实录》卷140，乾隆六年四月己酉。
② 《清高宗实录》卷546，乾隆二十二年九月辛丑。

云南布政使钱度案案发

钱度于乾隆二十九年（1764）至三十七年间，曾两度出任云南布政使，正值对缅作战时期，云南作为对缅甸作战的后方补给基地，发挥着重要的军事后勤作用。钱度借此机会，利用手中权力，在对缅战争支出银两上大做文章，通过每放出百两银，扣除平馀银一钱至两钱的方法，大量获利。对缅战争期间，云南布政使司共放银2200余万两，钱度就在这些银两的流通过程中侵蚀数万两。在此期间，钱度还通过收取贿赂、滥用职权等方法搜刮白银数万两，更指使家人“或作地窖，或作夹壁，以作永久之计”[①]。乾隆三十七年，宜良知县朱一深至户部检举揭发钱度贪赃枉法、勒索属吏。高宗当即命刑部侍郎袁守侗会同云南总督彰宝、云南巡抚李湖审查钱度一案。经过十几年的吏治整治，发落了一些地方大员，皇帝认为：“司道大员，必不至复有簠簋不饬之事。”[②]钱度案案发后，贵州巡抚、江西巡抚查获钱度家仆携有大量金银珠玉，价值近万。高宗为之震怒，很快下令将钱度正法，其家属、属吏亦受到严厉的处罚。

甘肃巡抚勒尔谨、浙江巡抚王亶望被查

乾隆四十六年，一起大案震惊全国，被诛杀者位高权重，一位是甘肃总督勒尔谨，另一位是浙江巡抚王亶望。不过这个案子可以说算是旧账重翻，其起因源于一次军事行动：北部地区发生以苏四十三为首的河州回民叛乱，甘肃巡抚勒尔谨奉命举兵进剿，进剿过程中损兵折将，高宗下令将甘肃巡抚

①② 《清高宗实录》卷905，乾隆三十七年三月丁巳。

勒尔谨逮捕，又命大学士阿桂率大军至甘肃一带督剿苏四十三叛乱。阿桂大军进入甘肃地界后，甘肃地区大雨不断，阻断进兵之路，兵马行动迟缓。阿桂等将甘肃天气影响进兵一事奏报朝廷，由此引发高宗怀疑甘肃过去每年上报的旱情不实，有骗取朝廷赈灾钱粮的嫌疑，乃命军机大臣阿桂和陕甘总督李侍尧详加考察历年甘肃的灾情及赈灾事宜。二臣核实过后上书，揭露王亶望等人指使甘肃等地方监粮官员贪污捐银和虚假赈粮等事情。高宗得知后，大发雷霆，乃使吏部侍郎杨魁和浙江巡抚陈辉祖一同前往浙省，查审王亶望贪污受贿一事。大批奇珍异宝、金银玉器从王宅中查出，价值逾数百万之巨。案发之时，高宗正在直隶热河等地巡视，乃让朝廷大臣迅速前往热河，共同会审王亶望及涉案人员。根据王、勒二人供词：自粮改捐后，他下令指使兰州知府蒋全迪让所辖各县诸官员谎报灾情。本案上至巡抚，下至州县官员，共涉案60余人，贪污银两更是达到2万余两，其涉案人数之多，银两数目之大，震惊朝野。王亶望处以斩刑，勒尔谨赐自尽，至此结案。

山东巡抚国泰

乾隆四十七年（1782），高宗本以为在勒尔谨、王亶望案之后，不会再有极为恶劣的贪腐案件出现，可惜御史钱沣的一封奏疏打破了他的美好愿景。钱沣所弹劾之人名叫国泰，时任山东巡抚，被弹劾的罪名是贪纵营私，向州县索要贿赂，致使各州县府库库银锐减。高宗随即命吏部尚书和珅会同左都御史刘墉查察此案。在案件审理过程中，和珅偏袒案犯国泰，而刘墉相对秉公办理，赞成御史钱沣的看法。故而打开山东历城府库，核对库内存银，发现库内存银银色呈现新旧补齐的状态，基本可以断定：是案发后，地方官吏借市场上的银两临时填充府库，由此可见国泰确实存在问题。高宗因此大发雷霆，赐死山东巡抚国泰。

三大文字狱

每每提到“文字狱”，便令人不寒而栗。仅仅因为说错话或一时疏忽，便会被扣上“莫须有”的罪名，随即满门抄斩，这很自然地会使人联想到历史上有名的秦始皇焚书坑儒。其实，历朝历代都有文字狱，在封建专制集权社会中，皇权至高无上，任何人得罪君主或当权集团，写出得罪君主或当权集团的文字都有可能获罪。

文字狱，简言之，即以文字得祸。在诗文或其他文字中，隐含讥讽污损清朝之意，即遭严惩，祸及全家，甚至殃及家族。此类事件，称为“文字狱”。这在清以前屡见不鲜。秦代的焚书坑儒、三国的嵇康案、北魏的“国史之狱”、宋代涉及大诗人苏轼的“乌台诗案”、南宋末代君主恭帝被杀一事均可定义为“文字狱”。相比之下，清代是中国历史上文字狱最为严重的朝代。自世祖开始，其后圣祖以及世宗、高宗都大兴文字狱。

康熙朝便有四大文字狱，即明史案、黄培诗案、《南山集》案、徐转案。而雍正朝也有诸多文字狱，其中较为著名的就是年羹尧案和吕留良案。

高宗即位伊始，本不想继续扩大文字狱，而是想缓和各种矛盾，通过非暴力手段达到社会和谐。从即位便赦免汪景祺及查嗣庭亲属的做法便不难看出，高宗致力于改变雍正较为严苛的政治手腕。但是，年轻的弘历渐渐发现，他原本的想法并不能解决所有问题，因而再度“启用”文字狱，从此便一发不可收拾。大清王朝，共发生文字狱100多起，仅仅乾隆时期就占了绝大部分。高宗在位60年，其在位期间文献可查的文字狱就有100余起。其实，高宗并非热衷于通过文字狱惩罚杀戮，而是通过文字狱这一手段，达到消除威胁清朝统治、影响国家稳定的因素的目的。乾隆时期影响较大的文字狱有三件：

孙嘉淦伪稿案

孙嘉淦是乾隆时期名臣，历官吏部、刑部尚书和直隶总督，是不多见的直言敢谏之臣，其政绩在本书《“三习一弊”疏》一节已有详细论述，在此不赘述。

乾隆十五年（1750），对张廷玉朋党的打压，对金川战争的错误判断与处理，加之巡视江南，这些事件引起从统治集团内部到民间百姓的强烈不满。恰在此时，一份署名为工部尚书孙嘉淦的奏疏在社会上广为流传，史称“伪稿案”。这份奏疏之行文，仿照孙嘉淦的《“三习一弊”疏》，罗列了“五不解，十大过”，对高宗及其施政情况进行了全面系统而尖锐的批评。在这份奏疏中，直接抨击了皇帝。内书“以张广泗为有功”[①]，认为高宗错杀在金川之战中效力甚多的张广泗；还批评高宗即位之后多次巡幸，劳民伤财。这使得政治上势头正劲的高宗恼怒不已。

高宗认为，这份流传甚广的伪稿，“假托廷臣名目胆肆讪谤，甚至捏

① 《清高宗实录》卷407，乾隆十七年正月己丑。

造朱批，种种妄诞，不一而足，显系大恶逆惩徒逞其狂悖，不法已极”[①]。随即命令步军统领舒赫德、直隶总督方观承、河南巡抚鄂容安、山东巡抚准泰、山西巡抚阿思哈、湖北巡抚恒文、湖南巡抚杨锡绂、贵州巡抚开泰对此事严加查察，“密加缉访”，“勿令党羽得有漏网”[②]。

此案在全国范围内广泛追查后，出现了令乾隆皇帝更为恼怒的结果。伪稿在全国各个社会阶层，尤其是满汉知识分子中广泛传播。仅在最初稽查的三个月内，便缉获传播者近千人。虽然其中不乏官吏营私或民间挟私报复的情况，但案情之复杂，远远超过以往任何类似案件，使得全国上下人心惶惶。迫使部分官吏不得不上疏，要求尽快停止查办伪稿一案。这让高宗更为恼火，接连训斥上疏官员，并惩处了部分在查办伪稿案中办事不力的地方官员。即便如此，伪稿案仍然是“茫如入海算沙，了无头绪”[③]。

高宗费尽心思，想要查清的孙嘉淦伪稿案始末，却始终找不到始作俑者，迟迟不能结案。朝廷投入的大量精力金钱，掣肘着正常办公，文武百官整日人心惶惶，面对此情此景，皇帝不得不考虑如何收场。最终在乾隆十七年（1752）二月，江西长淮千总卢鲁生成为伪稿案的“替罪羊”，在严刑逼供后认罪，被凌迟处死。之后，高宗又处置了一大批在伪稿案中办事不力的地方官员。至此，轰动全国、追查一年有余的伪稿案终于草草收场，暂时告一段落。

胡中藻案

孙嘉淦伪稿案让高宗考虑转变自己的为政策略，如果不一改现有的宽

①② 《清高宗实录》卷396，乾隆十六年八月戊戌。

③ 《清高宗实录》卷425，乾隆十七年十月丙午。

缓吏治政策，很可能造成康熙晚年吏治松弛的局面，为了调整雍正朝吏治严苛，避免臣工们人人自危、怨声载道的情况，因而对臣下们的贪弊、私结不多追问。然而事与愿违，臣工们非但不领情，反而变本加厉地因私结党，欺上瞒下，令高宗甚为恼恨，决心整顿吏治、打击朋党。倒霉的胡中藻正好撞在了枪口上，高宗也正好需要这个靶子，于是，胡中藻便成了乾隆朝中期大兴文字狱的第一个牺牲品。

胡中藻，乾隆六年（1741）间进中士，号坚磨生，祖籍江西新建。最高官至内阁大学士，为四大辅政大臣大学士鄂尔泰的门生。在鄂尔泰去世之后，胡中藻先后离京出任陕西学政、广西学政，并未受鄂尔泰结党营私案牵连。然而，当他自以为可以告老还乡，安度晚年之时，却因自己的《坚磨生诗钞》而获罪。早在鄂尔泰尚未失势前，高宗已经注意到了鄂党里的胡中藻，对《坚磨生诗钞》里的若干词句颇有不满。胡中藻这个人，其政治敏锐性不强，作为文人，他应知道帝王最忌讳勾党结私，然而他却不顾身为鄂尔泰门生的危险性，经常攻讦张廷玉一派，且常与甘肃巡抚鄂昌相唱和，吟诗作赋。

乾隆二十年春季，高宗秘密安排朝廷官员彻查胡中藻的悖逆言论，“并一切恶迹，严行查出”。三月，皇帝和朝廷官员一同商榷《坚磨生诗抄》中“一把心肠论浊清”，最终还是认为在至尊国号前加“浊”字实属居心叵测，罪大恶极。戴上有色眼镜后，又找出多处妄悖言论。历时一年有余，终于在乾隆二十一年三月结案。此案连坐诸人，不但胡中藻及其家族被判斩立决，师友亦被株连。甚至将去世的鄂尔泰牌位也从贤良祠取出。

胡中藻案表面上与查嗣庭案类似，以皇帝不满其试题以及诗文为治罪之由，实则乃因胡结附权贵，营私勾党而得祸。乾隆打击在当时文人中较有影响力的胡中藻，一来可以钳制汉人的华夷之论，二来警诫结党营私者，可获一石二鸟之效。

彭家屏案

乾隆二十二年（1755），河南夏邑彭家屏（原江苏省布政使）迎驾面圣时表示：河南夏邑去年受灾严重，而河南巡抚图勒炳阿并未上报。经皇帝核实，确有此事，皇帝遂斥责图勒炳阿“玩视民瘼”。二月令图勒炳阿赶赴夏邑勘察补救善后。同年四月，高宗南巡毕，在回京途中又有百姓状告图勒炳阿，称赈灾不实，故技重施。这次皇帝认为“有刁徒从中主使”[1]，于是下令严查，告状百姓供出曾与生员段苍绪商讨此事，捉拿段苍绪后搜查其家，查出家中藏有吴三桂檄文，且“浓圈密点，加评赞赏”。高宗认为彭家屏与此脱不了干系，将其召回，并严加询问，彭家屏称自己与此并没干系，只是在任江苏布政使时曾收藏明末野史且未曾阅览。

高宗令图勒炳阿处理此案，戴罪立功。在搜查彭家时，发现了一本彭家屏作序的《豫变纪略》，图勒炳阿上奏表示彭氏族谱内有“大彭统迹”，实在目无法纪，违背君臣伦理，狂妄至极。高宗亦对彭氏族谱中“自居帝王苗裔”无比震怒，乃下令将段苍绪斩立决，彭家屏赐自尽，其子传笏斩监候，家产收公。图勒炳阿官复原职，仍任河南巡抚。

彭家屏文字狱案件起因是河南夏邑受灾，民告官赈灾失职，但最终却引起了一场浩大的文字狱，其中缘由引人深思。民告官，高宗不得不核实，确有其事后，只能训斥，以示公允。然而第二次告官，打破了乾隆皇帝打造的“太平盛世”，尤其告的还是封疆大吏，实为高宗所不容，认为“此风不可长”，故在小惩大诫后，将重点转向告官的汉人士绅，大兴文字狱，意图挽回满人官员的颜面，压制汉人的反抗。分析案件背后的缘由不难发现，所

① 《清高宗实录》卷536，乾隆二十二年四月庚午。

谓的“悖逆文字”，多是民间士绅言语上的疏忽，经人过分解读后，被扣上“反满”的罪名，正所谓“欲加之罪，何患无辞”。文字狱的本质其实就是以绝对的权威来震慑官民，使其安分守己并效忠皇帝，用一桩桩的案子来警示那些不敬不忠、不安分者，如若犯忌，下场如此。

文字狱虽达到预期的效果，却也使官员百姓惴惴不安。一方面引发了仇家告讦，有心之徒借文字狱以公报私，以及摘引文字捕风捉影的不良风气。另一方面，负责查办文字狱的官员经常会因失察之罪，被革职、流放，甚至被处死。朝廷官员由于害怕惩处而整日惶恐，如遇告讦，如惊弓之鸟，即刻重新审理，避免祸端，冤假错案不胜枚举。最后是师友株连。一人因文字狱受灾，曾经为其著序、传碑、邀诗甚至是书信往来的师友都不能幸免，文人士绅因文字狱整日提心吊胆。文字狱为怀念明朝和图谋反清之人敲响了警钟，更为加强清朝统治起到了极为重要的作用。

文化掌控　巩固政权

清朝统治者一直认为，整个国家的文化把持在汉族知识分子的手里，因此极为重视提升满洲贵族的文化水平。但经过近百年的汉化，满洲文化已被汉文化同化，引起了圣祖、高宗的警觉，他们对文化格外重视。重视文化，必然要皇帝自身接触大量的书籍诗文，他们往往更容易发现文字中于己不利的内容。高宗是中国古代极为重视文化的帝王之一，他自己就是诗人，对诗歌的重视程度极高，能从诗歌中发现不利于巩固统治和自身权威的问题也就不足为奇了。清朝正是借助文字狱这一手段，达到了巩固统治，限制约束知识分子思想的目的。

康熙朝末年，在满洲贵族中已出现种种矛盾，世宗又历经夺嫡之争，到乾隆朝，高宗对维护统治不遗余力，先后铲除了两大朋党和王公势力。高宗通过文字狱充分展示了他的统御之术，达到了消除异己、排除潜在政治对手、警示王公大臣的目的。文字狱损害了历史文化的延续性，造成了一定的社会文化损失，固然危害极大，但通过文字狱却巩固了清朝的统治，为清朝未来一百年的统治打下了基础。从历史发展的角度解读文字狱，它的出现也并非没有任何道理。不能仅用今人的观点去衡量历史人物和历史事件。分析历史事件应当从一种客观的、不掺杂个人感情的角度进行解读，要根据历史条件和历史环境等诸多因素，真实客观地品读历史，才会得出正确的答案。

贬抑贰臣

明清之际，社会动荡，明朝内要应对来势汹汹的李自成农民起义军，外要应对来自东北地区的清军威胁，前前后后进行了几十年的战争。在这一过程中，明朝诸多文臣武将由于军事失误等原因，或是投降李自成，或是投降后金政权，即后来的清朝，还有先降李自成，后降清的。这些后降清的人被称为“贰臣”。

弘历即位后，一直提倡忠君爱国理念，要求臣工为君主尽忠。由明朝投降而来的大臣，很多人都受到清朝重用。但是，传统汉族知识分子认为这些人并非贤德之人，没坚守住气节，为知识分子所不齿。因此，高宗宣扬的忠君爱国理念无法得到传统汉族知识分子的认可。

经过了明末清初近半个世纪的战乱，清入主中原已近百年，开始呈现一派蒸蒸日上的繁荣景象，统治日趋稳固，社会经济得到了一定程度的发展。乾隆朝大批销毁诽谤清朝的书籍，以此达到加强思想统治的目的。但是，如何认识和评价百年前那些忠于明朝与降清的大臣？这着实让高宗费了些心思，他陷入了两难的境地，如果说效死明朝的臣子是忠臣，那么降清并辅助大清统一的臣子又该何去何从？

乾隆四十年（1775）十月，浙江巡抚向高宗奏报浙江地方发现一本名为《明纪辑略》的书，其中记载着大量有关南明各政权的往事，同时书中沿用南明纪年，浙江地方官吏认为此书理应销毁。高宗针对此事特别下了一道谕旨，认为清入主中原，而福王朱由崧同时也被在南京的明朝诸臣迎立为帝，其后的唐王朱聿键、桂王朱由榔在南方各地称帝，是有其实际的疆域和实力的；同时，南明各政权都是由明朝宗室建立，是有其合理的法统地位的，清朝理应承认和维护南明的历史地位。况且如果南明福王贤德，不见得会比宋室南迁差，只因南明诸王昏庸才导致南明小朝廷朝不保夕。而唐王、桂王所辖的领地虽然没有福王广大，但也是明朝宗室，其事也应当予以记录。而为南明尽忠的官员，也是“各为其主，始终不屈”的忠臣，与宋朝末年的文天祥、陆秀夫等人的历史地位是一样的，因此也应该褒奖南明政权中抵抗清朝而战死的南明忠烈。《明纪辑略》一书“不宜在概禁之例”[①]，而清朝也应该摒弃“前代偏私袒徇之陋习，以曲笔妄为高下”，命国史馆在编纂《通鉴辑览》时，应当忠实记录南明福王、唐王、桂王的历史。

随后，高宗又下谕旨，认为应当给予为明朝殉节的诸位大臣以“谥典”，以此来显示清朝秉承“崇奖忠贞”和“封励臣节”的理念。在谕旨中，高宗还特别表示，世宗在位时期，就给崇祯末年殉难的大学士范景文等20人以“特恩赐谥”；史可法、刘宗周、黄道周在明朝大厦将倾之际，仍能誓死报效，实在可以称得上是“一代完人”；而像孙承宗、卢象升、周遇吉、蔡懋德等人为抵抗清军进攻而亡，则败于明朝政纲不振，并非其不用心，因此也是重臣的典范。乾隆朝仍然遵循雍正朝的成例，将这些以死报效明朝的忠臣记入“《明史》及《通鉴辑览》者”即可。至于钱谦益、金堡、

①《清高宗实录》卷995，乾隆四十年十月己巳。

屈大均等人“幸生畏死”[①]，直斥其为世人所不齿。一褒一贬，即已体现出高宗对忠臣守节的尊崇。

乾隆四十一年（1776）十二月，高宗提出编纂《贰臣传》。江苏省奏报的拟订销毁书籍名单中包括《明末诸臣奏疏》《同时尚论录》等有关前朝的书籍。高宗对此表示：原作保留，仅删减修改“不当”语句即可。而“在明已登仕版，又复身仕本朝”[②]的，例如龚鼎孳等人，其人有失气节，所书作品亦应销毁。上谕表示凡败被俘后归顺大清，或主动投降大清，以及在明为显宦，在本朝亦“忝为阁臣”，诸如此类有失气节的臣子，专门另立一部《贰臣传》，书其生平于国史之内。

乾隆四十一年年底，高宗下旨，要求国史馆编纂《明季贰臣传》，对有大功于清朝的明朝降臣洪承畴、祖大寿、冯铨等人，单独成册记述其功绩，其目的在于褒奖忠贞之臣子，鼓励臣子为清朝尽忠。诏曰：“因思我朝开创之初，明末诸臣，望风归附，如洪承畴，以经略丧师，俘擒投顺。祖大寿，以镇将惧祸，带城来投。及定鼎时，若冯铨、王铎、宋权、谢升、金之俊、党崇雅等，在明俱曾跻显秩，入本朝仍忝为阁臣。至若天戈所指，解甲乞降，如左梦庚、田雄等，不可胜数。盖开创大一统之规模，自不得不加之录用，以靖人心而明顺逆。”[③]从谕旨的内容可以看出，高宗并没有否认明末降臣对清朝的历史贡献，而是认为这些人降清是大势所趋，清朝任用这些人也是自身利益的要求。

乾隆四十三年二月，高宗又颁发谕旨：著交国史馆总裁，于应入《贰臣传》诸人详加考核，分为甲乙二编，俾优者瑕瑜不掩，劣者斧钺凛然，于以传信简编，而待天下后世之公论，庶有合于春秋之义焉[④]。

① 《清高宗实录》卷996，乾隆四十年十一月癸未。

②③ 《清高宗实录》卷1022，乾隆四十一年十二月庚子。

④ 《清高宗实录》卷1051，乾隆四十三年二月乙卯。

高宗将忠君作为唯一的标准，把投降于清朝的明官一律称作“贰臣”，因为他们“遭际时艰，不能为其主临危授命”[①]。用封建时期的道德评价标准来衡量，“贰臣”们实属丧失大节。不论“贰臣”们是否为清廷做出贡献，贡献多大，子孙是否亦在朝廷做官，用“忠君”的道德标准来评判他们，他们都是有失气节的。

高宗指出，明末官员叛降大清，并非这些臣子不忠于朝廷，而是明朝皇帝昏庸无能，致使朝政腐败不堪。明朝灭亡不在贰臣，而在于统御无方，这就导致部分大臣弃暗投明，成为贰臣。这些大臣投降清朝之后，根据其实际作为和情况大体可以分为两类：一类是降清后对清朝忠心耿耿，并在清朝统一全国和治理国家方面颇有功绩的；另外一类，就是投降清朝后碌碌无为，甚至影响清朝稳定的。高宗要求将这些明朝降臣的事迹分门别类地记录，对清朝有功的应编入甲编，而对清朝无功，甚至有害的，则编入乙编。这样既坚持宣扬了忠君理念，又肯定了部分明朝降臣为清朝做出的突出贡献。把对明朝不忠，对清朝有害的降臣编入乙编，符合高宗的忠君理念，也为汉族知识分子所接受。

在明朝降臣中，有一部分本是明朝的中下层官吏，后因有功于清朝，很快得到晋升。这些人中的典型就是李永芳，他原是抚顺千户所游击，努尔哈赤建国后，发动抚顺战役，他率先投降后金。此后，李永芳对后金政权忠心耿耿，并在后金政权对明朝的多次军事行动中表现突出，为努尔哈赤所赏识。他的后代也有很多人在清朝政权中担任职务，李永芳家族深得清朝历代皇帝赏识。但是，李永芳终归还是明朝投降清朝的“贰臣”，高宗认为“律有死无贰之义，不能为之讳”，不能因为李永芳有功于大清而隐瞒真相。高宗下令：将李永芳等人列入《贰臣传》，因其功勋将其列入甲编，以示恩宠。

① 《清高宗实录》卷1022，乾隆四十一年十二月庚子。

与李永芳情况相仿的明朝降臣，还有孟仁芳、祖可法、耿仲明等很多人，在编纂《贰臣传》时均被列入甲编。

再者，一些本在明朝就已是封疆大吏或中央宰辅的官员，他们降清后往往受到赏识与重用，在清统一全国过程中立下汗马功劳。较为典型的人物，就是原明朝重臣洪承畴。早在崇祯初年，他已是官至巡抚、总督的封疆大吏。在镇压农民起义军的过程中，洪承畴更是表现突出，深得崇祯皇帝信任。但在松锦决战中，由于指挥失误，明军大败，洪承畴本人被俘。清太宗皇太极对洪承畴恩抚有加，洪承畴深为感动，最终投降清朝。降清后的洪承畴先后辅佐太宗、摄政王多尔衮等，入主中原、平定四方，立下了汗马功劳。对于洪承畴这样有大功于清朝的降臣，高宗认为，洪氏“实能忠于本朝”，因而将洪承畴等官员列入甲编。

也有一种官员，他们在明朝就担任要职，却危害一方，降清后劣性不改，还是奸臣，这些人着实可恨。比较典型的人物就是冯铨。他在明实为魏忠贤之流的走狗，仗势欺人，残害一方。投降清廷后，更是变本加厉，为众人所不齿。高宗对这些人深恶痛绝，决心将这些人编入《贰臣传》的乙编，以示惩处。

还有一些明朝降臣，明里归降清廷，但在暗中却对清廷及满洲人充满诋毁之意，这些人中的代表，就是身为明末礼部侍郎、南明弘光政权的礼部尚书钱谦益。从他本人所任职位来看，他本应更看重名节，但他率先降了清，是南明投降的最高级别的官员。钱谦益降清后，在清朝中央政府任礼部侍郎，但他在自己的文章中多次攻击清廷及其统治，以此来掩饰降清之举。高宗隆对钱谦益行事为人的作风大为不满，认为钱谦益若誓死效忠明朝，写出不满清朝统治的言语，尚可表彰其忠贞不贰；但是钱谦益却在降清之后，竟然仍将“狂吠之语刊入集中，其意不过欲借此掩其失节之羞，尤为可鄙可耻”[①]，因此高宗决定将钱谦益划入《贰臣传》乙编，以示惩戒。

还有一些明朝官员，先降了农民军，后又向清朝投降，按高宗的说法，就是做了不止一次贰臣。如龚鼎孳，原本是明崇祯朝的进士，曾经担任兵科给事中，李自成农民起义军攻陷北京城后，龚鼎孳即投降起义军，并在大顺政权中担任职务。清军入关，又降清，任太常少卿。高宗认为，龚鼎孳“为清流所不齿”，决定将龚鼎孳之流也划入乙编。

乾隆四十三年（1778），高宗下令，凡列入《贰臣传》的人，事迹不同，邪正各异，不可不分。命国史馆考核各人行事，分编为甲、乙二编，以示区别。乾隆五十四年，馆臣将乙编进呈，乾隆帝将“贰臣”们区分开来，不正之臣不许入传。在《贰臣传》之外另立《逆臣传》，专门收录行为卑劣，叛逆之臣，如吴三桂、李建泰等，以此警示众臣。

《贰臣传》于乾隆五十六年间最终定稿，共编有125名臣子。《贰臣传》将这125人分为甲、乙两编，依据行事评价的不同，分为上等、中等和下等。高宗推崇忠臣，不仅为历仕两朝的汉人臣子立传，甚至赞扬明末忠良，可见高宗在发扬“大中至正之心”上实在煞费苦心。然而最高统治者的根本目的还是为了安抚汉族官员，使之继续为清廷、为满洲统治阶层效忠，以便维护自身统治。

《贰臣传》对后世君主有两个较为重要的借鉴意义。其一，首次不以唯一的指标来判断臣子和历史事件。其二，通过巧妙的手段，既承认降臣忠于今朝，又承认未降之臣是忠君爱国的典范。一方面拉拢了已经归降并为清朝服务的汉官，另一方面承认汉族知识分子提倡的忠君爱国理念，达到了一个比较好的效果。《贰臣传》的编写抛开了原有汉族知识分子所秉承的从一而终的思想理念，提出不分前朝还是今朝，只以是否有利于大一统，有利于百

① 《清高宗实录》卷836，乾隆三十四年六月丙辰。

姓，是否遵循大势作为评判臣子的标准，不囿于原本的满汉之分，不区分忠于清还是忠于明，而是评判其是否对整个大势有利。这样不仅没有违背传统知识分子心中的伦理道德，更彰显了皇帝乃至清王朝的气度胸襟。

二

经济繁荣　蠲免钱粮

SHUDU QINGSHI
QIANLONG DINGSHENG

治理四大水系

封建国家中，人口增长可以反映其繁荣程度。人口增长依赖于土地耕种面积和产量的持续增长，而土地耕种面积和产量又受水源状况和水旱灾害等多重因素的制约，因而水源供给情况和水害多寡间接决定了国力的强弱。水资源的利用以及如何治理洪水备受历朝历代统治者的重视。高宗作为历史上著名的盛世之一——“康乾盛世”时期在位的君主，更是将水利治理问题作为其施政的重中之重，高宗继位之初，多地出现因年久失修而废弃的水利基础设施，正所谓“圩岸不无坍颓，泥沙不无淤积”①。因此高宗要求各省主要官员集中精力解决水利设施维护的问题，“各于所属境内，相视河流浅阻，每岁农隙，募夫挑挖，定为章程，逐年举行”②，把水利设施的建设与维护作为地方施政的重要内容。高宗在诸次南巡过程中，特别注重沿途地区的水利建设。高宗在位期间，主要对黄河、长江、海河以及钱塘江四大水系进行了系统的治理。

---

①②《清高宗实录》卷20，乾隆元年六月辛未。

治理黄河水系

黄河水系是孕育中华文明的摇篮，更是哺育华北、华东诸省的生命之源。在清代还没有出现黄淮分流时，黄河的入海口仍在江苏地区的淮河一线，并非如今天由山东入海。随着西北地区，尤其是黄土高原地区大规模的农业开发，无节制的植被破坏，黄河流域的水患日益严重，其下游河道泥沙淤积，河床被大大抬升，在部分地段甚至出现了地上悬河的景象，致使河流多次改道，严重威胁黄河下游百姓的生产生活。同时，由于京杭大运河流经黄河，黄河的河道淤积严重影响了京杭大运河的通行，也将大量泥沙带入京杭大运河，导致运河河道淤积。而京杭大运河贯穿南北，直接影响清廷的赋税稳定以及中央政府对江南的控制强度。

清朝历代皇帝都十分重视治理黄河流域的水患。高宗在世宗治理黄河的基础上，加强了对黄河水系的治理。针对黄河河道淤积严重，河床抬升的问题，将黄河沿岸，尤其是黄河中下游地区的河道疏通任务分配给沿岸各府道州县，由东河总督统一进行指导维护，对黄河沿岸水患分而治之。高宗每次下江南经过黄河沿岸，必亲临黄河堤坝，视察和指导黄河沿岸的水利建设。每次遇到严重的洪涝灾害时，高宗蠲免灾区钱粮赋税、调拨物资赈济灾民，并推行以工代赈的方式，有效地降低了黄河流域灾民的损失。经过高宗数十年对黄河的综合治理，到其晚年，黄河水患已经明显减少，变害为利的设想已经大见成效。

治理长江水系

长江流域是中国第一大水系，流经南方多个省份，是我国流域面积最广，长度最长的河流。长江流域的安定，决定了江南地区的稳定，在清代，江南地区的稳定关乎国家的稳定。而长江由于其支流众多，流域范围广大，气候地形复杂多变，一旦遇灾，经常需要多省通力合作，协同治理，因此长江流域水患治理难度极大。在治理长江水系的过程中，高宗一改以前有灾就赈的惯例，大规模推行以工代赈。以工代赈，顾名思义，便是通过劳动的形式，换取一定的报酬，从而解决灾区民众的生产生活问题，以此代替国家的赈济。这样既减轻政府应对自然灾害的财政负担，也给予了灾区民众一个参与生产、重建家园的机会，大大提高了灾区恢复生计的效率，今天仍值得我们学习和借鉴。乾隆朝江浙一带多次发生洪涝灾害，高宗通过以工代赈的方式，合理地解决了多次洪涝灾害的后续问题，以工代赈成为一种有效的减灾方式。

长江流域除水患治理外，另外一项重要的工程便是水利建设。长江流域，尤其是长江中下游，一直被称为“鱼米之乡”，清代中央政府的财政收入大部分来源于此。而作为农业国家，财政收入又大部分来自农业生产，提高农业生产效率的一个重要因素就是水利的建设。因此长江流域的水利建设直接决定中央政府的财政收入和政府稳定。高宗六下江南的一个主要目的便是为了视察各地水利建设，而江南作为其南巡的终点，水利建设才是高宗南巡的重点。

治理海河水系

海河水系处于直隶一带，即今河北、山西、山东一带，由于其临近京畿，直接影响着清朝的稳定，所以备受清代帝王的重视。高宗在位期间，海河水系多次发生洪涝灾害，因此海河水利工程建设也不容忽视。乾隆八年（1743），直隶地区及周边省份赤地千里，发生了严重的旱灾。为缓解旱灾对百姓生产、生活的影响，高宗谕令直隶总督高斌督促直隶各地百姓，自发打井找水，以保证旱灾情况下的灌溉需要。至乾隆九年（1744）二月，保定府地区已经能够使用的土井便有2200余口，此时正值华北地区农忙时节，“亟需浇灌，民间俱各踊跃从事”[①]。天津、河间两地也在官府的指导下广开土井，“以次办理”。顺天府所属的霸州地区也挖掘了2000余口土井。山西道御史胡潮生主张大修畿辅水利，他对天津与河间两府所辖区域内地表水资源进行实地勘察后发现：在天津、河间两府所辖地区的河流为直隶河流数量之最，建议中央政府拨发专门款项对海河流域进行综合治理，并派遣大臣到畿辅各地办理。高宗十分重视胡潮生的奏折，很快下发谕旨：“畿辅水利，乃地方第一要务，必简用得人，始能有益无弊。”[②]他命比较熟悉该地区情况的吏部尚书刘于义，会同直隶总督高斌一起督率办理。

治理钱塘江水系

钱塘江是浙江省最大的一条河流，自宋代以来，江南地区已成为国家的经济重心，江浙地区上缴的粮食、赋税等所占比重日益增高，到明清时期甚至高达四成之多。不过，沿海地带虽然经济发达，却时常遭受海潮灾害，无法保证正常的生产生活。汉代以后，沿海一带开始修筑海塘，以此来抵御海潮的袭扰。事实证明，这个方法很奏效。于是，清朝中央政府意识到海塘建设的重要性，将它和黄河堤防、运河治理并重，修筑海塘也成了国家的一项重要水利工程。

“海塘为越中第一保障。”有鉴于此，乾隆二十七年，高宗第三次下江

① 《清高宗实录》卷211，乾隆九年二月丙寅。

② 《清高宗实录》卷217，乾隆九年五月壬寅。

南时，亲自到海宁检阅海塘建设。弘历已不满足于以运筹帷幄、指点江山的方式指导地方的水利基础设施建设工程，实地勘察后，他的建设决策更加具体且符合实际。

高宗对筑塘工事十分重视，亲自到工地动手排桩，试过后，发现桩木不好打进去，不是不下去，就是桩木进去后“沙散不能啮木”，“摇摇无着”，更有甚者，有的木桩竟然自己冒出来。无奈之下，这段依旧修筑柴塘。为了巩固塘基，采用了砌筑“坦水”的方法。但是，高宗对此段塘工的修筑始终心有不甘。此后，乾隆三十年（1769）第四次南巡，来到海宁，遍察塘工，极力主张再度改式，将戴家桥之前修筑的柴塘改成石塘。乾隆四十五年，高宗第五次南巡，又至海宁，视察了海塘工事，随即做了一个重要决定：把老盐仓到章家庵这段长达4200丈的柴塘都改式，修筑成鱼鳞大石塘，这样便可一劳永逸，以绝后患。由于高宗的一再坚持，并且多次亲临巡视，海宁地区鱼鳞石塘最终筑成。如此重视塘工，并不断建设，到嘉庆皇帝即位时，杭州湾南岸以及萧山、会稽、上虞、余姚一带广修石塘，几乎连成一片；再说杭州湾北岸，西起钱塘县的狮子口，往东经过仁和、海宁、海盐，再和江苏的松江相连，在这一带修筑的石塘长达数百里，气势宏伟，坚不可摧。有了这些石塘守护，越中地区终于摆脱潮难，安享太平。直到今天，一些地段仍保留着乾隆时期修筑的石塘，石塘依然坚固如初。

高宗经过多年对水患的治理，到其晚年时，国内各水系治理已初见成效。但是值得注意的是，随着吏治腐败、朝政怠惰，河道管理系统日趋松弛，朝廷对水患的治理力度已经大大削弱。乾隆朝后期，随着国力的日渐衰退，黄河、长江、海河、钱塘的水利工程也大多趋于停滞，可谓前功尽弃，不能不说是一大悲哀。这也从一个侧面让我们认识到，治理国家的基础在于国力，更在于制度。只有国力强盛，才有能力进行国家治理；只有制度完备，才能更好地进行国家治理。

五次蠲免全国钱粮

把蠲减租赋作为爱民首务的高宗，不仅多次在各地区大规模实施蠲减租赋，而且还于乾隆十年（1745）、乾隆三十五年、乾隆四十二年、乾隆五十五年及嘉庆元年（1796）共5次下达全国普遍蠲免一年钱粮的谕旨，3次全免南方漕粮，总共蠲免赋银两亿三千万两，这个数目几乎相当于全国近五年的财赋收入，如此大额的数目是绝无仅有的。

高宗身处盛世，十分重视发展国家经济与民生，经常性地蠲免地方钱粮，以达到缓和社会矛盾，促进经济发展的目的。其实，早在高宗之前，清代的几位帝王就已经开了蠲免国家赋税的先河，但规模都不是很大。在平定三藩叛乱，稳定全国政局后，国家的财政状况已经开始好转。世宗执政期间，在全国实行了诸多有利于生产发展的新政，同时整顿吏治，使得国家的财政收入逐年递增。据有关学者统计，顺治九年（1652），国家税收入只有3428万两；到康熙二十四年（1685），增加为3123万余两；雍正三年（1725），达到3585万两；乾隆十八年，又增加到4069万两；至乾隆三十一年，全国年收入已经达到4854万两，相当于顺治九年（1652）全国总收入的两倍[1]。由此可见，清朝中央政府的财政状况已经有了很大好转，甚至可以说，此时已有了进行蠲免钱粮的坚实经济基础。

高宗皇帝在位期间大规模地蠲免钱粮，还有深刻的政治原因。清朝进入高宗统治时代，虽然社会生活趋于平稳，但是随着社会经济的不断发展，以及各种政策的进一步深入，土地兼并情况日益增多，老百姓生活并不富裕，间接导致政治上出现一些不稳定因素。加之频繁用兵，使得兵民俱疲，民怨不浅。民间已经开始出现抗租、抗粮、抗捐的反抗斗争，甚至在局部地区引发了民变。这使高宗甚为重视民生疾苦，为了缓和阶级矛盾，同时稳固自身统治，高宗不得不选择蠲免钱粮这一方式来达到自己巩固统治的目的。

第一次蠲免钱粮

高宗第一次蠲免全国钱粮的谕旨及实施办法，主要是效法其皇祖。圣祖皇帝广读诗书，借鉴先人的经验，着重指出"蠲租乃古今第一仁政，下至穷谷荒陬，皆沾实惠，然必宫廷之上力崇节俭，然后可以行此。"祖孙二人对蠲免钱粮一事同样重视，很显然贤明的皇孙继承了祖父的宏伟志愿并且效法其行。34年之后，高宗也颁发了一道谕旨，讲述圣祖蠲免全国钱粮的事，并下令，普蠲全国一年的租赋，其实施办法也同此例。高宗十分敬重和崇拜他的祖父圣祖，常讲"以皇祖之心为心"，"以皇祖之事为事"，以圣祖为楷模，效仿他的所作所为，法其所为，力求能够像圣祖那样做一个英明神武的好皇帝，继往开来，铸就辉煌，这是他非常重要的一个人生目标。他之所以把蠲减租赋视为爱民之首务，也和前辈楷模的示范密切相关。

乾隆十年（1745）六月二十四日大学士一等公讷亲议奏：经查，康熙

① 白新良：《乾隆传》，第157页。

五十一年（1712）实施蠲免政策，三年之内在全国各省有计划、有步骤地实施蠲免政策。经过核查，当时全国共征收地丁钱粮2824万余两，乾隆十一年蠲免直隶、江苏、奉天、西安、福建、四川等省份地丁钱粮1042万余两；乾隆十二年蠲免浙江、河南、广东等省份862万余两；乾隆十三年，蠲免山东、湖北、江西、山西等省份919万余两。耗羡银按原来的缴纳，留给地方作公务之用，高宗从其议。不久又规定，之前没有列入蠲免范围的，诸如甘肃“番粮草束”，福建、台湾的票米，四川的“夷赋”，陕西、西宁的马贡，河南官庄的义田，广东的官租学租，浙江滨海的租谷租银，直隶固安、霸安的旗户屯粮，奉天的米豆，山西的本色兵饷等，逢该省蠲免的年份，全部停止缴纳。把这个与康熙年间免租的情况对比一下，确实很相似。不同的是，康熙四十九年十月颁发的诏书规定，各省之前积累的欠款以及当年漕运的钱粮都一并蠲免了，而乾隆十年的旨意并没有提到这件事。

经过十年精心筹划管理，国库增收，财政状况也逐渐好转，“左藏尚有余积”，这也为高宗实施普蠲政策奠定基础。但是，十年的时间并不太长，所积累的钱财是有限的，而普免租赋达上千万两。乾隆七年，黄河、淮河发生水灾，单在江苏和安徽赈灾就花去1000多万银两，此外，各种各样的支出接踵而来，国家财政局面堪忧。要知道，圣祖颁布普蠲圣旨时，已经执政49年。而高宗下令蠲免时，才登基10年左右，很多臣子认为此举有些操之过急。高宗也明白普蠲政策会减少国库收入，必然会给国家财政收入带来一定程度的影响，但是他仔细思量之后，还是决定为长远打算，这个政策从长远来说，是有利于“本固邦宁”的，应该坚持。他特下专谕，狠批赫泰“逞其私智小慧，妄议朝廷重大政务”[①]，“悖谬已极”。他又强调了亲民爱民的理念，宣谕说：“朕以爱养百姓为心，早夜思维，惟期薄海内外，家给人

① 《清高宗实录》卷243，乾隆十年六月壬戌。

足，共享升平之福，故特颁发谕旨，将天下钱粮通行蠲免……俾海澨山陬，无人不被其泽也。”他觉得赫泰不能体谅自己的“爱民之心”，“而生异议”，交由吏部拟订处罚办法，降二级调用。这样一来，就制止了异议阻挠之风，为普蠲钱粮之旨顺利执行起到了重大作用。

第二次蠲免钱粮

乾隆三十五年（1770）正月初一日，因适逢高宗60岁诞辰，明年又是其母八旬万寿，应该“普天忭祝，庆洽频年”，高宗认为这样的喜事“尤从来史册所未有，是宜更沛非常之恩，以协天心而彰国庆”。因此颁布诏谕，各省应征钱粮蠲免一次。从乾隆十一年高宗仿效圣祖普免天下钱粮，蠲除直省正赋额征2800万两，经过20多年的发展，国库充盈、仓箱盈衍、倍积耕余，如高宗所言：“我国家席全盛之模，内外经费度支，有赢无绌，府库所贮，月羡岁增。”具备了再次蠲免全国钱粮的经济基础。于是高宗命大学士会同户部等部门详议具体的做法，不久奏请照乾隆十一年恩例，按照各省额赋均匀搭配，分3年轮免。因皇帝出巡驻跸或经过，承办军务兵饷等，上一年蠲免十分之五或十分之三等，今年全部免除。至于各省芦课漕项，按例并不蠲免，地丁银和耗羡银充作公用，不再解交户部。

第三次蠲免钱粮

乾隆四十二年（1777）正月二十三日，崇庆皇太后过世，高宗十分悲痛，原本打算在太后九旬万寿之年普天同庆之时，施恩普免天下钱粮。但高宗考虑到“兹者仙驭升遐，此后更无可推广慈仁之处，现在部库帑项，又积至七千余万”，决定自戊戌年开始，再次普蠲天下钱粮，仍然分3年轮免。

以此“俾寰宇亿兆人民，仍得共被慈恩，永申哀慕”[①]。经过户部官员详议之后，遵旨推行，户部认为乾隆三十五年普免钱粮时，曾谕令各省督抚遇到轮蠲之年，劝谕有田业之户按照所蠲免的数量，适当减免佃户的租课，即业户免除佃户十分之四的租课，这样一来，佃户也能感受到恩泽。但是，为了防止佃户以此为借口抗租不交，建议将此谕令密谕各州县，酌情减免佃户租课。户部最终的方案是，奏请于戊戌年蠲免直隶、江苏、安徽、四川、陕西、甘肃、云南、贵州等八省钱粮，于己亥年（1779）蠲免山东、江西、浙江、湖南、湖北等五省钱粮，于庚子年（1780）蠲免奉天、并吉林所属、山西、河南、福建、广东、广西等六省钱粮。

第四次蠲免钱粮

乾隆五十五年，正值高宗八旬万寿之际，回想自己亲政以来所取得的种种功业，决议再次普免全国钱粮。如其所言：

> “朕赖昊苍眷佑，既逾古稀，欣开八袠，幸得小康，时怀大惕。自乾隆十年以迄四十二年，特布恩纶，普免天下钱粮，业经三次矣。今岁届朕八旬寿辰，仰荷天祖贻庥，率土称庆，以至梯航重译，祝嘏来庭，从古史牒，实所罕睹。是宜广宣湛闿，敷锡兆民，用叶崇禧，以答嘉贶。著将乾隆五十五年各直省应征钱粮，通行蠲免。”[②]

① 《清高宗实录》卷1025，乾隆四十二年正月辛卯。

② 《清高宗实录》卷1346，乾隆五十五年正月壬午。

从其谕旨中，我们不难看出，高宗这次普免钱粮的目的在于庆贺自己八旬万寿节，彰显国力强盛，体现出自己治理有方。由于之前几次蠲免钱粮都要求各地方官酌量减免佃户的租课，但在实际执行过程中，佃户大多全交，没有享受到皇帝的恩泽。为了让普通百姓也感受到高宗皇帝的爱民之心，谕令地方官晓谕各有田业户，自行酌量减免佃户应交地租，官府不定限制。与前次蠲免钱粮不同的是，之前担心佃户抗租不交，而密谕各地方官，这次为了杜绝有田业户盘剥佃户，而令地方官张贴告示，这也从侧面反映出当时的社会矛盾。这次蠲免钱粮延续以往做法，户部奏议普免钱粮，按照直省额征，将所属各府州县次第搭配，分作3次按年轮免，通计3年之内全部蠲免完。至于各府州县蠲免的顺序，应先轮乾隆五十四年受灾地区。

第五次蠲免钱粮

嘉庆元年（1796），高宗正式传位于仁宗，举行了盛大的传位大典，高宗再次宣布蠲免各省地丁钱粮。从高宗登基到传位于仁宗，蠲免钱粮的政策贯穿于整个乾隆朝。高宗在传位诏书中对自己如是评价道："普免各省漕粮者三，地丁钱粮者四，展义巡方，行庆施惠，蠲逋赈贷，不下数千万亿。"[①]将自己蠲免钱粮的行为抬高至十全武功之列，当作盛世的标志。

据统计，乾隆朝各项蠲免款额高达20275万两，超过了康熙朝的蠲免数额，为中国历史之冠[②]。"朝廷粮赋"，岁岁交纳，违令抗粮，严惩不饶。有清一代，每年有数以万计的人因欠缴国家赋税而下场凄惨，这些人主要是中小地主、贫苦农民，那些残暴的官吏和差役对其施以毒手，甚至还借机大

① 《清高宗实录》卷1494，嘉庆元年正月戊申。

② 常建华：《乾隆朝蠲免钱粮问题试探》，《南开史学》1984年第2期。

肆勒索。除了额定的正规的租赋以外，还有各式各样的非正当、非正规的苛捐杂税，这些衍生的租赋甚至比正额的租赋还要高很多。一旦明文昭告要蠲免租赋，正额的租赋就不用缴纳，那些苛派租赋也就没有理由再收了。对那些有少量土地的自耕农、中小地主来说，这的确是件大好事。因此，这项政策令百姓们广为称赞，也使得百姓们深感皇恩浩荡。高宗大张旗鼓地实行蠲免政策，确实取得了一些好的效果，主要表现在政治、经济方面。一方面，蠲免钱粮达到了高宗体现国力，彰显其文治武功、天下太平的政治目的；另一方面，蠲免钱粮这项政策的实施，对缓和当时社会矛盾起到了积极作用，使得社会经济可以平稳有序地发展；更重要的是，通过蠲免钱粮，有效地减少了百姓的负担，缓解了百姓的生存压力，与民休息，使得百姓得到有效的休养生息，真正起到了一箭三雕的作用。但是，在蠲免钱粮的实际运作过程中，由于监管疏漏和官员腐败问题，导致实际执行情况出现了或多或少的偏差，蠲免钱粮的政策没有完全达到预期的效果，这也为乾隆朝中晚期、嘉庆朝社会矛盾激化埋下了隐患。

解决八旗生计

谈到清朝历史，或许很多人第一反应就是“八旗”。毫无疑问，在整个清朝的建立与统治过程中，八旗制度所起到的作用举足轻重。从后金政权建立之初，到后来清人主中原，直至最终统一全国的战争，八旗兵民都为清朝做出了不可磨灭的贡献。清廷最为倚重的力量便是从东北起家的八旗兵勇。因而入关以后，清廷给八旗将士的待遇也是极高的，诸如给予土地、俸禄等，一直保持八旗军民的基本生活水平。高宗在位时期，清朝已经进入康乾盛世的鼎盛时期，全国社会经济环境相对平稳，八旗军民日益繁衍，这使得原本就已经成为政府财政一大负担的八旗生计问题越来越突出。

在清军刚入关时，八旗子弟的生计问题还没有这么突出，加上圣祖、世宗也勤俭节约，带头倡导节俭，起到了表率作用。乾隆朝后期，皇帝带头奢华，社会奢华之风大长，尽管一些人过着奢靡，但大部分满洲人的生活已到了穷困潦倒的地步，生活日趋拮据。很多旗人迫于生计，很快将朝廷分发的粮饷用完，超出了朝廷对八旗定期供应粮饷来解决其生计问题的预期。从康熙朝中叶开始，很多旗人就将刚分发到手的粮食转手卖出。当时，京城很多粮店就专门接揽这样的生意，他们把旗人出手的粮食收购后囤积起来，从中获取暴利，有的干脆就乘人之危，低价回收一些旗人的粮票凭证。到了雍正朝，世宗曾责令有关部门和官吏对这样的情况严加防范，为此制定了一系列措施，例如，利用旗内（如里长、族长）进行监督管理，同时政府（如刑部、五军统领衙门、顺天府尹、御史等）加强监管，但是收效甚微，没有扼制住这种现象。

有以下几个原因造成旗人生计困难：第一是旗人的“指饷借债”，俗称高利贷。这种借债方法，一般利息要加五加六，在当时人们管这个叫印子钱或转子钱，而且多为军营内外互相勾结，有的军官就是高利贷主。有10个月扣完者，亦有12个月扣完者。到了每个月领取钱粮的时候，勒令清偿，不许暂缓。这样一来，利息又被当作本钱，就成了利滚利。于是兵丁的生活状况日趋恶化，一些旗人穷困潦倒，倾家荡产。

另一个原因就是旗地的典卖。早在乾隆三年（1738），御史禄谦就曾因旗人典卖田地上奏皇帝称：“窃查定例，民间不许典卖旗地，后因日久法弛，狡黠之徒见机生心，始则租种交粮，继则借给钱米，利上坐利，不三五年，佃户成债主，竟将地亩算去者有之；或地主意识窘乏，贱价典卖与民人者亦有之。于是旗人地亩入民间者十之六七。”他希望通过自己的奏疏，让皇帝重视此事。另外，有些在京城任职的旗人，刚开始对旗地并不是十分重视，也未将其作为主要的经济来源，而只是令家奴代为管理。而他们的后辈有很多人已然不了解自家旗地的情况，有的旗地不知何时早已被典卖。此时的旗地产权一团混乱，私下买卖旗地的情况日趋严重，几十年下来，很多旗地都出现了不同程度的流失。由于八旗兵丁平时缺乏军事训练，又不懂得农业生产。长此以往，八旗兵丁不仅逐渐丧失了战斗力，而且人口增加，生活负担加重，不得不典卖土地与汉人，生活日益窘迫。八旗子弟的日常生活只能依靠朝廷按规定发放的粮饷，有的八旗兵丁将朝廷分给自己的旗地出租给汉人耕种，收取地租以维持家人生计。清代例律规定旗人不得擅自外出谋求生计，如果擅自外出谋生，将会被治以“逃旗”之罪。由于旗人社会地位较高，朝廷对其百般优待，旗人们遂养成了好吃懒做、游手好闲的毛病，吃穿用度不加节制，一旦无法维持生计，便会向本旗佐领等官员借钱，以自己的田地和房屋做抵押，称为“放印子钱”。如无法准时还债，仅有的田产房屋被收走，依靠出租获得的资金来源也被切断，最终造成破产。加之八旗子弟不断繁衍，人地关系紧张，旗兵本人所领粮饷以及耕地根本无法维持一个家庭的日常所需。户部尚书梁诗正在奏疏中说“而百年休养，户口众多，无农工商贾之业可执，类皆仰食于官”[①]，这是导致旗人穷困的原因。御史赫泰说，顺治初年到京的一人，现在已成为一族，“以彼时所给之房地，养现今之人口，是一分之产而养数倍之人”[②]。满洲八旗人户生齿日繁，收入日绌，这种问题日益突出，因此，到了乾隆时期迫切需要找出解决这个问题的有效途径。

为了解决八旗的生计问题，高宗在继承圣祖和世宗皇帝制定的政策的基础上，又加以发展。从政治、经济、人才、教育等多个方面来解决八旗的生计问题。

第一，沿用旧有政策。

高宗即位后，逐步实施解决八旗生计问题的各项计划，起初是将俸禄和粮饷借给八旗兵勇，以此为八旗子弟提供生活来源，这种方式有点类似赈济，同时通过回赎旗地将八旗子弟手中的土地折现，并逐步增加八旗养育兵额等。具体表现有三。首先，提高给八旗兵丁的赏银额度。通过赏赐的名义，给八旗兵丁中较为贫困者发放赏银，用以补贴其生计。由内务府出钱，

① 贺长龄、魏源：《清朝经世文编》卷35，时务，中华书局，1992年。

② 琴川居士辑：《皇清名臣奏议汇编》初集卷145，光绪二十八年（1902）石印本。

赎买被旗人所典当的土地田产，并将其作为官田出租，所得租金作为八旗兵丁赏银的来源。乾隆三十六年（1771），朝廷下令清查旗人典卖土地田产的情况，并出银赎买，共计赎回旗地1.4万余顷，每年可得租金31.5万余两。但赏银只能起到一时的作用，无法从根本上解决旗人的生计问题。其次，增加八旗养育兵兵额。养育兵制度为雍正帝所创，即在八旗子弟中挑选贫困或不能维持自身生计之人，朝廷每月发放一定数额的粮饷。雍正年间共设养育兵4800余人，乾隆时期增加至2.5万余人。最后，令汉军旗人出旗谋生。乾隆七年四月，高宗正式下令，命汉军旗人出旗，自谋生计，汉军旗人大规模出旗所空缺的兵额由满洲八旗子弟补上，增加了满洲和蒙古八旗子弟披甲为兵的概率。

第二，大规模开展出旗为民运动。

通过上述措施，使得原本困难的八旗生计情况得到一定好转。但是，授人以鱼不如授人以渔，一味地将钱粮输送给八旗子弟，不是解决八旗生计问题的根本办法，只能起到一时的效果，同时增加了政府的财政负担。尤其是赎买旗地的政策，虽然短暂地解决了旗人的生活问题，但是得到土地的旗人，由于不善耕种等原因，渐渐又将旗地再次卖出。不久，高宗便发现了其中的问题，开始转变解决八旗生计问题的思路，乾隆四年后，饷银的发放数量明显减少，同时禁止旗人置卖旗地，将其土地充为公产，由政府统一分配给落魄旗户耕种。同时高宗也在解决八旗生计问题方面开始了新的尝试。

首先，前期高宗为了解决八旗生计问题，先后三次开展出旗为民运动。在乾隆七年（1742）四月，高宗发布上谕鼓励京师禁旅八旗汉军出旗为民，开展了第一次大规模出旗为民运动，这次出旗为民的对象，主要集中在驻京的汉军八旗上。乾隆八年四月规定：在京八旗汉军人员，“所有愿改归民籍与愿移居外省者”[①]，“俱限一年内，具呈本管官查奏”[②]。由于出旗为民是八旗历史上的第一次大规模改革，因此高宗相对还是比较谨慎的，为了进一步规范此次出旗为民运动，高宗还下令“文职自同知等官以上，武职自守备等官以上，俱不准改归民籍”[③]。正因为这些原因，导致这次出旗为民运动并没有起到太大效果，不过为后来的出旗为民政策奠定了基础，积累了经验。

乾隆十九年（1754）前后，随着金川战争和准噶尔战争相继结束，国内形势逐渐稳定，因连年用兵，战争开支巨大。为了解决这一问题，高宗想大量裁减兵员，加之第一次出旗运动的失败，也为了进一步缓解八旗兵勇生存压力，高宗再次决定实施出旗为民政策，这次运动的矛头转向了驻防各地的汉军八旗。乾隆十九年三月，高宗下令，以福州驻防八旗为先，“汉军人等亦照京城汉军之例，各听其散除经营”[④]。同年七月，高宗进一步将出旗范围扩大到了京口、杭州、广州等驻防要地，逐步扩展到了全国驻防汉军八旗兵勇。为了通过出旗为民政策更好地解决八旗生计的问题，高宗还严格要求八旗各级管理人员从速办理此事，对办理不慎和懈怠者予以处罚。经过努力，大量驻京和驻防的汉军八旗转入绿营或民籍，减轻了八旗负担，在一定程度上解决了八旗生计问题。

在前两次出旗为民运动取得了一定成果的前提下，高宗决心开展第三次出旗为民运动，并于乾隆二十一年颁下谕旨：“现今在京八旗、在外驻防、内另记档案及养子开户人等。俱准其出旗为民，其情愿入籍何处，各听其便，所有本身田产，并许其带往。”[⑤]但是这次运动其实并没有取得很好的

①③《清高宗实录》卷189，乾隆八年四月戊申。

②《清高宗实录》卷164，乾隆七年四月壬寅。

④《清高宗实录》卷459，乾隆十九年三月丁丑。

⑤《清高宗实录》卷506，乾隆二十一年二月庚子。

效果，究其主要原因，是在三次出旗为民政策的实施过程中，高宗均拿汉军八旗“开刀”，遭到了一定的抵触。但是总的来说，三次出旗为民从一定程度上减轻了八旗带给国家的负担，对整个社会的经济发展具有一定的积极意义。

第三，开展八旗移垦运动。

为了探索出一条八旗子弟可赖以为生的道路，八旗移垦运动应运而生。乾隆五年（1740），高宗派遣官吏至各地访查适宜开垦之土地。乾隆二十一年，高宗下令从满洲八旗子弟中挑选3000余户，迁往东北拉林等地开荒屯种。“但念现在京中满洲，生齿日繁，额缺有定，恃一人钱粮，供赡多口，终恐拮据”；“欲我满洲世仆，仍归故土，生计充裕”。前往人等，每户赏给治装银两，沿途给予车辆草束，到达后，又赏给立产银并官房田地、牛犋籽种，每户约需银百余两。此外，高宗告诫说：“伊等至彼，各宜感戴朕恩，撙节用度，以垦屯为务。稍有余暇，勤习骑射技勇。”但是满洲“故土”的旗人，也并非“生计充裕”，典卖旗地、生计困乏的现象也在加剧。据乾隆六年（1741）宁古塔将军鄂弥达的奏报：“吉林乌拉满洲兵丁三千，其中可称富户者仅二十一户。贫户一千一百八十五户，八千九百三十五口。赤贫户六百七十八户，两千八百九十四口。两者合计一千八百六十三户，一万一千八百二十九口。其余为中户，共八百四十八户，八千八百二十九口。”从鄂弥达的奏报中我们不难看出，当时的满八旗兵丁，绝大部分都处于赤贫的状态，勉强可以达到温饱水平的还不到一半，而富裕的更是占极小的一部分。高宗下令迁往东北的3000余户满八旗子弟，实际上真正迁过去的只有2000余户。在这迁去的2000余户中，老弱病残占了一部分，绝大部分都不会耕种，其中壮年且能够从事农业耕种的旗人仅占十分之二三。不久之后，大批旗人逃回内地，留在当地的旗人也不亲自耕种，而是雇佣汉人耕种，渐渐又将土地典卖出去。这种情况表明清政权的统治危机逐渐显现，八旗贵族和普通旗人的差距也日益扩大。

高宗大力解决八旗生计，达到了一定的效果，尤其是在历次用兵西北的过程中，一部分旗人兵勇还是起到了一定作用。同时八旗生计问题的解决，有效缓解了统治阶层的内部矛盾，使得八旗上下暂时团结一心，为将“康乾盛世”推向顶峰，起到了一定的推动作用，这些都是不可忽视的。但是经过圣祖、世宗、高宗、仁宗等几任皇帝的努力，最终也未能使八旗子弟的生计问题得到有效解决。虽然八旗在清朝建立过程中立下了汗马功劳，但是随着清王朝的统治江河日下，八旗制度也随之一步步走向衰亡。暂且不谈八旗战斗力削弱的问题，单就八旗生养问题，已然成为清政府的一大包袱，严重影响了清政府的财政收入。到清朝中晚期，八旗更演变成社会发展的沉重包袱，阻碍着社会进步。直到辛亥革命一声炮响，才最终埋葬了这延续长达数百年之久的八旗制度。

六巡江南

江南地区，在清代主要指两江总督辖区，即江苏、江西、浙江等省，北起淮河一线水上运输重镇扬州，南抵钱塘江口的“人间天堂”——杭州，东临大海，西至安徽首府安庆、江西首府南昌，是两江总督辖区的政治、经济核心地区。

江南地区自古就是华夏文明的发祥地之一。自唐朝安史之乱后，北方经济环境遭到严重破坏，而相对平稳的南方经济则得到了很大的发展，加之大量人口为躲避战乱南迁，到南宋时期，江南地区的经济发展水平已经远超北方，成为中央王朝税赋、粮米的主要来源。明代江南地区不单单是在经济上占有重要地位，在政治上也举足轻重，明初，明太祖朱元璋建都江宁（今南京），在他去世后，其陵墓明孝陵修建在江宁。到明成祖时才迁都北京，但在江宁仍然留有六部等机构，称陪都。

明朝末年，农民起义军攻占北京，随后清王朝入主中原，在明朝降臣吴三桂等人的引导下，清军迅速占领淮河以北地区，与在江南地区自立为帝的南明朝廷对峙。江南一带的原明朝留守官员、文人、乡民，先后组成义军抵抗清军进攻，随后相继发生“扬州十日”“嘉定三屠”等惨案，各地义军在南明政权争权夺利、没有外援的情况下相继失败。但这些抵抗也让清王朝认识到，作为明王朝发源地的江南地区对明朝及汉族统治的认同感极强，需要清王朝长期不懈的努力，才能化解满汉之间的分歧。明亡后，汉族知识分子为了躲避战乱，大量南迁或隐居在江南及其周边地区，汉文化在江南得到了较好的保存，江南地区成为汉文化气息最为浓重之处，因而历来为北方的清朝中央政府所重视。自清世祖开始，清王朝对江南地区的重视程度一再加强。

除上述历史原因之外，高宗多次南巡还有特殊的政治原因。雍正朝中后期，随着封建专制统治的进一步加强，清王朝与江南地区士绅间的矛盾日益突出。经济上主要表现为世宗在位时和后来即位的高宗曾多次清理江南地区积欠中央政府的赋税钱粮，很大程度上伤害了地方地主阶级的经济利益；政治上主要表现为为了解决江南八旗子弟的生计问题，清王朝一再增加在八旗中选用人才的数量，减少了在汉族知识分子中吸纳人才的数量，致使汉族知识分子无法通过正常手段获得合理的政治权益，对中央政府怀怨在心。到乾隆朝初年，此矛盾日益激化，甚至地方官员上书批评高宗侵犯汉族知识分子权益，指责高宗“亲满排汉”。

在此情况下，高宗一方面通过大兴文字狱等严酷手段制裁江南士绅，另一方面为了表示自己是满汉共主而多次南巡。乾隆十六年（1751）高宗第一次出巡。六年后，高宗又一次出巡，即乾隆二十二年，后于乾隆二十七年和乾隆三十年间两次南巡。乾隆三十年那次南巡后，时隔15年，即乾隆四十五年又一次南巡，最后一次为乾隆四十九年。高宗一般会巡游到江南一带的江宁、扬州和苏杭等地。后四次也去了浙省海宁等地。

乾隆十六年正月，高宗以督察河工海防漕运、考察各地官方施政情况、体察民情为由，开始了第一次南巡之行。正月十三日，高宗侍奉皇太后离开北京，经京杭大运河，视察直隶、山东、江苏等地，并乘船一路抵达江苏的清口。二月八日，高宗随众视察了黄河的水利项目，去往了天妃匣和高家堰。视察毕下令整修高家堰等处。途经淮安看到淮河堤岸为夯土时，下令改土为石；高宗沿着京杭大运河一路南下，三月抵达杭州，停留多日。其间江南士绅于敷文书院面见高宗，福建水师和八旗兵丁在观察楼接受检阅。回京途中，高宗又专门绕路祭拜明朝开国皇帝朱元璋，审阅当地军兵。最后，随太后巡视过纺织业后，返程北归，并于乾隆十六年（1751）五月四日回到京城。至此历时近半年，往返水路近3000公里的浩大南巡告一段落。

乾隆二十二年（1757），高宗进行了第二次南巡。正月皇太后随皇帝一同移驾出京，随即于嘉兴和石门镇进行阅兵。二月底到达杭州，游玩几天后，便赴江宁府体察江南士绅。拜谒过朱元璋陵后，高宗于四月四日抵达徐州黄河，考察水利工程情况，同时下旨免除当年江南地区应缴纳的漕粮，将各种欠款、欠粮均免掉。五日考察孙家集时下令河堤夯改砖。次日视察荆山桥、韩庄匣的河工。十日去往孔子故乡山东曲阜，举行了祭孔大典，与众朝廷官员祭拜孔子。二十六日回到京城。

乾隆二十七年正月初二，高宗开始第三次南巡。此次南巡之前，由于华北地区的直隶、山东，华东地区的安徽等地接连受灾，高宗南巡经京杭大运河时，沿途视察地方赈灾情况，免除灾民赋税，调拨物资钱粮，并监督地方管理赈灾工作。在到达浙江地区时，高宗还亲自视察了钱塘地区海塘工程的修筑工作，检阅福建水师，并对江浙一带盐商进行赏赐。和前两次南巡一样，高宗例行巡视了江宁织造机房，拜谒了明孝陵。回京途中视察了徐州淮河的河岸水利工程。分别在山东曲阜、邹县拜谒了孔子和孟子，然后赴泰山烧香。

乾隆三十年的第四次南巡，亦是正月移驾动身。行程安排几乎没有大的变动。

时隔15年之久的第五次南巡于乾隆四十五年正月启程。关于第五次南巡，高宗特别声明“省方观民，勤求治理”。此次南巡，皇帝多次颁布上谕，免去沿途地方的部分钱粮税款，对沿途年迈的农夫亦降恩赐赏。值得注意的是，本次途经山东时，高宗因各种原因并未亲自祭孔，而是差遣官员举行祭孔。高宗还派专人祭祀在修筑河道工程中有所作为的官员。除祭奠孔子、视察水利外，高宗照旧视察了江南八旗军兵，拜谒了朱元璋陵。至同年（1780）五月初九，高宗一行人乘兴而归，到达京城。

乾隆四十九年（1781）正月末，高宗皇帝开始了第六次南巡，这亦是他最后一次巡游。本次巡游除照常减免赋税、兴修水利、召见士绅外，还多加了一项——重申案犯。高宗示意将地方受过处分的文武官员的案子重新审核，如遇冤情，应为其昭雪；没有冤案的，等级加一。在山东行宫时留下《济文考》一文，并亲赴祭孔大典。在南巡期间，高宗还接见了来自安南国的使臣；但此次在江宁期间，高宗并未亲赴明孝陵，而是派遣官员前往祭祀。四月二十三日，返回京师。

高宗六次南巡的时间、路线和安排上虽各有差别，但大体上主要包含以下六方面内容：

第一，蠲赋恩赏。江南地区历来是清朝赋税的主要来源之一，在康熙朝诸次战争中，江南地区均提供了大量粮饷。为了减轻江南地区百姓生活、赋税压力，同时缓和满汉民族矛盾，展示天朝盛世景象，高宗每次南巡都会不同程度地蠲免江南地区之钱粮赋税。高宗在数次南巡过程中，不止一次下令免除巡游沿岸地方的欠款和税粮。在乾隆十六年的巡游中，高宗下令免除乾隆十三年前该地区所欠的钱粮，江苏约228万两，安徽约为30万两，江浙地区30万两。在乾隆二十二年第二次巡游中，高宗又下旨蠲免两江三省及浙江地区乾隆二十一年以前所欠的赋税钱粮，进而又免除浙江地区所欠漕银20万两。此后，随着国家财政状况进一步好转，高宗在第三次南巡过程中，又下旨免除江南三省自乾隆二十二年至乾隆二十六年间所欠的钱粮赋税，进而又减免浙江地区积欠漕银等共计20万余两。在第四次南巡过程中，下旨蠲免淮河两岸及浙江地区赋税钱粮共计156万余两。在第五次南巡过程中，下旨蠲免两江地区自乾隆三十九年（1774）至乾隆四十四年之欠银100余万两。在第六次南巡过程中，再次下旨蠲免两江地区欠银130余万两。至此六次南巡，总计蠲免江南地区钱粮赋税千万两以上。

第二，巡视河工。高宗六下江南，基本都通过京杭大运河走水路，因而巡视沿岸河工便成为六下江南的一大内容。京杭大运河贯穿海河、黄河、淮河、长江，清代水患以黄河、淮河为甚，高宗历次下江南，经过河南、山东、江苏等省，都亲自视察沿河堤岸，以示对河工之重视。在高宗写的御制《万寿重宁寺碑记》和《南巡记》里，他着重讲到“南巡之事，莫大于河工”，“六巡江浙，计民生之最要，莫如河工海防”，“临幸江浙，原因厪念河工海塘，亲临阅视”。农业国家历来重视水利修筑与河工建设，尤其重视水患治理。高宗南巡过程中，每次途经黄河、淮河沿岸，都亲赴堤坝视察，并且多次督促地方官吏加固河道。每至钱塘江口，高宗均亲自视察钱塘海塘修筑情况。为了确保地方修筑的堤坝和海塘坚固耐用，高宗还多次亲自指导地方河工，并指示地方将诸多险段的夯土堤坝改为石砌堤坝。

到了清代，国家赋税大半源自江南，而京杭大运河作为沟通江南与北京之间的交通干道，承担着运输国家赋税钱粮的重要责任。京杭大运河由于是人工开凿之运河，本身水流相对缓慢，自身排淤能力较差，途经黄河、淮河等泥沙淤积之处，因年久失修，不免河道淤积。高宗通过南巡，间接迫使地方官吏疏通运河河道，保证京杭大运河的正常使用。乾隆朝之后，由于皇帝不再南巡，京杭大运河也渐渐失去了往日的繁华。

第三，观民察吏。高宗久居深宫，对国计民生的体察必然有所疏漏。通过历次南巡，高宗对地方政务、受灾情况、百姓生活有了更深层次的认识，也对地方官吏的品行、工作能力有了更为细致的认识，发现了一批在民政、赈灾、治水方面有突出才干的官员，并加以任用。同时，乾隆多次赴灾区视察赈灾情况，并根据实际所见，减免了灾区的赋税。

第四，加恩缙绅。高宗为增进中央政府与地方士绅的密切关系，每至江南，必通过拜谒明孝陵的机会接见江南士绅，同时每次南巡都适当减免江南士绅一部分赋税，更对一部分在南巡中表现突出的江南士绅给予官爵上的赏赐。

高宗重新起用和擢用一批政绩突出、实心办事的大臣。例如，原任大学士的史贻直、陈世倌，以及江南河道总督高斌，均为当时能够独当一面的能臣，但这些官员仅仅因为犯一些小过错或不合皇帝心意，便被罢黜、降职、贬官，导致这些官员无法在新的岗位上发挥自己的能力。高宗借助南巡的机会，通过对这些官员的观察，有能力者再次得到了重用。原礼部侍郎沈德潜因文采出众，被江南文人视为文坛泰斗、大诗人；钱陈群原任刑部尚书，此人精通诗书，江南士绅对其十分敬重，甚至奉为楷模，高宗也对其赞赏有加。高宗在数次巡游中，先赏沈德潜御赐诗，又御题“白鹿遗规”赐给沈德潜主持的紫阳书院；沈、钱二人的俸禄也是按照礼部、刑部尚书的标准发放的。

第五，培植士子。历次南巡过程中，高宗对知识分子做了大量工作。主要措施有二：一是增加江南地区生员名额，给予江南地区知识分子更多的步入仕途的机会。六次南巡共计增加两江地区生源名额5664名。二是通过考试敬献诗赋的士子，给予其为官的机会。这些考试都由皇帝御笔出题。第一次考试时，在两江地区进献诗赋的士子中，共录取了一等生员5名，依名次顺序分别是蒋雍植、钱大昕、吴烺、褚寅亮和吴志鸿。浙江录取一等生员3名，即谢墉、陈鸿宝和王右曾。考中的生员全被授予内阁中书职务，且是高宗御赐的举人。高宗必定通过此种方式选拔一部分人才。

第六，阅兵祭陵。高宗南巡的一大要务就是巡视江南地区驻军。清朝建立伊始，便在江南地区派驻了为数众多的八旗兵勇，在福建沿海设立福建水师，负责沿海防务，在江宁设置江宁将军，在杭州设立杭州将军，统领其治下驻防八旗军队。

高宗每次南巡都会对驻防八旗兵丁进行检阅，巡视浙江河工及沿海海塘修建工程，都要沿江或沿海视察八旗水师操练，一是为了督促地方八旗兵勇操练，防止军队因久而不练失去战斗力；二是为了显示恩德，表示高宗虽然人在北方，却时刻心怀江南驻防八旗兵勇；三是向江南士绅展示驻防八旗实力，彰显皇帝威德。在巡阅地方驻军后，高宗往往更会根据驻防八旗兵勇之表现进行相应的赏赐，并多次在驻防八旗兵勇中选拔可用之人才。

在南巡过程中，高宗学习其祖父圣祖皇帝，每次南巡必拜谒明孝陵，这也是清代帝王的高明之处。在中国历史上，改朝换代之后，后起朝代大多不重视前朝遗留的皇家墓地，但是清朝帝王，尤其是圣祖和高宗两位皇帝，很重视祭拜明太祖朱元璋的陵墓，以此彰显清朝皇帝的恩德，同时通过祭拜前朝陵寝，也展示出其为天下共主的事实。

高宗六巡江南并非单纯的游玩娱乐，其政治功能远大于娱乐功能。通过巡视地方，高宗对地方情况有了更好、更多地了解，同时也在南巡途中选拔了一批可用之才，加强了清朝中央政府对江南地区的有效统治。虽然在南巡途中不乏铺张浪费和谎报地方实情的现象，但是这些都不能否定高宗六次南巡的重大政治意义。

六千万国土亿万民

乾隆朝迎来了清朝历史上疆域最大的时期，其东北边境与沙皇俄国相邻，以额尔古纳河、格尔必齐河、外兴安岭为界，包含太平洋上今库页岛；北边拥有漫长的边境线，以萨彦岭、沙毕纳依岭、恰克图和额尔古纳河为界，全面与沙皇俄国接壤；在西北地区，与和中亚地区尚处于相互征伐之中的哈萨克等汗国相邻，以萨彦岭、斋桑泊、阿拉湖、伊塞克湖、巴尔喀什湖和帕米尔高原为界，包含今全部新疆地区在内的广大西北区域；西南则以喜马拉雅山为界，与当时较为兴盛的莫卧儿帝国接壤，并以野人山一带为分界线，与缅甸王国为邻，与安南等国相交；正东则与朝鲜隔江而望，以鸭绿江为界，并拥有琉球等藩属国；除此之外，当时清朝还掌握着台澎金厦及南海诸岛。

历史上的“康乾盛世”时期，大体上持续了130年的时间，社会经济得到快速稳定的发展。人口数量激增，耕地面积不断增加，世宗在位时，全国土地面积已经超过9亿亩，甚至超过了历史上公认的经济较为繁荣的明朝万历时期的土地面积。加之这一时期农业技术不断创新并得到广泛应用，农业产量不断提高，粮食相对能够满足全国的需求，并且还有剩余，这也间接地刺激了全国人口的持续增长。弘历登基后，大力兴修水利，多次蠲免钱粮，使得百姓生活有所提高，大多数时间里，人民生活相对安逸。康乾盛世时期，全国推广高产量农作物，生产力发展是人口快速增长的重要原因。三朝皇帝十分看重农业，因此朝廷官员也十分重视农业发展，下大功夫普及生产工具，改进农业生产技术，“三耕”和牛耕已十分普遍。“边疆意识”逐渐强化，加强边疆控制的同时，也从中原带去了先进的技术，边疆地区的生产力得到了明显改善。明朝从美洲传入我国的十余种农作物，如玉米、马铃薯和烟草等都已得到广泛传播。清朝初年高产量的玉米更是得到大范围推广。康雍乾时期两稻麦的引入得到了官方重视：圣祖将双季稻的种植范围扩大至江北。乾隆时期大力推广研究的农耕方法和改良的农业技术，将多熟（三熟）制推广至广东等地区。60余亿公斤的粮食被“改进”“推广”，人口的快速增长也由此得到了经济保障。

当物质、经济、社会基础都完备的时候，政府的政策就成为决定人口和耕地面积增长速度快慢的主要因素。康乾盛世时期，人口发展的主观原因，主要是指自康熙朝开始，历经雍正朝，到乾隆朝为止，清朝在各个方面实行了很多有利于维护安定繁荣的举措。土地方面有：禁止圈地、鼓励垦荒、实行更名田。圣祖继位后的五年里全国更是进入大垦荒年代，且圣祖于康熙五十一年（1712）下令“滋生人丁，永不加赋”。世宗即位后，在全国范围内实施新政，其中一个重要决策便是“摊丁入亩”。高宗在坚持前两代皇帝的政策的基础上，十分重视农田水利建设。弘历继位之初，各地水利设施大多年久失修，“圩岸不无坍颓，泥沙不无淤积”[①]。针对这种情况，高宗令每位督抚务必重视水利工程，“各于所属境内，相视河流浅阻，每岁农

① 《清高宗实录》卷20，乾隆元年六月辛未。

隙，募夫挑挖，定为章程，逐年举行”[1]，把水利作为一项长期和经常性的任务。弘历利用每次出巡的机会，都会视察各地水利工程，并亲自参与谋划部分水利工程，积极鼓励地方官吏钻研水利，从治水到用水全面建设水利系统。水患无，则百姓得到休养生息，生产不会受到自然灾害的影响；水利兴，百姓可以更好地进行农业生产，从而提高农业生产产量，开垦出更多耕地。高宗鼓励垦荒，积极蠲免钱粮。长久以来，高宗一直以减租蠲赋为爱民首务，不仅多次大规模地按地区蠲减各处正额租赋，还于乾隆十年（1745）、三十一年、三十五年、四十二年、四十五年、五十五年、五十九年及嘉庆元年（1796）先后八次下达普免全国一年钱粮的谕旨，而且还三次全免南方漕粮，累计蠲免赋银二亿三千万两，相当于将近五年的全国财赋收入，数量之多，是绝无仅有的。因此，百姓负担相对减轻，人口基本上处于稳步增长状态。一方面，边疆逐渐趋于稳定；另一方面，中原荒地渐少，到乾隆中后期，皇帝下令让军队于边疆进行“屯田”。至此垦荒事业渐向起步，边疆乃至全国耕地面积持续增长。这就为人口增长和耕地面积扩大提供了有利条件。

18世纪中期到19世纪，这100年是中国传统社会人口起伏最大的时期，同时也是中国历史上人口转折的时期。18世纪之前，我国封建社会人口虽然总体是向上发展，然而由于各种天灾人祸，历经数次起伏，直至明朝，人口达1亿左右。加之后来明清交替，战乱频繁，百姓流离失所，导致人口锐减。清世祖即位时，境内人口更是不足1亿。至雍正朝末也才刚近1亿。圣祖统治的前10年，国内局势相对稳定，人口稳中略有增长，但是这样的增长很快便被三藩之乱所终结。全国陷入战争，人口又陷入减少的趋势。直至康熙二十年（1681），平定了长达8年之久的三藩之乱，全国大规模战争结束，但其后

① 《清高宗实录》卷20，乾隆元年六月辛未。

又不乏小规模的局部战争，总的来看，这一时期清朝户籍人口才渐渐呈现一种增长态势。乾隆六年清查人口，全国在籍人数首次突破1亿大关，达到1.4亿。在此以后，人口增长势头迅猛，到乾隆二十七年突破3亿大关，到道光十四年（1834）时，全国人口达到4亿有余。康熙二十五年至康熙五十年，人口增长率为0.77%，康熙五十二年至雍正十二年为0.7%，乾隆元年至乾隆五十九年为1.49%，因此从各个方面来看，康乾盛世都对中国人口的增长产生着巨大的作用。

人口和耕面积的增长，一方面是社会发展与进步的表现，对农业社会来说，也是一个积极的信号；但是另一方面，如果人口的增长超过了一个可承受的限度，就成了社会发展的负担。在当今社会，我们管这种社会发展负担叫作人口膨胀，即当土地无法承担更多人口的情况下，人口的超速增长就是人口膨胀。乾隆中后期人口与土地的比例，就已经出现人口过度膨胀的问题，开始影响社会的方方面面，成为一种社会负担。

土地有限，人口的增长导致平衡被打破。土地，尤其是耕地的数量是有限的，虽然在高宗统治时期，政策、技术的进步使得耕地面积大大增加，但是一方面耕地面积增加赶不上人口增长速度；另一方面，土地开垦后并非每个地方每一年都能高产，因而当耕地和附着于耕地之上的粮食产量不能满足日益增长的人口需求时，社会开始出现各种不平衡。同时由于人口增长，土地压力越来越大，破坏了原有的自然平衡，也就间接导致了土地肥力下降，耕作能力下降等问题。这些不平衡主要体现在耕地与所产粮食数量不平衡，粮食和所供养人口数量不平衡，加之本来单位人口分配的粮食数量就因为贫富等原因已经失衡，这间接或直接地影响了整个社会的平衡态势，人口和土地的矛盾引发的社会问题开始出现。

人口过剩、供给不足常常导致物价上升。当土地和人口开始出现不平衡的时候，市场会选择提高商品价格。这表示当土地生产的粮食无法供给所有人的时候，部分地区的粮食价格便会上升，百姓的生存压力会大大增加。高宗为了应付这样的物价变化，多次在全国或地方蠲免钱粮赋税，以此降低百姓的生活压力，提高百姓生活水平，缓和社会矛盾。但是高宗的政策往往不能得到有效执行，尤其是到了乾隆朝中后期，吏治腐败，官员士绅对百姓的盘剥加剧，使得由于人口和土地之间产生的社会矛盾逐渐显现。

土地大量兼并导致人无所耕。在人口和土地问题出现矛盾的时候，人多地少、无地可耕逐渐上升为一种社会问题，如果加上人为的外力作用，就会造成更大的社会危害。乾隆朝中后期，随着社会经济发展，以及高宗对贪腐的治理力度下降，可耕作的土地被大量兼并，直接导致了“富者阡陌千里，贫者无立锥之地”的社会现象出现。此时，社会矛盾已经激化到一定程度，百姓的生活日渐贫苦。加之高宗多次用兵，赋税也在暗中增长，官员、士绅对百姓盘剥更甚，百姓承受能力大大下降，但又不得不为了获得更多的劳动力而大量繁育后代，逐渐成为一种恶性循环，社会承受能力达到一个临界点。

经济压力直接演化成为不稳定因素。当经济压力使得社会承受能力达到一个临界点时，任何外力作用都可能导致社会矛盾的全面爆发。乾隆朝中后期，这个社会矛盾受到多个外力作用，终于成为全国性或地方性的农民反抗运动，直至成为农民起义。此时的高宗或许被盛世景象蒙蔽了双眼，从未思考过这个问题，也就是农业人口的不断增长与土地面积达到一定程度后的饱和所造成的社会矛盾。人口激增是农业社会繁荣的表现，耕地增加更是农业发展的标志之一。但是，万事万物都要有度，超过限度后，很有可能造成“物极必反”的后果。弘历执政之时，康乾盛世达到顶峰，就在向他的后继者们预示着，他们将要面对的是一个压力更大的社会。

国库存银八千万两

高宗六下江南、十全武功、举办千叟宴等，都是花费巨大之事，高宗之所以能够完成这些耗费巨大的活动，其原动力便来自充盈的国库。只有盛世国库充盈之时，才能完成其想要完成的事情。汉武帝在位时期府库充盈，为其北击匈奴奠定了基础；唐玄宗在位时期国力雄厚，为其实现开元盛世准备了条件；明成祖在位时期国力强盛，为其指派郑和七下西洋，编纂《永乐大典》铺平了道路。这些历史上的有为君主，其成功的一个主要原因就是前代君主积累了大量财富，使得这些君主有机会完成宏伟的历史目标。而高宗恰恰也是如此幸运，因为圣祖、世宗在位时期，清朝府库积攒下了大量白银，到高宗即位时，“康乾盛世”已经达到了顶峰，清朝的富有程度已经很难以用数字来形容，这让高宗在有生之年可以为自己想要成就的事业支付一切费用。虽然用数字难以形容高宗在位时期的富有程度，但是府库存银数量却能从一个方面反映出当时的富庶。

时代背景及经济条件

清初，频繁的战乱，导致土地荒芜、人口锐减，社会经济一片萧条。为此清廷采取了一系列恢复经济的措施，到了康熙朝中期，社会经济逐步繁荣起来，经历了雍正朝的积累，至乾隆朝中期，社会经济已经发展到鼎盛状态，最为突出的表现就是，“封建经济中的商品生产即小商品生产有了显著发展；新的生产方式即资本主义萌芽得到恢复并有所变化；商品市场网形成，商业繁荣；国库财富充盈”[①]。另外，乾隆朝农业生产力也有了极大的提高，主要体现在田地单位产量的增加和玉米、甘薯、棉花等农作物的引进及推广。此外，乾隆时期手工业生产也有了极大的发展。以上因素为乾隆朝经济步入鼎盛阶段奠定了坚实的经济基础。

乾隆时期的财政收入情况

清代前期，财政收入主要由田赋、盐课、关税、杂赋四项构成，田赋是对民田、屯田等田地的直接课税。盐课是对食盐消费征收的税种，也是税制中最为复杂的一种。关税是针对商人征收的商品税，主要有常关税、海关税以及衣食百货税和竹木船料税。杂赋又称杂税，即除了田赋以外的其他税种，主要包括芦课、茶课、金银矿课以及田房契税、牙税和旗地租、学田租等等。关于各类税收在财政收入中的占比情况，已有学者进行过分析，详见下表：

① 李治亭主编：《清史》，第1017页。

清代前期各朝主要财政岁入一览表[①]

单位：万两

年代	总额	地丁	盐课	关税	杂赋
顺治九年	2438	2126	212	100	?
康熙二十四年	3424	2823	388	122	91
雍正二年	3649	3028	387	135	99
乾隆十八年	4266	2964	701	459	142
乾隆三十一年	4254	2991	574	540	149
嘉庆十七年	4014	2802	580	481	151

从上表中不难看出，乾隆十八年（1753）和乾隆三十一年，清廷财政收入远高于其他时期，而其中又以地丁银为主。需要注意的是，清代财政收入除了以银两为主的货币收入，还包括以粮石为主的实物收入。据陈锋统计，乾隆十八年岁入，共收入银两49133493两，粮12748275石，草5267827束；乾隆三十一年共收银49292232两，粮13755579石，草10813423束。陈锋认为这两个年份是清代前期的岁入高峰，"之所以如此，一是由于雍正以来进行了财政整顿，新增加了财政收入项目，二是由于当时赋税征收状况较好"[②]。

乾隆朝的财政支出

高宗执政期间，兵饷、官俸、驿站、漕船、河工等，这些支出每一笔都不是小数目，并且均是呈上升趋势。比如军费，仅两次出征金川就花费白银8000万余两，而出征准噶尔、平定回部要用掉3000万余两，除了平定准噶尔部的费用外，还要加上抵抗廓尔喀以及出兵缅甸的费用，合计约15亿余两白银。

① 许檀、经君健：《清代前期商税问题新探》，《中国经济史研究》1990年第2期。

② 陈锋：《清代财政政策与货币政策研究》，第373～374页。

高宗的库存不仅不靠节省，也不靠加赋维持库存。据不完全统计，高宗在位的60年之中，大蠲赋税，免除全国的粮钱，合计白银3亿余两，相当于全国7年的税收。蠲赋次数和金额可谓是“前无古人，后无来者”。其实大蠲赋税，藏富于民，促进经济增长，所以库银数量会不减反增，最后达到“府藏极盛”的壮观局面。乾隆朝，国家财政支出比以前增加很多。例如，清朝初年，赈灾总额为四亿五千万两，如果按照这个标准来计算，整个乾隆朝就支出近2亿两。这项支出还不算最大的，更大的耗费来自蠲免钱粮，统计一下，乾隆朝全国蠲免的租赋约达3亿两白银。

国库存银高达八千万两

清代前期，国库存银数处于不断增长的状态，乾隆朝达到顶峰。据统计，康熙朝国库存银最高达到4900万余两，平时大多存银3000万到4000万两左右。雍正朝国库存银最高达到6000万余两，后期每年约存银3000万两。乾隆初年，国库存银也基本维持在3000万两左右，以乾隆二十年（1755）为界，国库存银便增加至4000万两左右，以后持续增长，三十年达到6000万两，三十三年超过7000万两，此后一直在7000万两以上，四十五年存银7800万两，五十五年竟至8000万两[①]。以高宗三十一年岁入4900万两计算，国库存银达到8000万两，相当于一年半的收入，是盛世的体现。在出现结余如此多的情况下，高宗不得不进行消费。据估计，自明朝末年至18世纪末，大概有4亿多两白银流入中国，加上地理大发现之前从日本进口的和本国自产的白银，计算下来，国内库存及流通的白银也不超过10亿两。户部与各省库存已超1亿两，在这种情况下，若继续储存大量白银，必然会引发通货不足，不利

① 南开大学历史系学术委员会编辑：《南开史学》，第211页。

于经济发展。从乾隆朝中期以后的情况来看，朝廷哪怕大把花钱，抑或减免赋税，把财富移至民间，就货币流通方面来看，这是做了一件极为正确的事情。

国库充盈蠲免赋税

检验一个皇帝是圣明还是昏庸，一个简单的方法，就是看他对待赋税的态度。纵观历史，那些圣明君主没有横征暴敛的，他们都将减免赋税作为一项重要的施政内容，轻徭薄赋，以求发展。高宗十分重视赋税问题。他认为“民为邦本”，一个国家想要兴旺鼎盛，首先是根基要稳固。民为根基，爱民则“以减赋蠲租为首务”。所以，高宗数次实施普蠲政策。弘历即位之初，颁布恩诏大赦天下，宣布将雍正十二年（1734）之前所欠税赋免除，苏皖地区减免白银就达1000万余两。高宗在位60多年中，蠲赋银两足有亿两。此外，高宗还分别在乾隆十年（1745）、三十五年、四十三年、五十五年、六十年，先后五次下旨普蠲全国一年税赋。

经过十余年的筹划和厚积后，国家财政稳定，国库充裕。乾隆十四年，国库约有银3000万两，然各一年中的各种赋税就有4000万余两，加之官员俸禄、养廉银，国家工程等各项开支耗资巨大，如遇突发事件需要赈灾或是出兵，动辄就要成百上千万两，只怕那时国库空虚，银两短缺。时任御史大夫赫寿谏言：“不应蠲免一年钱粮。”高宗阅此奏折时恼怒非常，说赫寿之言“悖谬已极”，随即又向大臣们强调“朕以爱养百姓为心”，至此，免除全国粮钱的政策方才实施。高宗不是单纯模仿祖父的做法，而是在原来基础上结合实际不断改进。圣祖在位50年，国家基本安定，库银达到5000万余两，库存充盈，在这种局面下，圣祖方才免去一年的粮钱。而高宗仅仅做了10年皇帝，此时库存不过3000万两，就下旨普免一年税赋，可谓非常敢作为了。

其次，高宗不仅免除了祖父圣祖减免的正额赋税，还免除了各种搜刮民脂民膏的课税，如甘肃的“番粮”、福建的“夷米”、陕西的“马贡”等。最后，相比祖父的一次普免特旨，高宗连免八次。高宗在蠲免的数量和规模上均是绝无仅有的！

国库是否充盈代表着国力是否强盛。高宗于乾隆四十六年（1781）的八月、九月接连颁布两道谕旨，提到当时的财政状况，其中说道：“今户部帑项充盈，各省藩库积存充裕。”[①]高宗刚登基之时的国库不足3000万，然而历经多次普免粮钱、漕粮，加之赈灾工程，40多年后，库银“总计何啻万万”！加上大量的军费，库存不减反增，达到了7000万两。“府藏之极盛”，说的就是乾隆时期国库充盈，其数目之大，绝无仅有。这也为高宗实行各项政策，如普免钱粮、“十全武功”、数次南巡、编纂四库等，打好了丰厚的物质基础。

① 《清高宗实录》卷1138，乾隆四十六年八月乙酉。

盛世千叟宴

千叟宴是清代宫廷的大宴之一。千叟宴的创始人，就是备受高宗崇拜的祖父圣祖皇帝。康熙五十二年（1713）三月，时值圣祖六十寿诞，在畅春园举办了历史上的第一次千叟宴，宴请了从五湖四海赶来北京为圣祖祝寿的数千位古稀老人。康熙六十一年正月，圣祖六十九岁，为了预庆自己七十岁生日，在乾清宫举办了第二次千叟宴。那时，还未满十三岁的弘历参加了此次宴会，千叟宴的盛大景象在弘历脑海中久久挥之不去。他继位后，效法其祖父，也举办了两次千叟宴，第一次于乾隆五十年（1785）正月，为了纪念他即位五十周年，七十五岁的弘历在乾清宫举办了第一次千叟宴。嘉庆元年（1796）正月，高宗退位，作为太上皇，他在宁寿宫皇极殿举办了第二次千叟宴。仁宗即位后，清朝国力逐渐衰退，这一次宴会便成了历史上千叟宴的绝唱。

在中国传统社会，为加强和维护封建统治，历代皇帝大力宣扬儒家理念，提倡孝道，讲究尊老的精神。由于这种敬老尚贤的社会风气又是当权者英明神武和统治有方的一大标志，能够表明在君王的努力下，天下得以太平，百姓能够安居乐业，社会实现了繁荣与稳定，而整个王朝呈现出的这种国泰民安的局面就是对统治者本人最大的肯定，是皇帝的一种荣耀。纵观中国历史，费尽心思、绞尽脑汁来努力实现这一目标的君王可谓不胜枚举，但是能够真正凭借自己的能力来实现这一目标的君王，却是凤毛麟角，少得可怜。高宗便是一位成功实现了这一伟大功业的皇帝，而最具影响力的事件之一，便是其在位期间举办的两次“千叟宴”。

所谓的“千叟宴”，即召集官员、缙绅中的高寿老翁在皇宫中举行大规模的酒宴，让其与皇帝同乐，享受盛世清平。在清代，最早举办千叟宴的为圣祖（圣祖举办过与之类似，但并未冠以“千叟宴”之名的大型宴饮活动另有三次，故部分学者称圣祖共举办过四次千叟宴），至高宗掌权时，先后举办过两次大型的千叟宴，这两次千叟宴的规格及场面均较其祖父时期更大。

高宗为了向天下表明，在自己的英明统治下，整个清朝现已是四海升平，人民安居乐业，因而要效仿圣祖举办大型的千叟宴，便在乾隆四十九年（1784）春做出要于第二年正月举办千叟宴的决定，遂下旨筹备，由阿桂统一组织。

高宗对本朝的第一次“千叟宴”十分重视，希望借机展示国家富足的盛况。关于参与人员，高宗进行了缜密的考虑。首先，四品以上且年满六十的朝廷官员可参加此宴；四品以下但年过六十五的文武官员亦可参加。另外，哲里木等六盟中年满六十且已经出过痘的贵族可以参宴。最后，类似朝鲜等藩国，高宗特批可以选派一两名六十以上的官员来京参加千叟宴，以昭宠眷。

另外，由于赐宴人数预计已经超过3000名，不能尽数容纳，高宗又降旨对年满七十而未能尽数入宴的兵丁按岁赏给银牌一面。最后高宗下诏，凡年满九十者，允许家人搀扶参宴；年满七十且行动不便的朝廷官员，亦可以使其子孙一人扶掖入宴。

这样一来，高宗所举办的第一次千叟宴不仅在规格、人数和场面上均超过康熙朝，而且更加体恤耆老，在一些细节上更是显得极具人文关怀。

在筹办千叟宴的过程中，高宗又谕令翰林院准备对联、诗词、歌赋，以便在宴饮期间吟唱助兴；且在正式举办千叟宴之前，多次与诸位翰林以"千叟宴"联句，充分体现出这位文武双全的盛世明君颇具浪漫主义情怀。

第二年，即乾隆五十年（1785）正月，乾隆所举办的第一次千叟宴在乾清宫正式开始，亲王、郡王、官员，蒙古贝勒、贝子、公、台吉、额驸和回部、番部、朝鲜国使臣及士商兵民等年龄在六十岁以上者共3000余人入宴。整个场面庄严而又祥和，伴着宫廷礼乐，高宗与数千耆老共享盛世清平，宴会进行中，又命群臣以千叟宴联句，以此助兴。及至宴会尾声，3000余名老者携乾隆赐予的如意寿杖磕头谢恩，至此宴会结束。众人行至乾清门外后，又行三跪九叩之礼。

看到此情此景，高宗欣然挥笔写下一首诗："抽秘无须更骋妍，惟将实事纪耆筵。追思侍陛髫垂日，讶至当轩手赐年。君酢臣酬九重会，天恩国庆万春延。祖孙两举千叟宴，史策饶他莫并肩。"表现出高宗对这一次千叟盛宴的称道赞美，彰显其内心的无限感慨与满怀壮志。

在成功举办第一次盛世千叟宴的十年后，高宗再次下旨，命重新举办千叟宴："我国家重熙累洽，景运昌明，绥万屡丰，中外禔福，所以涵濡休养，咸登仁寿者，实为史册所罕觏，朕诞膺丕绪，敬绍鸿图，夙夜孜孜，勤求治理，仰赖昊苍笃佑，列祖贻庥，海宇乂安，人民乐利。曾于乾隆五十年乙巳，恭照皇祖千叟宴，举行盛典。迄今已逾十年，逢吉康强，精神纯固，明岁丙辰，纪元周甲，躬举授受上仪，尤属旷古所未有。天下臣民歌咏太平、期颐衍庆者，此十年内，又不知凡几。允宜再启耆筵，以纪重光之盛。

着于明年正月初吉再举千叟宴盛典。”[①]

高宗感到如今天下太平，人民安居，国家更是景运昌明，决心再次举行规格更高的千叟宴，彰显盛世，歌咏太平。

上次举办千叟宴时，高宗为七十五岁，而举办第二次千叟宴时，高宗即将八十六岁。因此，在筹划第二次千叟宴初期，对于赐宴人员的选定有了一些变动，即赐宴人员的年龄由六十岁提高到了七十岁，借此表达弘历“介景延祺，申锡无疆”[②]之意。但是，随后不久，高宗又下谕旨，决定放宽年龄限制，按照旧例，仍以六十为限，以便扩大赐宴人数，令更多的老人来到圣殿，感受隆恩。

谕旨传达后，众臣踊跃，海内欢洽，京畿及各旗籍兵民更是踊跃前来，表现出了盛世之下人心祥和的治世场面。嘉庆元年（1796）正月初四，即归政大典之后，高宗以太上皇的身份莅临千叟宴。本次千叟宴恩赐范围上至亲王贝子，下到老年兵民，人数达3000余人。同时，在宁寿宫参与千叟宴的还有回部、朝鲜、安南、暹罗、廓尔喀等贡使。此间，高宗将其中的一品大臣以及年逾九十以上的老人召至御座前，亲自赐卮酒。另外，由于参与此次千叟宴的人数众多，不能尽数落座于宁寿宫内，还有5000余位年龄在六十至七十岁，相对“年轻”的臣民站立在殿外享受庆典，场面可谓盛大至极。所以，此次千叟宴礼之人数共计8000人之多。

在第二次千叟宴期间，高宗更是对入宴臣民及藩属国使者展现出了浩荡皇恩。除了为部分年老重臣与年逾九旬的臣民钦赐卮酒外，又分别赏赐参加宴会的人员诗章、如意、寿杖、文绮、银牌等物。同时，为了彰显皇恩，又对特别长寿者授以顶戴，如年满一百零六岁的老民熊国沛、年满一百岁的

---

① 《清高宗实录》卷1489，乾隆六十年十月癸卯，第930页。

② 《清高宗实录》卷1489，乾隆六十年十月癸卯。

邱成龙本为庶民，但高宗均对其加以恩赏并赐其六品顶戴，以示天恩。年满九十以上的各行各业老者也被赏七品顶戴，如农民邓永、梁廷裕与闲散觉罗乌库里，步甲文保、舒昌阿，马甲王廷柱，内务府闲散人田起龙、王大荣等。

高宗一向以其祖父圣祖作为自己的榜样，举办千叟宴便是效法圣祖。值得称道的是，高宗对圣祖的敬仰从未局限于简单的模仿，而且总是在不同的方面加以创新、发展。仅以千叟宴而言，高宗所举办的两次与其祖父圣祖所举办的相比，在人数、规模、入选标准方面存在较大不同。此外，值得注意的是，在千叟宴中存在着满汉关系的变化，康熙朝时，一次千叟宴并非在一日内举办，且将满汉臣工分开，说明满汉矛盾仍然存在。而至乾隆朝，两次千叟宴均是在一日内举办，且满汉同席，这说明经过长期努力，满汉问题已经基本解决，“满汉一家”日渐名副其实，这不能不说是高宗的一项丰功伟绩，是乾隆鼎盛的一大特色。

在千叟宴中，还有一个事情值得关注，就是高宗为了彰显其文治武功，还专门邀请了来自朝鲜的二十位古稀之年的老人参加。早在千叟宴筹办阶段，高宗就多次在与朝鲜国的接触中表示，要让朝鲜方面挑选一些古稀之年的老人赴北京参与千叟宴庆祝活动。这一方面，凸显朝鲜作为清朝最为亲近的藩属国的“特权”；另一方面，也可以看出高宗对朝鲜的重视。

在高宗掌权之际，清朝国运昌隆，四海升平，百姓安居乐业，国家积攒了大量财富。尽管高宗在稳固政权后曾连续进行了数十年的军事活动，耗费了大量财力和人力，但是，这些均是建立在强大的国力之上的；且这些在边疆的军事活动，不仅巩固了清朝的统一，更是为实现国家的长治久安做出了卓越贡献。

正是高宗的文治武功，才将康雍乾盛世推向顶峰，使国内人民安居乐业，进而健康长寿。两次大型千叟宴的成功举办无不彰显着这一治世景象，数千名老叟满脸欢笑地齐聚京城，共赴盛宴，是历史上少有的盛举。两次盛世千叟宴的举办，既是高宗治国有方的一大成果，同时也是乾隆鼎盛的重要标志，更是对中华民族尊老、爱老之宝贵精神的弘扬与发展。

三

屡振武功　安定边疆

SHUDU QINGSHI
QIANLONG DINGSHENG

七 见准部来使

西北地区自清朝入关以来，一直存在一股强大的分裂势力，即准噶尔部。圣祖在位时，曾先后三次征讨准噶尔部噶尔丹势力。雍正朝亦与准噶尔部兵戎相见，战火遍及新疆、青海、西藏等地。乾隆初年，清朝政府与准噶尔部维系了数年的不战不和态势，准噶尔部也多次遣人入京朝见高宗。

纵观清前期历史，历代皇帝一直致力于维护西北地区的稳定与统一，断断续续地对准噶尔展开大规模军事行动。而其中最为激烈、动用国家力量最多的时期，始于圣祖，至乾隆朝结束，约90年。康熙朝时，对准噶尔地区进行了三次大规模的军事行动，拉开了对西北地区用兵的序幕，沉重打击了西北地区的分裂势力。世宗在位的13年间，亦在西北地区进行了旷日持久的统一战争，著名将领年羹尧就是在西北战事中崭露头角，一步步走向其军事生涯巅峰的。高宗即位伊始，便再次推动西北地区的统一事业，通过剿抚并用的方式，对西北地区开展政治军事双重攻势。准噶尔也在近百年的战争中元气大伤，尤其是额尔德尼召之战后，才表示出与清朝和谈的意愿，频繁派出使节觐见高宗，期望在划界等方面与清朝达成共识。雍正十三年（1735），准噶尔部主动向清朝政府求和。乾隆元年（1736），准噶尔部遣使入京，其首要事务便是与清朝政府议和。而高宗认识到西北战争给清廷带来了巨大的军事压力和政治压力，单纯依靠军事手段解决西北分裂问题并不能取得根本性的胜利，往往在取得胜利数年之后纷乱又起。因而高宗认为，对于西北地区的政策应当逐渐由剿转化为抚，遂接受准噶尔的和谈请求。为维护西北地区安定，清朝与准噶尔部相互派出使节，针对宗教、贸易、边界划定等问题进行多次商讨，使得西北地区一直维持了近18年的和平局面。在此期间，准噶尔数次遣使至北京朝见高宗，其中规模较大的主要有7次，直至阿睦尔撒纳再次发动叛乱，清朝被迫再次发动对准噶尔地区的军事攻势，最终统一西北。虽然高宗对西北地区的安抚政策并未取得预期效果，但也是一次具有进步意义的尝试，且在局部取得了一定成果。

乾隆元年，准噶尔遣使吹纳木喀觐见高宗。值得注意的是，西北地区遣使至北京，是需要经过漫长而遥远的路程的。所以准噶尔使臣早在雍正十三年（1735）便从准噶尔地区启程。这次准噶尔使者觐见高宗，主要有两个目的：一个是继续商讨划定双方边界，完成世宗遗留下来的边界划定问题；另一个就是由于清朝“遭皇考大事，准噶尔闻知又生别心”[①]，派使者来试探清朝新任皇帝。高宗对此次准噶尔使臣的到来本来就带有一点怀疑。在准噶尔使者出发没多久，便诏令西北边境驻军对准噶尔部严加防范，以免其在议和过程中再启战端。

使臣进京后，将准噶尔可汗噶尔丹策零之表上奏高宗，高宗阅后震怒，指责准噶尔部不讲道理，将以前商定好的界线再次推翻，不只要占领世宗赐予的克木齐克汗腾格里，循阿尔泰山梁，下索勒毕岭，至哈卜塔克、拜塔克之中，过乌兰乌苏，至噶斯口一线，更欲染指喀尔喀。虽然高宗对准噶尔部

① 《清高宗实录》卷1，雍正十三年八月壬辰。

所提的边境划分问题甚是不满，但还是赏赐使臣吹纳木喀等人大量“袍缎银布”[①]。高宗第一次接见准噶尔部的使臣，就在一种不甚和谐的气氛中结束了，边界划分最终未能议定，也为后来高宗对准噶尔用兵埋下了伏笔。

乾隆二年（1737）十二月，准噶尔再次遣使达什等人，携噶尔丹策零之表前往北京朝见高宗，于乾隆三年元月到达北京，高宗起先并未接见，而仅仅是让大学士鄂尔泰负责将其“引至圆明园宫门跪伏，理藩院阅受表文并贡物”[②]。可见经过去年不愉快的和谈，高宗对准噶尔使臣的态度冷漠了许多。使臣向高宗递交了噶尔丹策零汗的书信，其书信措辞婉转谦和，有诚心讲和之意。但是关于双方分界线问题，书信中并未指明，高宗复派大臣与准噶尔汗国详议。高宗在给予使臣的谕旨中明确提出：清朝在新疆地区现有卡伦，以及准噶尔部现有卡伦均不用迁动，尽量以现成的山河作为双方分界线，如果分界线能够尽快确定的话，“和好之事，一言即可以定”。若噶尔丹策零再像以前那样反复无常，那么，高宗必然不再派遣使者议和。高宗认为这次朝见之所以派遣使者至准噶尔给予噶尔丹策零一个答复，主要是因为准噶尔可汗之表文，“言词恭顺，情殷和好”。在使臣离开北京时，高宗提出以后双方使臣成制度化互访，“间一二年，入觐一次”[③]。由此，准噶尔觐见高宗成为一项制度化的程序，直到双方开战，这种朝见才停止。准噶尔早期几次例行朝见乾隆，主要围绕清朝中央政府与准噶尔部之间的边界划分问题进行争论：清朝认为在西北军事地位重要之处，应当设立军事据点，但是准噶尔为了为维护自身利益，与清朝的意见发生分歧，因此多次朝见都未能达成共识。

噶尔丹策零汗接见清使臣阿克敦后，原则上同意了高宗所提出的山河为界的建议，准备做出适当的让步，并派代表赴京谈判。乾隆三年十二月，

---

①《清高宗实录》卷11，乾隆元年正月壬子。

②《清高宗实录》卷59，乾隆二年十二月丙午。

③《清高宗实录》卷64，乾隆三年三月乙丑。

准噶尔遣使臣哈柳等人觐高宗，哈柳提出：准噶尔部游牧不过阿尔泰山，喀尔喀游牧不过扎布堪河，并要求清朝撤走扎布堪以西的托尔和、布延图两卡伦。高宗虽表面上同意准噶尔汗国的建议，但认为托尔和、布延图两处设城驻兵已成惯例，所以坚持不撤托尔和、布延图两卡伦，双方最终未达成协议。

乾隆五年（1740）正月，准噶尔依照两年一入觐的约定，派遣哈柳等为使臣觐见高宗，使臣一至京城，便受到高宗的热情款待，高宗表示自己因为近期接见外藩使臣过于繁忙，没有好好招待自己人，因此专门设宴款待准噶尔使臣，并邀其“观览众技”，还特别下了诏令说，准噶尔蒙古人喜爱喝酒，可以在皇帝面前放开喝，高宗绝不责怪酒醉失态者。

随着双方消除彼此疑虑，高宗开始转变对准噶尔的态度，由原本的相对冷淡，转向了更为亲善的态度，但是仍视准噶尔为外藩。在愉快的氛围中，招待准噶尔使臣的宴会结束了，双方彼此达成共识，并订立了协议。协议规定：清朝与准噶尔以阿尔泰山—哈卜塔克—拜塔克—乌兰乌苏—罗布诺尔—噶斯口一线作为边界。卫拉特部游牧时不能越过阿尔泰山，喀尔喀部落游牧时不能越过扎布堪和齐克济一线。同时将阿尔泰和扎布堪之间作为双方的缓冲地带。托尔和、布延图两卡伦归清朝所有。此外对准噶尔的贸易和进藏熬茶朝佛等事，也有了具体的规定：准噶尔贸易亦如俄罗斯例，四年一次到京城进行贸易，人数不得超过二百，限期八十天，经肃州、西安到北京。到肃州贸易者，也是四年一次，期限为八十天，人数不得超过一百。进藏熬茶布施人数也不得超过三百。因此，清朝政府与准噶尔之间暂时划定了边界。当年（1740）二月，准噶尔使臣返回西北，高宗向准噶尔使者发布上谕，对清朝政府与准噶尔达成边界划分协议，以及准噶尔可汗噶尔丹策零对皇帝的认同表示欣慰，并和准噶尔约定：“从来和议先背盟者，天必降罚。”[1]而准噶

① 《清高宗实录》卷110，乾隆五年二月己卯。

尔使者亦向高宗表示敬意，随后离开北京。

乾隆六年（1741）四月，准噶尔照例遣使赴北京朝见皇帝，使臣在赴京之前绕道藏区进行贸易，但因为价格议定问题，将觐见行期一拖再拖，直到七月方才前行。此事引起了高宗的极度反感，随即责令护卫使臣的随行官员以后禁止准噶尔部再进藏区。准噶尔使臣得知此事后，迅速通过清朝接待使臣中的地方官员向高宗谢罪，并恳求允许准噶尔使臣赴藏区熬茶。乾隆七年四月，准噶尔派遣使臣吹纳木喀等人入觐。此次觐见高宗，准噶尔方面不单单进献了奏章，还通过使臣向乾隆皇帝传达准噶尔可汗噶尔丹策零对高宗的敬意。为了款待二次来京的使臣，高宗特意在圆明园招待了吹纳木喀等准噶尔使臣，并在席间与准噶尔诸使臣交流了关于黄教信仰的一些内容。准噶尔使臣以此为由，再次向高宗请旨，希望能够前往藏区煮茶。高宗念及黄教信仰以及噶尔丹策零为自己父亲祈福的情面上，同意了准噶尔使臣的请求。

乾隆九年正月，准噶尔再次依照双方约定，以图尔都为使臣觐见高宗。使臣到达北京后，高宗设宴款待，在前几次与准噶尔使臣交往过程中，高宗逐渐改变了对准噶尔部的一些看法，对于这次前来朝见的使臣，不再以外臣看待，而是与清政府的大臣等同，排位仅次于头班大臣。宴会中，高宗再次以各类技艺演出和美酒款待使臣，在宴会结束时，高宗又赏赐准噶尔可汗噶尔丹策零及使臣玻璃器、珐琅器、锦缎、白银等以示恩宠。乾隆十一年、乾隆十二年，准噶尔分别派遣使臣哈柳、玛木特等觐见高宗。有一个细节值得我们注意：史书对这两次觐见的描述大部分仅限于高宗向准噶尔使臣赐宴和赏赐，然而赴藏区煮茶一事提及甚少。

从准噶尔和清朝的接触中我们可以发现，准噶尔对西北地区的野心从来没有减弱，甚至对西藏地区的觊觎之心已到了昭然若揭的地步，但是高宗一直本着以和为主，以战为辅的外交原则。一方面，高宗在甩掉西北战乱的包袱后，在中原地区兴修水利，扩大耕种面积，全力恢复经济，解决各种内部矛盾，使得国力大增；另一方面，高宗在准噶尔使臣面前恩威并施，准噶尔部族中的很多人已经认识到自身与清朝中央政权相比实力悬殊，元气大伤的准噶尔部更没有挑起战争的实力。乾隆十六年（1751），准噶尔部陷入混乱，西北地区开始动荡，准噶尔部最后一次派遣使臣，史书对此次朝见的记载甚少。此后准噶尔部再度陷入混乱。

两平准噶尔

自清军入主中原起，在长达半个多世纪的时间里，西北地区的准噶尔势力一直是影响清政权进一步统一全国和扩大疆域的重要障碍。自康熙初年开始，准噶尔部便开始与清廷抗衡，时常发生战争。康熙与雍正两朝间，曾多次兴兵讨伐准噶尔部，欲将这一隐患彻底解决。但是由于准噶尔部长期植根于西北，势力盘根错节，清廷历经多次大规模的军事行动，都只是在一定程度上挫败了准噶尔部势力，并未从根本上消除这一隐患，清廷自身也遭受不小的损失。鉴于这种情况，高宗即位之初，便准备罢兵议和，采取休养生息之策。

雍正十三年（1735）冬，准噶尔部噶尔丹策零遣使提出议和，刚刚登基的高宗考虑到大军长期在外，一方面影响喀尔喀之生计，另一方面靡费资财，并非国家长久之计。于是，令征讨准噶尔部的北路大军先行撤至鄂尔昆进行防御，同时准备与准噶尔部势力协商议和、勘定边界。高宗考虑到大举兴兵未见成效，便利用准噶尔部噶尔丹策零提出议和之契机妥善罢兵，这样既能使清廷从战争的泥潭中解脱，又能保持清廷在各藩国面前的权威，实际上是在势均力敌的情况下采取的妥协策略。清廷正在等待着一个能够彻底消灭准噶尔部势力的机遇。乾隆十年（1745）以后，准噶尔部发生内讧，自身实力被严重削弱，双方均势的局面出现了变化。乾隆十年九月，噶尔丹策零病死，准噶尔部开始了内斗夺权，噶尔丹策零的长子喇嘛达尔札、次子策妄多尔济那木札勒、幼子策妄达什相互残杀，引发了长达九年多的内乱。先是即位的策妄多尔济那木札勒因残暴屠戮部下而被废黜，喇嘛达尔札被拥立，后达尔札又先后将自己的两个弟弟处死，而他本人被达瓦齐杀害。经过长期斗争，达瓦齐乘势夺取台吉之位。准噶尔部长期的内部斗争使其部落生计凋敝，许多部众在其首领的带领下纷纷内迁降清以求生计。准噶尔部严重的内乱和大量部民的内迁，致使准噶尔政权实力遭受重创，特别是兵源的减少，使军事力量遭到削弱。相反，高宗登基后的十几年间，清廷总体和平安定，生产进一步发展，人口不断增多，国力在原有的基础上进一步增强。

其实，高宗与噶尔丹策零罢兵议和，只是迫于形势，采取息兵的一种策略。因为准噶尔势力屡次作乱，对清廷疆域的拓展与边疆的安定造成重大威胁，实为一个棘手的祸患。当时准噶尔部势力强大，康熙、雍正两朝的几次用兵都未能从根本上消灭其势力，高宗即位后不得已采取罢兵议和的政策。如今准噶尔部内讧，其自身实力严重削弱，自然是为清廷集中力量彻底解决准噶尔部提供了一个绝佳时机。

准噶尔部一直与雄踞中国北方的沙皇俄国有着密切交往，自康熙年间，准噶尔可汗噶尔丹就曾多次与沙皇俄国进行私下交易，并获得大量的武器装备。至雍正朝，准噶尔部与沙皇俄国的交往更加频繁，已然成为西北地区乃至整个中国北方地区的心腹大患。高宗即位后，准噶尔部虽表面臣服，双方相互往来，却从未间断与沙皇俄国的接触，这让高宗十分警惕。乾隆十九年五月，高宗明确表示将要趁准噶尔部内乱之际进行征讨，并正式提出将于第二年分兵两路进发的行军计划。他十分重视本次出兵，强调对征伐准噶尔部

“有不得不办之势”[①]。但是对准噶尔用兵，不单所有汉官不赞成，就连满洲大臣策楞、舒赫德等也持否定态度，只有傅恒一人响应赞同。对此，高宗力排众议。在准噶尔部几个重要首领降清后，清廷得以进一步了解准噶尔部情况，高宗用兵征讨的决心更加坚定。他明确表示，达瓦齐虽然目前没有过分的举动，但如果任其长期发展下去，在他羽翼丰满之后必会在西北作乱，与其将来费力，不如乘机兴兵剿灭，彻底平定西北边疆。毋庸置疑，高宗的军事判断十分准确，这场军事行动将彻底改变以往罢兵议和的政策，要借机彻底荡平准噶尔地方政权，以保西北边疆稳固。

高宗平定准噶尔的军事路线基本有以下两路：一为北路，出乌里雅苏台即可进准噶尔部；一为西路，西路又可再分为两路，一路在甘肃哈密以西，由乌克尔达坂至巴里坤；一路在青海以西，经柴达木，由嘎斯出口[②]。乾隆二十年（1755），平准噶尔的军事行动正式展开。二月，高宗下令，征讨大军5万由北、西两路进兵。本次征讨所备马匹多达17万匹、骆驼2万余峰，这两支队伍像两把利剑一样直插准噶尔部。此时，准噶尔部经过长期内讧，已然四分五裂。曾经在西北煊赫一时的准噶尔部贵族已经是日薄西山，难以组织起强有力的抵抗。面对这两支劲旅，许多台吉纷纷归降，甚至达瓦齐的部众也不乏望风归顺之人。至四、五月间，西、北两路大军与达瓦齐所率军队于伊犁西北的格登鄂拉相遇，两军相持不久，达瓦齐部众中便有陆续投诚者，且动辄多达千余众。至此，达瓦齐军心已濒临涣散。

五月十四日夜，清将阿玉锡等率20余骑铁骑先行突入达瓦齐大营，左右突击，放枪呐喊，达瓦齐部军营大乱，死伤惨重。达瓦齐本人仅带领2000人遁走，其余万余部众归顺。此前，清廷已经宣喻各方不得收容达瓦齐，要协

① 《清高宗实录》卷464，乾隆十九年五月壬午。

② 庄吉发：《清高宗十全武功研究》。

助清廷将其缉拿。奔逃到南疆的达瓦齐最终未能逃脱，被乌什城城主擒获，并于六月十六日转交给清军，由清军押回京城。两路劲旅势如破竹，仅用四个月的时间便荡平准噶尔部达瓦齐势力，初步完成了“两朝未竟之事业”。十月，达瓦齐被押送至北京，高宗对其采取极为宽大的政策，给予礼遇，封为亲王，赏赐住宅，命其为御前侍卫，并将圣祖第三子的孙女下嫁给他，可谓宽宏至极！这在中国历史上谱写了浓墨重彩的一笔，成为一段佳话。至此，乾隆朝初平准噶尔的军事活动圆满完成。正当清廷还沉浸在顺利平定准噶尔达瓦齐部的胜利之中时，却忽视了另一种隐患：清军平定达瓦齐部后，仅留班第与鄂容安带领300名察哈尔兵、200名喀尔喀兵驻扎伊犁，主持善后事宜。这使得原本归附的准噶尔部首领阿睦尔撒纳见到了可乘之机，降而复叛，最终引发了再平准噶尔之役。

阿睦尔撒纳原为准噶尔部上层首领，系原西藏和硕特拉藏汗之孙，策妄阿喇布坦之外孙，在准噶尔部族中具有重要影响，后因与达瓦齐争夺台吉之位失败，转而投清。在清廷征讨准噶尔部达瓦齐势力之时，阿睦尔撒纳曾率领部族参战，并被高宗授予定边左副将军，担任“响导”，平叛达瓦齐后因功被封为亲王。谁料，阿睦尔撒纳怀有野心，并不满足于此，一心想成为准噶尔部的最高首领。达瓦齐势力被消灭之后，其反叛之心愈加明显，引起了高宗的注意。乾隆二十年（1755）六月二十八日，乾隆密谕班第伺机将阿睦尔撒纳缉捕，并即刻正法，八月，阿睦尔撒纳突然叛乱，班第手中只有兵丁500余人，被围困在乌兰库图勒，班第于混乱中自刎殉国，高宗驻兵西北的计划被打破。是年十月，高宗以策楞为定西将军，再发两路大军夹击阿睦尔撒纳，开始第二次平准噶尔之役。

阿睦尔撒纳虽然暗中准备许久，又联络了准噶尔部的残余势力，并且曾一度攻占了清军的部分城池，但却难敌清军劲旅，基本处于半守半逃之境地。他先是带领亲信逃至哈萨克，后又奔命于俄国，而清军则猛追不舍，誓将彻底荡平阿睦尔撒纳反叛势力。不久，阿睦尔撒纳因患天花病死于托波尔斯克，而高宗派人验明其尸体后方才撤兵。至此，再平准噶尔叛乱之役完满结束。在阿睦尔撒纳叛乱之中，清廷决策不当是致使初期局势不利的首要原因。在平定达瓦齐势力之后，清朝中央政府仅留下500多名兵丁驻守伊犁进行善后，忽略了可能存在的隐患，导致双方开战后，驻扎伊犁的清军没有足够的力量进行防御。同时前方将帅未能及时贯彻高宗旨意，更未能大胆进取，倘若当时班第能够听从高宗谕旨将阿睦尔撒纳诱捕正法，也不至于落得个兵败自刎的下场，鄂容安也不会丧命于乱军之中，更不会在短期内发生再平准噶尔之役。

此后，高宗为了永远免除准噶尔部后患，又在西北进行了另一轮的军事行动，意欲彻底荡平准噶尔部势力以绝后患。乾隆二十三年（1758）春，清军从博罗布尔和赛里木两路进发，向伊犁方向合围。由于准噶尔内部连年内耗，先前尚有实力的达瓦齐与阿睦尔撒纳等人又被清军荡平，此时曾经称雄一时的准噶尔部唯有引颈待诛。原本四大厄鲁特部，唯有效忠于清朝中央政府的杜尔伯特部策楞和其他少数首领得以保全。至此，准噶尔部叛乱被平定，西北地区重获安宁。

准噶尔部的失败是历史的必然。准噶尔部势力曾在明清之际煊赫一时，至清前期达到鼎盛，噶尔丹、罗卜藏丹津、噶尔丹策零、策妄阿喇布坦等人都是准噶尔部的杰出首领，叱咤于中国西北地区。但是，准噶尔部的最大问题，就在于其严重的内耗，多年来，准噶尔内部经常因为争夺最高统治者的位置和游牧地区进行征战，虽然涌现出众多优秀首领，却没有能够实现内部的团结和统一。至噶尔丹策零统治晚期，准噶尔部势力已经开始走下坡路了，其死后的十年间更是混乱不已，给准噶尔部造成了巨大打击。而与此相对的是，新即位的高宗锐意进取，除旧革新，在康熙、雍正两朝事业的基础上进一步发展壮大了国家实力。同时，大批准噶尔部众的投诚内迁，不仅壮大了清军力量，更是有利于清廷了解准噶尔部情况。这样一来，双方的均势被彻底打破，准噶尔被荡平只是时间的问题。

战争是残酷的。从康熙朝起，历经雍正朝，在长达半个多世纪的时间里，西北地区时常陷入战乱之中，无数生灵亡于战火。高宗即位后，从大局出发，曾一度与准噶尔部罢兵议和、勘定边界，等待时机彻底荡平准噶尔部势力。在近20年的时间里，清政府一直以宽宏、隐忍的态度对待准噶尔势力，直至准噶尔部因内耗而实力锐减，高宗力排众议，决心完成两朝未竟之业，先后剿灭了达瓦齐部与阿睦尔撒纳反叛势力，进而又将未能归附的其他准噶尔部族荡平，彻底消除了西北准噶尔部这一潜在的威胁，将其地真正纳入中国版图。

高宗两平准噶尔之功是具有开拓性的，他对准噶尔部中各部首领采取了不同政策，对效忠清朝的策楞等人予以重赏，对战败的达瓦齐也予以礼遇和任用，彰显大国帝王的宽宏大度。对降而复叛的阿睦尔撒纳和抵抗清军的势力则予以毁灭性打击，体现天朝的威仪。这种奖罚严明的政策对统治西北乃至整个边疆都具有重要价值。高宗两平准噶尔的军事行动，完成清朝先代君主半个世纪以来想完成而未竟的事业，对清代疆域的开拓和边疆的安定做出了巨大贡献。战前，准噶尔部有宰桑六十三，新旧鄂托克二十四，昂吉二十一，集赛九，共计20万余户，60万余口，经过两次大战之后，伤亡殆尽。由此可见，在清廷对西北的用兵过程中，西北地区社会经济与生产力的发展也遭到破坏。文明的进步与牺牲总是相互交织、相伴而生的，这种状况也充分说明了历史进程的复杂性，以及清代在西北边疆地区军事斗争的残酷性。

瞻对鏖战十个月

在高宗即位以后的10余年间，致力于巩固皇权和稳定政局。这期间，社会经济进一步发展，国内社会稳定，人口持续增长，积攒了大量社会财富，国力得到显著提升。这一繁华的盛世局面，为高宗进一步开疆辟土提供了重要保障。

在皇权日渐稳固后，高宗开始调整治国政策，着眼于解决边疆和民族问题，决心打造出一个太平盛世。平定上下瞻对就是高宗大规模用兵征讨边患的首次战役，这场战争历经磨难，经过两个阶段，打得十分艰难，前后有数万清军在川西群山茂林之中，鏖战长达10个月。虽然瞻对之役并不是乾隆一朝最长的一次平叛战争，却是过程最为艰难、战斗最为惨烈的战争之一。

瞻对，又分为上瞻对、中瞻对和下瞻对三个部分，每部分约有20余个寨子，位于雅砻江上游，被群山环抱，地势险要，山高林密，易守难攻。瞻对地处川西，规模并不算大，是藏族的聚居地之一，较内陆地区落后，社会发展状况相当原始，但其民骁勇善战，令历代统治者与周边势力十分忌惮。其地北靠甘孜，南连里塘，东接道孚、炉霍两地，西通白玉，扼守从内地进入西藏道路的咽喉，自古以来就是兵家必争之地，战略位置十分重要。清人主中原之后，对此地极为重视，进行了反复深入的了解。为了赢得当地势力的支持，清统治者决定顺应当地社会发展状况，对其地土司不改不换，尊重并保持瞻对的传统制度。

在瞻对地区中，与清朝中央政府为敌的主要是上下两瞻对。由于上下瞻对地区地处山林之中，加之其社会形态较为原始，各土司之间经常为争夺土地和水源而起兵征伐，其居民也时常因一些小事而聚众械斗，另外当地劫掠之风盛行，常利用扼守交通要道之便实行抢劫，抢夺沿途来往行人和商旅，甚至劫掠官兵，颇具“刁民”习气。前期清廷忙于巩固政权和经略要地，无暇彻底整顿瞻对地区，对瞻对刁民的滋事行为大多采取息事宁人的态度。

清廷长期以来的宽仁态度，使得上下瞻对地区的土司和悍民更加肆无忌惮，一些强大的土司除了在川西肆意欺凌弱小之外，甚至举兵抗税，频繁劫掠往来于内地与西藏的清朝官员和将士，严重地影响了川西稳定，对清朝中央政府统筹规划西南地区产生了极为恶劣的影响。面对上下瞻对的土司的叛逆之举，清廷曾于雍正八年一度举兵镇压，经过整顿后，瞻对的形势在短期内有了一定好转。但是清军撤退后，部分顽固不化的土司很快又恣意妄为起来。乾隆九年（1744），又有胆大的土司劫掠了从西藏换防归来的清军官兵，将其所带行李尽数洗劫，而等清朝中央政府派官兵前去追讨之时，当地土司又蛮横地否认该事。上下瞻对土司的肆虐横行，致使清朝中央政府的官吏出入西藏之时都要派正规军护送，严重有损国家颜面，更加影响到了西南地区的安定和清朝中央政府对西藏的治理。这引起了高宗的震怒，也激起了清朝大员的征讨之意，兴兵征讨瞻对叛乱土司的工作提上日程。

乾隆十年初，高宗认为绝不能再放纵上下瞻对的叛逆土司，决心发兵征讨平叛，并开始筹划进兵事宜，以实现川西稳定，确保入藏道路畅通。同年四月，高宗下旨在西南地区征调满汉官兵和西藏番兵，共计14000余名，同时以50万银两作为军需费用，厉兵秣马，准备开战。经过详细筹划和周密准备，征讨大军于七月下旬正式进发，由四川提督李质粹统领，分兵三路向瞻对发起进攻。南路由夔州协副将马良柱统领，自里塘向边多方向进剿；中路由建昌总兵袁士弼统领，自沙普隆向日里方向运动；北路由松番总兵宋宗璋统领，自甘孜向阿斯方向进发。李质粹率领部分部队于东俄洛统筹策应。虽然瞻对土司一向狂妄，但见到清军大队人马前来镇压，自会发生动摇。在清军大兵压境的关键时刻，上瞻对首先发生分化，应袭土司肯朱率领亲信前往中路大军投降，另一土司舍四郎也决定投降，并派其母亲赶赴北路军宋宗璋营中投诚。

但是，面对战斗开始时的大好形势，清军前方将领庆复和李质粹未能把握战机，一鼓作气拿下瞻对，使上下瞻对土司得以迅速勾结联合起来。下瞻对土司班滚凭借险要地势据寨抵抗，使清军受阻，久攻不下，而且伤亡巨大。下瞻对的战事震动了西南地区，一些土司纷纷萌生据险抵抗的想法，原本计划投降的上瞻对土司舍四郎也改变主意，与班滚联合抗拒清军。清军在前线全线受阻，瞻对反叛土司凭险设兵，利用一切可以抵抗的方式与清军在群山密林中展开拉锯战。尽管满汉官兵和土番士兵浴血奋战，进展还是十分缓慢，即使夺下了部分碉卡城寨，也是付出了重大代价。

平叛的清军收获甚微，而且损失巨大，随着战事的延长，军队士气日渐低落，而后方补给也越来越困难。不久，率军前来相助的土番台吉冷宗鼐回去养病，其所部藏兵也先后散去。原本很顺利就可以完成的平叛战役，已经发展成了一场旷日持久、十分惨烈的鏖战。但是，尽管清军受阻，李质粹却隐瞒前方战况，不敢据实禀报，多次上奏报捷，严重阻碍了征讨上下瞻对的进程。

李质粹其人好大喜功，虽任西川提督之职，却无领兵作战之才，而庆复虽系满洲大臣，出身戎马世家，但未能身先士卒，作战期间多是由李质粹在一线指挥，面对李质粹虚报战功的信件也不加辨析，统统转奏高宗，致使身居北京的高宗对前方战况毫不知情，令清军蒙受了许多不必要的损失。在距清军出兵后的七个月，高宗才了解到前方的真实战况，得知此情，他十分震怒，急忙改变策略，增兵增饷，严令督促前方加紧攻势。同时，选派得力大臣班第、努三等人前往前线，加强军事指挥。班第系康雍乾三朝元老，曾多次前往西北、西藏和西南等地主持军政事务，在雍乾之际又多次充任军机大臣，是清廷重臣，此时高宗将其派往瞻对，足见清廷对这场战争的重视。李质粹、庆复事迹败露后被重惩，乾隆十四年（1749）九月，高宗念及庆复祖先为勋戚旧世，恩准其自尽，第二年又将李质粹斩首，以示惩戒。

乾隆十一年三月，清军加强了攻势，战争进程加快，并于该月攻克了兆乌什、甲那沟等几个重要寨子，扭转了被动的局面，将战线逼至下瞻对班滚土司所居的如郎寨。四月，下瞻对土司班滚、恶木劳丁、姜错太等反叛土司焚毁掉最后坚守的泥日官寨后潜逃。二十三日，清军进占泥日官寨，这场历时长达10个月的瞻对鏖战基本结束，部分清兵继续向雅鲁方向搜捕班滚等人。

乾隆十一年十二月，高宗又重新调整划分瞻对地区，将一些地势险要的村寨单独划拨出来，分别交于互相邻近且忠于清朝中央政府的各土司管辖治理。另外将剩余的地方交给先前诚心归附的肯朱、俄木丁等人治理，并拆除了瞻对地区的碉堡和关卡，防止该地土司再次据险抗拒。高宗明确规定，瞻对地方土司要按照清朝中央政府的规定缴纳贡赋，目的在于确立清朝中央政府对其统治地位，同时下旨严禁瞻对之民再兴劫掠之风，以确保入藏道路的通畅。以后清朝中央政府每年都选派官员，对瞻对地区进行巡视，实行教化，真正实现了中央政权对川西瞻对地区的有效监督。

清廷平定上下瞻对之乱耗时10个月之久，历经坎坷，曲折反复，前方将士在群山密林中苦苦鏖战，每前进一步都付出了巨大的牺牲，许多将士葬身于川西，更多的百姓亡于战火，靡耗了大量钱财，付出了重大代价，这一点是高宗当时没有料想到的。究其原因，主要包括两大方面：一方面在于高宗在战争初期用人不当，李质粹、庆复二人未能很好地把握战机，战争失利后，李质粹又隐瞒军情，谎报战功，而庆复对此竟毫无察觉，上行下效，其他将领也自然消极待战，致使前方士气一度低落，征讨大军陷入十分被动的局面；另一方面在于川西地险，上下瞻对周围环山，地势复杂，山险林密，易守难攻，叛乱土司正是利用这一优势才得以横行数十载，当清军大兵压境之时，以班滚为首的部分土司又据险抗拒。但是，瞻对土司的叛乱是注定要失败的。上下瞻对民风彪悍，各土司又恃强横行，在当地不断劫掠往来百姓、商旅，甚至是官员和将士，并以武力抗税，这种危害民族和睦及地方稳定的行径引起广大人民的痛恨。此时全国局势日益稳定，至乾隆朝，已呈现出一片盛世景象，瞻对土司不过一隅之地，尽管占据天险，最终也难以抵挡清军强大的攻势。

高宗平上下瞻对之役，是其即位后的第一次大规模用兵，也标志着高宗治国策略的转变。自此，已开始由侧重于发展生产、巩固皇位转向平定边患、开疆辟壤。从乾隆十年（1745）的瞻对之役开始，高宗执政期间先后进行了两次金川之战、平定准噶尔部之乱、平定大小和卓叛乱、平定苗疆、中缅战争等一系列大规模的军事行动，一代守成之君能够胸怀宏图，不断将国家推向新的发展阶段，这一点是不能不令人钦佩的。瞻对的鏖战，不仅是高宗治国方略转变的里程碑，更具有重大的历史意义和现实价值。经过此次血战，上下瞻对的叛乱土司最终被消灭，这一地区终得安宁，入藏交通终于顺畅，促进了商旅往来，有力地加强了西藏与内地的联系，为川西与西藏地区的发展、繁荣提供了一个良好而稳定的环境。

平定二和卓叛乱

在清高宗的“十全武功”中，平定和卓之乱与征讨准噶尔是最具历史意义的两个事件。和卓，是清代南疆地区世袭宗教贵族的称谓，也是喀什噶尔等处伊斯兰教苏非派的地方性政治宗派首领。和卓家族分为以喀什噶尔为基地的白山派和卓家族和以叶尔羌为基地的黑山派和卓家族，高宗在位时期发生的大小和卓叛乱系白山派和卓家族所为。大小和卓是新疆伊斯兰教白山派和卓玛罕木特的两个儿子，长子大和卓指布拉尼敦，幼子小和卓指霍集占。叶尔羌汗国归附清朝后，很快发生了动乱：一方面，白山派与黑山派两大宗教派系相互争斗，造成内乱；另一方面，准噶尔部势力迅速崛起，不断蚕食南疆。康熙二十年（1681），准噶尔部借口调节回疆黑山派、白山派两教的争端，出兵干涉并迅速占领了回疆地区，在此大肆地烧杀抢掠，给维吾尔族人民带来了极大的灾难。更为过分的是，准噶尔还控制了和卓阿布都什特，将其带到伊犁囚禁起来。准噶尔叛乱被平定后，和卓阿布都什特也被释放，他归顺了清廷，并享受到了优渥的待遇，最终被清政府护送至叶尔羌继续治理回疆。

乾隆二十年（1755），清军征讨准噶尔部，攻占伊犁后，营救且释放了被达瓦齐囚禁的大和卓布拉尼敦与小和卓霍集占，并做出妥善安排。在高宗的指示之下，大和卓布拉尼敦被护送到南疆，主持南疆地区的回部事务。小和卓受命留在伊犁地区，主持当地回民事务。在清朝中央政府的有力扶植之下，大小和卓势力很快壮大，他们所属的白山派更是迅速崛起。但是，大小和卓却很快流露出了残暴的本性，他们利用清朝中央政府的扶植残酷打压黑山派，再次掀起内部斗争，并对回部民众施行苛政。小和卓霍集占率先与清廷为敌，密谋自立。在准噶尔部阿睦尔撒纳反叛之时，霍集占竟然不顾与准噶尔部之前的深仇大恨，觍颜与之勾结，暗中帮助阿睦尔撒纳。更有甚者，在阿睦尔撒纳兵败后，霍集占逃至叶尔羌城，劝其兄大和卓布拉尼敦与清朝中央政府决裂，起兵自立为“巴图尔汗”。乾隆二十二年，大小和卓据城反叛的消息传到清廷，正在进行阿睦尔撒纳之乱善后事宜的定边右副将军兆慧派副都统阿敏道率兵去打探叛乱情况，如有可能，伺机招抚，但穷凶极恶的和卓兄弟竟然将进城的阿敏道等人尽数残杀，只有留在城外的鄂对带领少数人逃回伊犁。大小和卓的分裂行为严重影响了国家的统一与安定，高宗震怒之下，誓将一举扫平南疆，以定西北。

乾隆二十三年春，高宗命雅尔哈善为靖逆将军，吐鲁番望族额敏和卓为参赞大臣、领队大臣，率领精兵1万余人于五月由吐鲁番进兵，围攻库车城。平定大小和卓之役正式开始。正值清军围攻库车城之际，霍集占率叛军从叶尔羌城赶来援助大和卓，双方于库车城外激战一天，霍集占大败，退入库车城内缩首据守。清军首战告捷，斩获叛军6000余人。这本是件好事，但却助长了将领骄兵轻敌的情绪。库车城城墙由柳条和沙土筑成，十分坚厚，清军用火炮很难穿透，强行攻城又会造成较大伤亡，只能采取围城困敌的方式。然而，靖逆将军雅尔哈善日益骄纵，对叛军放松了警惕，全然不顾鄂对的劝阻，围城困敌之时沉迷于饮酒下棋，又没派士卒巡城，霍集占乘机开城遁逃。当发现霍集占逃走之时，将领并未立刻追击，此次贻误战机之举令高宗大怒，先后将雅尔哈善等人革职后又斩首。好在清军围困不久，库车、阿克苏两城相继投降。

库车城之战后，高宗改派纳木扎尔代替雅尔哈善，主持平叛和卓之战，又命刚刚完成征讨准噶尔部叛军任务的将军兆惠率领4000名骑兵进入南疆参与作战。清廷征讨大小和卓的军事力量日益壮大，大大加快了平叛的进程。在此期间，乌什、赛里木、沙雅尔等城池相继迎降，大小和卓只得一路狂奔，逃回老巢。颇有意思的是，他们二人沿途所到之城皆闭门不应，处境十分狼狈。最后霍集占退守叶尔羌城，布拉尼敦退守喀什噶尔，两人收拾残部，欲凭城据守，做困兽之斗。

十月初六，兆惠率领4000名骑兵追击至叶尔羌城，与城中霍集占所率领的15000名叛军相持，打得对方不敢出城迎战。兆惠原想此役可以速战速决，不料对方初战不利后，便坚守不战，据城待援。与此同时，大和卓布拉尼敦也亲率5000名叛军从喀什噶尔前来助战。兆惠所部不幸中敌人奸计，只能退守到叶尔羌河南岸的一片树林中扎营待援。叶尔羌河又被译为黑水河，兆惠所部被围于此，与数倍于己的叛军苦苦相持三个多月，可谓悲壮至极！这场战役史称“黑水营之围”。

兆惠被围后，清军开始陷入十分被动的局面，高宗火速发重兵援救，企图扭转局势。乾隆二十四年（1759）正月初六，副将军富德与参赞大臣舒赫德兵合一处，一起率军向叶尔羌城火速行军，行至距黑水河不远处的呼尔璘之时，与5000名和卓骑兵相遇，双方遂展开激战。清军与和卓叛军在此血战四昼夜，仍不分胜负，关键时刻，巴里坤大臣阿里衮、爱隆阿又先后率两路援军赶到，立刻率军加入战斗，清军士气大振。由于援军又带来许多马匹、骆驼，叛军于夜色中难辨清军多寡，一时慌了阵脚，仓皇而去。这一仗共打了五日四夜，击毙叛军头目数十名。清军乘胜追击，至黑水河附近时，兆惠所部闻听前方厮杀声便料知是援军已到，于是驻扎在黑水营的清兵又奋起战斗，对和卓叛军形成了两面夹击之势，一场厮杀，清军全胜而归，史称“呼尔璊大捷”。

呼尔璊大捷后，清军陆续回到阿克苏城集结整顿，厉兵秣马，等待进一步的军事进攻。高宗得到前方大捷的消息，十分振奋，又向前线调集大量物资以备战需。至六月间，已向阿克苏城调精兵2万，战马3万匹，骆驼1万头。此时阿克苏城兵强马壮，物资充足，士气高昂。而大小和卓自呼尔璊大败之后，已然是风声鹤唳，草木皆兵，闻听清军整装待发即将南下，便慌忙弃城越过葱岭向西逃窜。高宗果断下令，征讨大军分两路进发：兆惠率兵15000人由阿克苏城进军喀什噶尔，富德率兵15000人自于阗进兵叶尔羌，向叛军发起总攻。两路大军分别于六月十四日和十八日先后进入喀什噶尔城与叶尔羌城。至此，叛军老巢已为清军占领。

大小和卓一路狼狈狂奔，清军紧随其后，奋勇直追。途中，共进行大规模战斗3次，尽管大小和卓聚众死战，仍难免落败。清军共招降其叛军12000余人，牲畜数以万计。大小和卓仓皇中仅带三四百残兵逃至巴达克山。当清军大军压境，巴达克山酋长虽然不愿献出两和卓，但迫于形势，最终只得将二人斩杀，后将霍集占首级献给清军。历时近两年的艰苦战争，终于将大小和卓的叛乱镇压下去，实现了西北安定。

为了恢复新疆经济，高宗在霍集占起兵叛乱的时候，就已经派将军兆惠编查新疆各城的人口，统计其以往的赋税情况。兆惠走后，由舒赫德继续办理此事，舒赫德将新疆地区的人口、土地、税收等情况详细造册后呈报皇帝。在叛乱平定后，高宗下令废除准噶尔、大小和卓统治时期的各种苛捐杂税，实行轻徭薄赋的政策，并且大力兴修水利，推广农业技术。

高宗在平定和卓叛乱后，迅速对维吾尔族的伯克制度进行改革。他认真总结经验教训，决定从根本上改变西北长期混乱的局面，组建行政管理机构。借鉴西南地区改土归流的经验，清廷将原有的伯克世袭制，改为中央委派制，大小伯克成为朝廷的臣子，取消了原来的伯克世袭制。按照内地行政体制重新设置各伯克的大小品级、并对其名额做出限制，并且实行回避制。开疆拓土之余，在军事上，派八旗军队和绿营驻扎，并派驻一员大臣统领，各城的驻扎大臣均归喀什噶尔的参赞大臣节制。乾隆二十七年（1762），清廷正式设立伊犁将军，总管新疆地区大小事务。首任伊犁将军由明瑞担任，标志着军府制的正式确立。清朝中央政府以伊犁作为新疆地区的都会，并设立“总管伊犁等处将军”，总管西北广大地区的政治、军事、经济和民政，治所设于惠远城。将军之下又分设都统、副都统、参赞大臣、领队大臣总管等各级官职，分类管理事务，分别驻于各重要城镇。随着平定大小和卓之役的顺利结束，西北地区的整体局势与社会面貌得到了重要的转变，整个西北地区的形势焕然一新。

高宗征讨叛逆和卓之举是经过深思熟虑的。清军进军伊犁之时，乘机将二和卓营救出来，并予以妥善安排，是对回部的重视。于南疆与伊犁分别扶植两位政治、宗教领袖，目的在于通过他们安抚回民，稳定边疆，给西北地区创造良好发展的环境。加之宗教问题直接关乎各民族间信仰，影响着民族团结和社会安定，关系到国家的长治久安。因此清朝统治者十分重视宗教领袖，特别尊重达赖、班禅等包括和卓在内的宗教领袖。基于此，当清军得知大小和卓开始准备据城反叛之时，仍未直接发兵讨伐，而是派出官员前去视察，并准备伺机招安。可惜两和卓生性残暴，自毁前程，竟然将前去视察招安的阿敏道连同旗兵一起杀害，这无疑是对清朝中央政府最大的挑衅。正因如此，尽管准噶尔之役还未真正结束，高宗还是克服服种种困难，果断发兵，毅然讨伐大小和卓！

事实证明，高宗的决策是正确的。虽然在兴兵南疆的过程中遇到过“黑水营之围”那样的凶险状况，但在全体将士的艰苦奋战下，终于苦尽甘来，迎来了“呼尔璊大捷”，进而一鼓作气荡平了和卓叛逆，令南疆和卓在几十年间都难以立足。在清廷一系列统一全国、捍卫边疆领土完整的战争中，平定大小和卓之乱可以算得上是最后一役，这次战役使得旧乱未平的西北地区，特别是新疆的天山南麓地区再次归于清朝的统治之下。在西北地区的局势逐渐稳定后，清廷在真正意义上完成了对帕米尔高原以西的喷赤河流域一带的统一，其疆域空前辽阔。新疆邻近的一些政权和部落，如浩罕、布哈尔、安集延、巴达克山、爱乌罕（阿富汗）、博洛尔、干竺特（坎巨提）等也陆续臣服于清廷。这也标志着自康熙时准噶尔入侵以来，长达70余年之久的西北边患问题得到彻底解决。自此以后直至道光时期，西北地区再未发生过较大的叛乱，整个新疆地区完全纳入中国的版图。可以说，平定大小和卓叛乱与荡平准噶尔部这两次军事行动，当之无愧地成为高宗十全武功之中最有代表性的两项功绩。特别是在西北设立伊犁将军的做法，对清朝中央政府治理西北一地具有重要意义，更有利于促进民族团结、维护祖国统一。

大小和卓的分裂行径是违背历史潮流之举，二人不思报效国家，治理民众，发展回部，竟为一己私利与准噶尔叛军为伍，借机发起教派之争，残酷打压黑山派，造成回部内部动乱。大小和卓公然据地自立，残害八旗将士，可谓罪不容诛。两和卓的下场表明，任何违背祖国统一大业的人和势力，终将会众叛亲离，必然会被历史的车轮无情地碾碎。

土尔扈特万里东归

我国是一个统一的多民族国家，各民族经过长期的磨合、交往，最终形成了一个不可分割的整体。在中国历史上，有一次至今仍为人称颂的民族迁徙运动，就是乾隆年间的土尔扈特部万里东归。一个整整17万人的部族，怀揣一定要回家的信念，突破千难万阻，跋涉于中俄两地，谱写了壮丽的诗篇。

土尔扈特属蒙古族，为漠西厄鲁特蒙古四卫拉特之一，是一个历史悠久的古老部落。明朝时期，土尔扈特部游牧于雅尔（今新疆塔城）地区，明末西北准噶尔部迅速崛起，开始向周边扩张，尤其是巴图尔担任准噶尔部浑台吉（最高统治者的意思）时，经常欺凌其他部落，还不时进行掠夺。

同样，生活在西北草原的土尔扈特部也深受准噶尔部的残害。土尔扈特部无力抵抗，但又不甘任其欺凌，一直伺机寻找新的游牧地。此时，沙皇俄国势力日趋强盛，正向伏尔加河流域发展，需要更多人口为其发展生产。于是，沙皇俄国向土尔扈特部抛出了“橄榄枝”，派出“使团”前往土尔扈特部领地，声称愿意请他们入驻俄国放牧，条件是定期向沙皇纳税并效忠沙皇俄国，此举意在争夺更多的人口、赋税和兵源。沙皇俄国许下的美好承诺，对饱受准噶尔欺凌的土尔扈特部族来说充满了诱惑，尽管他们心中也存有疑虑，但崇尚自由的土尔扈特人最终还是想尝试一下，去追逐美好的生活。明崇祯元年（1628），当时土尔扈特部首领和鄂尔勒克率领本部族与部分和硕特、杜尔伯特部的牧民开始向西南迁徙。他们先沿托波河前行，再横穿盖诺草原，其间与盖诺人展开了激烈战斗，冲破盖诺人的阻拦后，又越过哈萨克地区，渡过乌拉尔河，行程达数千里，最终来到他们向往的贝加尔湖畔。

土尔扈特部西迁后，避免了准噶尔部的欺凌。但是这些身居异乡的淳朴牧民，依旧保持着中国厄鲁特蒙古人的本色，逐水草而居。从服装、饮食到宗教信仰，完全与国内的厄鲁特部族一样。并且土尔扈特部始终与祖国保持着密切联系：一方面，土尔扈特部上层与准噶尔部上层之间多次进行联姻，保持着厄鲁特人的传统习俗；另一方面，与清朝中央政府不断接触，时常遣使进贡，当清军征讨准噶尔部之时，土尔扈特部阿玉奇可汗还亲自率兵相助。这一切都表明，土尔扈特部虽身居他乡，仍视自己为与中华民族血脉相连的一部分。

历尽千辛万苦才来到贝加尔湖畔的土尔扈特人，在此享受了短暂的自由生活。但是，沙皇俄国的本性不亚于残暴的准噶尔部，很快便露出了贪婪的野心，对这支被诓骗过来的异域部落进行严苛的压榨。随着沙皇俄国不断向东拓展领土，在贝加尔湖的势力快速发展，土尔扈特部的游牧区域越来越小，严重影响到了放牧生活。为了断绝土尔扈特部与中国的联系，沙皇俄国甚至想到用宗教来转变土尔扈特人。作为蒙古厄鲁特的一支，土尔扈特部一直信仰藏传佛教格鲁派，沙皇俄国便强迫其改信东正教，希望将其同化，这一举措引起了土尔扈特部的强烈不满。沙皇俄国强迫不成，便不断制造宗教争端。此外，为控制土尔扈特部，沙皇俄国还企图改变土尔扈特部多年来的政体，并扣下大汗的儿子作为人质，沙皇俄国的所作所为引起了土尔扈特部人民的反抗情绪。

土尔扈特部保留着浓厚的蒙古族文化传统，他们善良淳朴，却不乏敢于斗争的精神，面对沙皇俄国的压榨，他们不断抗争。沙皇俄国见一时难以驯服这支坚毅的部族，又采用了更为残暴的方式，以图削弱土尔扈特部，彻底控制他们。18世纪中叶，沙皇叶卡捷琳娜二世发动了对土耳其的战争，强迫土尔扈特部参战，令年满16岁的男子尽数奔赴战场充当先锋。沙皇俄国企图利用这场战争来消耗土尔扈特部，经过这场战争，土尔扈特部精壮男丁伤亡人数高达七八万。

沙皇俄国的种种卑劣行径，充分暴露了其凶恶的本性，而土尔扈特部也更加怀念故土，回归祖国的决心逐渐坚定。重归祖国的怀抱，是土尔扈特部几代人的愿望，早在书库尔岱青汗与阿玉奇汗之时，就曾尝试东迁归国，但都未能成功。乾隆二十三年（1758），清朝利用平阿睦尔撒纳之乱的机会，将准噶尔部势力尽数荡平，彻底解决了准噶尔部这一隐患。土尔扈特部得知先前欺压自己的准噶尔势力已经不复存在，东迁归国的心情更加迫切。

乾隆三十五年，渥巴锡与属下秘密商谈回国事宜，并开始制订详细的迁徙计划。由于消息泄露，渥巴锡只能将计划提前。同年冬季，他率领伏尔加河右岸的30000余户部众，组成一支近17000人的队伍，开始归国之旅。整个东归的队伍分为三路：舍楞率领精锐骑兵在前方开路，部族中的老弱妇幼被置于中间，便于保护；渥巴锡汗则亲自带领士兵殿后，拦截前来堵截的沙皇俄国军队，并保护掉队者。在浩瀚的草原中，这些怀揣着归国之梦的牧民艰难而又坚毅地朝着东方前进。

沙皇俄国得知土尔扈特部启程东迁，立刻派出大批军队在后追赶。同时，又派出快马告知哥萨克人予以拦截，并煽动前方的哈萨克人、巴什基尔人伺机劫掠土尔扈特部。惨烈的战斗最终难免，途经哈萨克草原时，土尔扈特骑兵与哈萨克骑兵展开了东归途中最为惨烈的战斗。两个以骁勇善战而著称的民族，在白雪覆盖的哈萨克草原上展开殊死搏斗，殷红的鲜血浸透了皑皑白雪，又浸染了脚下的土地。最终，土尔扈特部以阵亡9000名同胞的沉重代价击退了哥萨克骑兵，用鲜血铺就了东归的道路。

乾隆三十六年（1771）六月，土尔扈特部历尽千辛万苦，终于进入清政府管辖的伊犁河流域。此时，东归的土尔扈特部仅剩15000余户，共计70000余人，还不及出发时的一半。这支坚毅的队伍在经历重重磨难之后，终于回到了祖国！

土尔扈特部东迁归国的消息很快传入北京，在朝廷中引发了广泛的讨论。面对土尔扈特部所经历的艰难困苦和东归付出的巨大代价，无人不为之动容。但是，土尔扈特部的东迁不仅是一个简单的部落迁移问题，不仅要考虑善后安置，还涉及与沙皇俄国交涉的问题，如果处理不好，会带来很多负面影响。高宗决定，若沙皇俄国派兵来追或是遣使交涉，朝廷将予以回绝，并命前方将士做好战斗准备。对东归的土尔扈特部则给予了最为宽仁的接纳，不仅封渥巴锡为“乌讷恩素诛克图旧土尔扈特部卓里克图汗”，其余首领分别封为亲王、郡王、贝勒、贝子，还赐予大批米面、牛羊、棉花等物资慰劳东归部众，又特意调拨白银200万两供其购买生活物资。同时，高宗派要员前往伊犁，将渥巴锡等首领接往承德避暑山庄，准备亲自接见并封赏他们。

为庆祝山庄普陀宗乘之庙的落成，高宗举行了盛大的法会。在庙中，高宗下令竖起两块题有《土尔扈特全部归顺记》以及《优恤土尔扈特部众记》的巨大石碑，刻在这两块石碑上的文字由满、汉、蒙古、藏四种文字组成，由高宗亲自撰写，以此来纪念土尔扈特东归这一重大历史事件。全国人民被土尔扈特举部东归的壮举深深感动，各地纷纷捐献物品供应土尔扈特部族。朝廷为帮助土尔扈特部族渡过难关，拨专款用于采办牲畜、皮衣、茶叶以及粮米等物资。乾隆三十八年（1773），高宗将土尔扈特部安置于天山南麓的珠勒都斯地区，接受伊犁将军管辖，在此游牧。从慰问物资、部族安置到封赏首领，在各方面都使这些久居异域的同胞深深感受到回家的温暖。特别是在面对蛮横的沙皇俄国时，高宗以国家作为土尔扈特部的强大后盾，使他们有了久违的安全感。

除了土尔扈特部之外，此次东归的还包括曾跟从阿睦尔撒纳举兵反叛的舍楞，对他的处置也是一个棘手的问题。若将其治罪，会伤了其他想归附者的心，若是一体封赏，又未免有失天朝威严。最终，高宗从大局出发，念其协同土尔扈特部东归有功，且主动归附，赦免其罪，一律封赏，将其所部称为“新土尔扈特部”。这样，以“新土尔扈特部”为其部重新定名，既接纳了舍楞与其所部，又蕴含着其已痛改前非之意；既无损天朝威仪，又能彰显高宗的宽宏大量。

土尔扈特部万里东归，根本原因在于对祖国的眷恋，体现出中华民族强大的凝聚力，更加证明民族团结与国家统一是任何力量都不能阻挡的历史潮流。此外，这一令世人瞩目的壮举也与清朝中央政府的正确决策密切相关，土尔扈特部身居异域之时，一直与清朝中央政府相互联系，不时遣使觐见，并对清军在西北的军事行动予以协助。而清廷也一直重视与土尔扈特部保持友好关系，对其功劳予以表彰封赏。这使得土尔扈特部上层人士深感清统治者的英明神武，更加不愿留在沙皇俄国忍受欺压，因此才出现了书库尔岱青汗与阿玉奇汗的东归尝试。最后，土尔扈特部东归是沙皇俄国残暴、不得人心的结果，起初土尔扈特部受到沙皇俄国的诱骗举部西迁，不久便遭受沙皇俄国的压榨盘剥，深受其苦，更甚于当初准噶尔部之欺凌。最终土尔扈特部下定决心万里东归。

土尔扈特部归国之时，恰逢清军荡平北疆准噶尔部与南疆回部和卓叛乱后的第十二年，是清朝发展新疆地区的有利时期。由于连年征战，西北地区人口锐减，一度出现数千里内难觅一人的荒凉局面。而此时土尔扈特部众的回归恰好为新疆的恢复发展提供了数万人口，对于充实西北地区，发展新疆经济十分重要。可以说，土尔扈特部东归不仅壮大了中华民族大家庭，更为边疆的繁荣稳定做出了重要贡献。

土尔扈特人经过近半年的艰苦跋涉，先后与沙皇俄国、哥萨克及哈萨克的军队浴血奋战，冲破了重重堵截。同时，又在漫长的旅程中克服了饥饿、严寒、疾病等各种困难，承受了巨大的牺牲之痛，在历尽千辛万苦之后，才最终回到祖国怀抱。而高宗胸怀宽宏，颇具远见，欣然予以接纳，在中国民族史上竖立了一块永不磨灭的丰碑，也为乾隆盛世增添了浓墨重彩的一笔。

两定金川

清廷平定了上、下瞻对①的土司叛乱后，很快又展开平叛大、小金川的军事活动。这次征讨活动，是继征讨川两瞻对地区土司叛乱之后，又一次意义重大的大规模战争，体现了高宗统筹安定西南地方的总体战略部署。

金川包括大金川和小金川两部分，其名称由来，也与这两条河流相关。川即河川之意。相传这两条河可以开矿采金，故被称为金川，又细分为大金川与小金川。大、小金川位于四川西北部的高原地区，是大渡河上游的两条支流。二者在岷江处汇合后又涌入长江，从水系上来讲，二者相生相伴，是一个密不可分的整体。金川地势较高，气温相对同纬度其他地区较低，且昼夜温差大，天气多变。由于受气候条件限制，多种植青稞、黑豆等高原山地作物。因为环境较为原始，每当收获之时，会有大批鸟类前来争夺食物，足见这里环境之恶劣。但是，金川地区物产却十分丰富。除金矿以外，还盛产

① 瞻对：为土司名，有上、中、下之分，上瞻对长官司；下瞻对安抚司，均为清雍正六年（1728）所置；中瞻对长官司，乾隆十年（1745）置。在今四川新龙一带，地处雅砻江上游。

玛瑙、璞玉、茶叶、烟草等。金川地区为藏族的主要聚居地之一，居民主要为藏族人，社会发展相对落后，其民骁勇好斗，崇尚武力，年满十二岁的男子均佩带腰刀。

金川与内地的交往最早可追溯到隋代。当时，隋朝政府已经在金川地区设立金川县。唐代又将其并入维州管辖。至明代，又封赏当地土司，并授以印信，大小金川的土司也经常派人到成都平原学习汉语，或进行贸易。可见金川地区与中央王朝关系之密切。值得一提的是，由于其地为藏民聚居地，风俗、信仰与西藏地区更为相近：金川民众信奉喇嘛教，奉藏经为典籍，并时常入藏进行奉佛、熬茶的宗教活动，普遍使用的文字也是藏文。因此，大小金川与西藏和内地都有紧密的联系，是中华民族不可分割的一部分。

清军入关以后，小金川与大金川相继归附，成为清朝的属地。清朝皇帝沿袭明朝传统，为金川土司颁发印信，予以封赏。金川地区矛盾复杂，斗争不断，大小金川之间也常为争夺权势而相互攻伐。清廷惯以“以夷治夷，以番攻番”的策略来制衡大小金川土司，并不时予以削弱，防止地方割据势力膨胀。但是，这一方略并未能够彻底消除金川土司拥兵自重的隐患，终于引发乾隆朝的两次平定金川的战争：第一次为乾隆十二年（1747）征讨大金川的战争，称为首次金川之役；第二次为乾隆三十六年（1771）征讨小金川的战争，称为再平金川之役。

首次金川之役爆发的原因是大金川恃强凌弱。清初，清廷为遏止小金川而扶植大金川，大金川势力迅速壮大，不时侵扰周围受封土司，且有日益猖獗之势。乾隆初年，大金川土司莎罗奔多次侵略周边，乾隆十年，他起兵攻打小金川，将小金川土司泽旺掳掠扣押，严重影响西南边疆的安宁。高宗考虑到此时正用兵瞻对，从大局出发，对肆虐横行的大金川土司从宽处置，予以规劝。莎罗奔虽然释放了泽旺，但丝毫没有停止侵袭行为，反而变本加厉，武装抗拒前来阻止的清军。

乾隆十二年（1747）初，莎罗奔再次兴兵侵扰周围土司，导致高宗更为愤怒。此时，清军已经平定了瞻对地区的叛乱，高宗决心集中力量对付莎罗奔。三月，高宗任命张广泗为川陕总督总领大军征讨大金川，首次金川之役由此展开。

张广泗，著名军事将领，出身于行伍之中，果敢善战。在雍正、乾隆时期办理苗疆事务颇为妥善，展现出卓越的政治、军事素养，成为高宗中意的汉臣。由于金川地区与苗疆情形相似，因此，高宗决定启用其担任此次征讨大金川的将领。然而，此后的战事中，这位曾经煊赫于边疆的军事将领却在金川受阻，令皇帝大失所望。

征讨金川的军队分西、南两路。进军时，又分兵前行：西路军分成四路，南路军分成三路，总共七路军队从不同方向进剿大金川。进兵初期，战事进行得比较顺利，先后夺取数百碉堡、村寨，形势一片大好。但是，随着用兵深入，地势越来越险要，辎重的运输越发困难，清军大批部队在群山峻岭中难以施展。同时，莎罗奔据险集结军队顽固抵抗，清军很快受阻。

金川地区地势复杂险要，清军交通运输严重受阻，难以携带重型攻城武器进山，而金川碉卡又多为土石垒就，十分坚固，清军所用器械很难将其攻破。张广泗决定采用火攻，但是金川地区天气多变，一日之内雨雪齐至的现象并不在少数，环境异常潮湿，清军的火箭难以引燃对方堡垒、村寨，强攻之法久不奏效。这样，进剿大军不但未能进一步前进，反而损失惨重，不久伤亡已经过千，军需也日益紧张。除此之外，莎罗奔等人又施以奸计，佯装与张广泗等将领议和。清军正苦于这场鏖战，自是欢喜异常。于是，张广泗等人一面向高宗禀报，一面私下与莎罗奔商定罢兵结盟。之后莎罗奔假意带清军过河返程，在清军渡河之时突然袭击，金川地区山高水险，受到袭击的清军一时慌乱，自相践踏，堕山坠河而死者很多，损失之重不言而喻。

此时，受阻于金川的张广泗不断向高宗求援。于是讷亲、岳钟琪等人赶往前线支援。可谓重视至极。讷亲为遏必隆（康熙初年四大辅政大臣之一）之孙，也是皇亲贵胄，在世宗托孤之时被委以重任，成为高宗即位后的核心人物之一。岳钟琪同为清朝著名军事将领，圣祖、世宗之时在西北屡立战功。可见，高宗十分重视此次战役。但是这种调整非但未能使前方战况好转，反而加重了清军伤亡。讷亲虽系皇胄，却不懂用兵，到达前线后轻敌冒进，致使清军再受重创，加之此时士气低落，指挥数月而不见寸功，战局日渐恶化。

乾隆十三年（1748）九月，高宗决心整治前军将领，将张广泗逮捕入京，审讯后即刻处死；请出讷亲先祖遏必隆马刀，命讷亲于军前自尽。同时，高宗派出大学士傅恒前往前线主持战局，并下旨调派吉林、黑龙江等地的精锐部队投入战斗，力图加速进剿。傅恒至前线后，立刻整顿军队、了解战情，调整作战部署，改变先前分兵七路的做法，与岳钟琪分兵两路，集中优势兵力配合围剿。同时又研究出攻打金川环形碉卡的方式，即在碉卡前建造临时塔楼，由士兵攀爬碉卡墙壁的进攻方式改为登塔凌空攻击，大大减少了人员伤亡，提高了作战效率。在清军的重创下，莎罗奔遂产生了降意。高宗考虑到前期用兵已经消耗了大量财力和人力，不想再消耗下去，同时也怕时间一长，战局有变，决定收兵。于是，高宗下旨接受议和，傅恒停止进一步的军事行动。至乾隆十四年二月初，历时三年的首次金川之役基本结束。莎罗奔誓言绝不再兴兵叛乱，清军在重创其势力后体面收兵，但也付出了巨大代价：讷亲、张广泗等主帅死于这场战争，清朝损失多位人才，折损万余将士，耗费白银近千万两。然而，此次未能彻底消除金川叛逆土司势力，为日后留下了再兴兵戈的隐患。

高宗首战金川糜耗巨大而收效甚微的原因是多方面的。首先，高宗未能正确估计用兵金川的难度，以为至多不过如瞻对之战那样。但实际上，金川的地势、气候和战场的复杂程度远甚于瞻对，这使得久经沙场的张广泗也束手无策。面对张广泗的一再求援，高宗心生怀疑，以为其挟私贪腐，致使君臣未能上下一心。其次，在于战争中期用人不当。高宗在怀疑张广泗未能恪尽职守之时，启用了讷亲和先前被罢黜的岳钟琪。但是，讷亲并非将才，不懂军事，而岳钟琪为先前被罢之臣，前线既有皇胄讷亲，又有恃才傲物的张广泗，实际上发挥不了多大作用。此外，清兵军事素养不高也是前期失利的一个重要原因。在开始发兵金川之时，高宗所用进剿之师多是从四川地区征调的。这些士兵虽久居川地，但实为内地之兵，常年慑于瞻对、金川等地藏民，进攻受阻后士气很快跌落，这也正是清兵3000人被数十名番兵击溃的重要原因。但好在高宗能够及时调整部署，启用傅恒为前军统帅，并征调东北的精兵进剿，这才赢得了首战金川的胜利。

平定金川之役，未能从根本上消灭大金川的势力，致使其再度叛逆，因此战役结束20余年后，高宗进行了再平金川之役。此次战役主要是围绕征讨小金川叛乱土司而展开的，意在彻底消除大小两金川土司的势力。金川首役之后，大金川土司先后更迭，先是莎罗奔之侄郎卡即位，然后是郎卡之子索诺木掌权，郎卡和索诺木多次举兵侵扰周边土司。此时，年迈多病的小金川土司泽旺命其子僧桑格掌权，僧桑格与大金川土司狼狈为奸，不但侵扰周边，而且公然对抗清廷，做出了严重的叛乱之举。

为彻底消灭大小金川叛逆土司势力，高宗决心重兵征讨，于乾隆三十六年（1771）下旨进军金川。高宗为了能够平定西南，决心整顿军纪，下令让前方主持金川事务不得力的重臣阿尔泰服毒自尽，以示进剿决心，同时，派桂林和温福前往主持军务。

此次征讨大军共分两路，一路由温福带领，从汶川出发；一路由桂林率领，从打箭炉进军。征讨大军旗开得胜，捷报连连。但五月，由于桂林指挥不当，致使3000名将士无辜丧命。后高宗重惩桂林，改派阿桂前往接替桂林，负责前线指挥。

阿桂是乾隆朝的名臣，文武兼备，颇具胆识，曾长期戍守边疆，功勋卓著，官至武英殿大学士兼军机大臣，深受高宗器重。同时，他治军有方，手下培养了一大批优秀的军事将领。阿桂到达前线后，快速整顿军队，将僧桑格逼出小金川，并俘获了老土司泽旺。索诺木慑于清军劲旅，将被逼退至大金川的僧桑格毒死后送往清军大营，意图使清军退兵。但是，此次高宗决心荡平大小金川，绝不给金川土司任何东山再起的机会。于是，阿桂带领众将士继续艰苦卓绝的军事行动。最终，乾隆四十一年（1776）二月，索诺木率亲信出寨求降，结束了长达五年的再平金川之役。此役中，高宗先后共动用兵力达7万余人，耗费军费7000余万两，在付出沉重代价之后，最终将大小金川反叛土司势力荡平，维护了西南地区的稳定。

乾隆时期，先后进行了两次平定金川的战役。由于首次金川之役期间，清军失利，消耗了大量人力、物力而收效甚微。在扭转战局取得部分胜利后，高宗便下旨接受议和，所以未能从根本上消除金川之患，致使20余年后再兴兵戈。经过此次教训，高宗再度兴兵进剿，并且投入了更多的兵力财力，加之阿桂、温福等股肱之臣协力督办，在关键时刻丝毫不接受索诺木等人的请降，断然下旨彻底荡平金川反叛土司，显示出一代盛世明君的慨然之气。

再战金川之役胜利后，高宗将大小金川境内的反叛头目尽数处置，并将其所部分遣至周围土司辖区。此等釜底抽薪之举，彻底断绝了金川土司再次积聚力量的可能。同时，又在金川地区布置3000名士兵镇守，设总兵统领，将大小金川之地直接纳入清朝的监管之下。经过大小金川之役，清朝以巨大的代价彻底安定了金川地区，在十月鏖战瞻对的基础上，进一步安定了西南边境，巩固了国家统一，为乾隆鼎盛奠定了重要基础。

两定苗疆

苗疆指我国西南部地区，包括贵州、云南、四川、广西、湖南等各省及部分地区，其中又以云贵地区最为重要。关于清代苗疆的具体地理区划，大致可参照完成于嘉庆二十五年（1820）的苗疆全图。当时，将沅江（主要流经贵州、湖南两省，属洞庭湖水系）以西，酉江（沅江支流）以南，辰江以北，以及湘黔交界以东区域定为苗疆。其东、南、北三面皆环水，西面背靠高山，中部地区多台地，台地之上分布着许多村寨。苗疆地区居住着苗、汉、侗、布依、彝、壮、瑶和仡佬等民族，又以苗人居多，是苗族的聚居地。

初定苗疆

雍正十三年（1735），苗疆爆发了第一次大规模的苗民叛乱。二月，叛乱首次发生于古州地区，仅数日便波及了上下九股和台拱各苗寨。苗民在土司、土舍的煽动下疯狂地向清军展开进攻，先后进攻凯里、重安江、黄平等军事重镇，并且日渐威胁到了许多战略要地。严峻的形势迫使世宗紧急调兵镇压，任命贵州提督哈元生为扬威将军，调集了3万军队会同进剿。同时，又派果亲王允礼、宝亲王弘历（日后的高宗）、和亲王弘昼、大学士鄂尔泰、大学士张廷玉等为办理苗疆事务王大臣，共同主持平叛苗疆的事务。但是，由于前方主帅不和，且在军事作战中战略失策，致使清军在前线不断失利，历经半年多竟无丝毫起色，朝中部分大臣产生了“放弃苗疆”的谬论。这种被动的局面一直持续到世宗去世。

高宗即位后第二天，开始重新调整进剿苗疆方略。从清军进剿苗疆开始，高宗便以亲王的身份参与了筹划、统筹军务，对前方战事失利的原因颇为了解，这使其在掌权后得以迅速做出切实有效的调整。首先，高宗将处事不力的张照降职，调回京师，且对他所提出的弃绝苗疆论予以严厉斥责。同时，启用名将张广泗前往前线，全权主持平叛苗疆的军务。

雍正十三年（1735）十一月，在距苗疆动乱9个月后，张广泗到达前线，开始调整战略部署。首先，收缩集结部队，将军队整合后分三路大军同时推进。这样，清军的数量优势得到有效发挥。同时，又使三军成犄角之势相互策应、便于配合。其次，在作战中根据具体情况，采取不同的攻取方式。面对地势险要、易守难攻之处，并不贸然强行攻城，而是用兵围困，断其补给，待时机成熟后，一鼓作气将其拿下。清军很快扭转颓势，不仅减少了伤亡，而且大大加强了进剿速度。更为重要的是，高宗转变了以往对苗人处以极刑的做法，采取宽仁之策。除了一些坚持作乱的罪大恶极之徒外，开释已经平定地区的苗人。这大大争取到当地苗人的支持，减少行军过程中的抵抗，而且对平叛后恢复当地秩序，实现社会安定起到了极为重要的作用。

至乾隆元年（1736）七、八月份，贵州的苗民动乱基本得到肃清。乾隆五年，又举兵平息湖南苗区的作乱活动，使得西南改土归流取得的成果得到有效巩固。苗疆的社会秩序也日渐稳定。高宗即位之初便表现出卓越的政治才能，迅速扭转了先前的颓势，为其执政初期稳固皇权、集中精力发展经济提供了良好的社会条件。

再定苗疆

经过乾隆初年平定苗疆的动乱，西南苗疆维持了长达数十年的安定局面，这在历史上十分难得。但是，随着时间的推移，苗疆的问题又再次显现出来。清朝统治者实际上对西南苗疆怀有民族歧视态度，且乾隆后期吏治败坏的趋势越发明显，清廷对苗疆人民的盘剥压榨日渐严重。为了限制苗人势力，清朝统治者做出了许多针对苗人的规定，如严格限制苗汉通婚，企图将苗人孤立、限制于苗疆一地；禁止苗人参军和学习使用先进军事武器；不许苗人参加科举进入仕途；施以重税，徭役繁重，等等，这使苗人的生活十分困苦。

除了政府的横征暴敛与苛刻限制外，民间也存在着许多矛盾。一些处于苗疆与汉区交界之处的地主通过高利贷等手段严酷地盘剥苗人，使许多苗人负债累累，甚至倾家荡产。这些地主还利用手中财势收敛土地，以至苗疆土地兼并现象十分严重。因此，苗人的抵触情绪日益严重，在尖锐的社会矛盾下，苗疆再次陷入发生动乱的危险之中。

乾隆五十年（1785）前后，苗疆地区开始出现零零散散的武装活动。如凤凰厅勾补寨苗民石满宜、龙观音二人领导的武装，贵州松桃厅大塘汛石柳邓领导的武装，以及湖南永绥厅黄瓜寨石三保领导的武装等。这些局部的苗人起事使清军疲于奔命，同时也预示着乾隆鼎盛已经开始走下坡路了。

乾隆五十九年至乾隆六十年之际，清廷与石柳邓等苗人起事领导者展开了激烈的围剿与反围剿斗争。最终，石柳邓成功冲破清军的包围，掀起贵州苗人相继反清的浪潮。石柳邓在贵州发起反清浪潮的消息传到湘西后，吴八月、石三宝、吴半生、吴垄登也先后率领苗民发起武装反清活动。他们共同推举吴半生为“吴王”，并提出“驱逐客民，夺还苗地”的口号，怀着对清廷的极大愤慨攻城夺寨。至此，在贵州和湘西大地上爆发了乾嘉之际苗疆人民大规模反清活动。

乾隆六十年（1795）二月初四，苗疆反清的消息传至北京，高宗为之震怒，立即下旨兴兵进剿。遵照高宗旨意，此次镇压苗人起义的军队共分为三路：东路行讨大军由湖广总督富宁率领，自镇筸向西进兵；南路大军由云贵总督福康安率领，由贵州铜仁向正大、松桃方向进攻；西路大军由西川总督和琳、提督穆克登阿率领，向东推进。三路大军共计27000余人，对反清苗民形成合围之势。由此，第二次平定苗疆之战全面展开。

战争十分残酷，军事形势几经起伏，对清军和苗人都是一场深重的灾难。起初，清军士气很盛，但是反清势力也日渐壮大，战况很是激烈。福康安等前方将领对反清苗人残酷镇压，凡是清军经过之处，苗寨尽毁。面对清军的残暴镇压，苗人奋力抵抗，伤亡惨重。随着战事的持续升级，反清苗军一度利用有利地形和本土作战优势取得了一些胜利。在乌草河畔，苗人依托有利地形，对福康安部队展开猛烈的进攻，并将其牵制在此。同时，又绕道到清军后方，包围永绥城，进而断截清军的粮道，使南路清军陷入窘境。此时，其他各路清军也都败绩连连。

清军的颓势令高宗颇为恼怒，加之白莲教起义乘势兴起，清军腹背受敌，疲于奔命。为及时扑灭苗人反清活动，高宗决定先调集重兵优先镇压苗疆起事，之后再应对白莲教。嘉庆元年（1796），又在四川、云南和两广地区增调两万清军，命其火速开往战场。清军增兵使得前方军事力量对比迅速产生差异，清军开始扭转战局。但苗疆反清大军仍顽抗不息，与清军寸土必争，致使清军取得胜利的同时也付出了沉重代价，军中主帅福康安、和琳也都命丧苗疆。因此，高宗不得不再调将领前往作战。至嘉庆元年十月，经过长达两年的奋战，在付出了重大代价之后，清军终于将苗疆反清活动镇压下去。但是，这场战争之后，清朝并没有实现真正的安宁。白莲教起义又令高宗寝食难安。

在高宗有生之年，先后发生了两次苗疆反清起事：一次发生于雍乾之际，一次发生于乾嘉之际，这两次苗疆起事伴随着高宗掌权和退位。在镇压第一次苗疆起事时，正值清国势上升时期，政治清明。高宗在世宗用兵苗疆的基础之上，英明果断地调整战略部署，决策得当，迅速平定了第一次苗疆反清活动。高宗晚年时，清国势日益衰退，吏治也日趋混乱。此时，乘势兴起的苗疆之乱打破了清廷表面的平静，连同后继而起的白莲教起义也开始撼动大清帝国的根基。面对声势浩大的第二次苗疆反清活动，已是耄耋之年的高宗仍展现出盛世明君的壮志雄心。他欲在自己有生之年打造出一个太平盛世，将自己打下的锦绣江山顺利地交给儿子仁宗继承，所以倾尽全力，镇压了第二次苗疆反清活动，但也付出了巨大代价。

六世班禅进京

历史上的西藏地区，达赖和班禅是两个处于重要地位的政治、宗教领袖，主导着藏区宗教、政治、文化和经济的全面统治权。18世纪中叶，西藏地区的政治、文化活动日渐活跃，日益受到中央王朝的重视。至18世纪70年代，乾隆中期，黄教中两大活佛分别为八世达赖和六世班禅。当时达赖年幼，黄教中实际主持宗教事务的是班禅活佛，即六世班禅额尔德尼罗桑华丹益希。罗桑华丹益希于乾隆三年（1738）出生在襄地扎西则，其父为唐拉，出身密咒师，与一般僧侣不同，唐拉既从事宗教活动，又成家娶妻生子，罗桑华丹益希母亲为尼达昂茂，系贵族宗室之女。乾隆五年，五世班禅圆寂后，罗桑华丹益希被确认为五世班禅的转世灵童，在得到高宗认可之后，第二年进行了"坐床"仪式，并于乾隆三十一年，被高宗封为"六世班禅"，赐予金册、金印。乾隆三十四年，高宗再次赐予"班禅额尔德尼"大量金银珠宝，罗桑华丹益希成为黄教中的两大首领之一。

实际掌握西藏宗教事务的六世班禅，积极拉近与中央政权的关系，同时密切关注西藏局势和周边动向，多次调解与印度诸国的冲突。当时英国势力开始向西藏地区进行渗透，谋求利益，企图将藏区从中国分割出去，并且向西藏派出了“使者”，提出设立驻藏代表、进行自由贸易等要求。六世班禅则强调西藏属中国领土，一切要听从皇帝旨意而加以拒绝。周边气氛日益紧张，使西藏面临着许多亟待解决的问题，六世班禅意识到必须及时向高宗奏报。从清政权确立对全国的统治之后，便一直致力于安定前藏和处理达赖问题，与达赖往来甚于班禅，这使得达赖势力有日渐超越班禅的趋势，这也使得班禅方面甚为紧张，亟须寻觅机会拉近与清统治者的关系。这些因素促使六世班禅产生入京的想法。

值得注意的是，清统治者历来重视与达赖、班禅保持紧密接触和良好关系，自圣祖开始就曾多次邀请班禅入京，只是当时迫于种种问题均未能成行。经过圣祖、世宗和高宗前期在藏区的大规模军事活动，使得割据势力被日渐削弱，藏区更为安定稳固，清廷树立起了绝对权威。另外，经过高宗在西南、西北地区的几次平叛的军事行动，西藏与内地之间的交通更为顺畅。这一切都为六世班禅能够顺利进京提供了重要基础。六世班禅的进京活动最初是由班禅自己提出。乾隆四十三年（1778），班禅通过清朝官员章嘉呼图克图向高宗表达了想要进京觐见的请求，面对班禅的请求，高宗欣然恩准。高宗在进行了一番深入思考之后，把班禅进京的具体时间进行了推迟。一方面，班禅尚未出痘，长途跋涉、进京朝觐于健康不利。另一方面，高宗七十大寿将至，若届时接受六世班禅朝觐，意义不凡。于是，高宗便以庆祝自己七十大寿的名义，对六世班禅提出了进京的邀请。

乾隆四十四年六月，经过周密计划、安排之后，六世班禅开始了漫长的东进旅程。此次东行的队伍甚为壮观，六世班禅率领着13名勒参巴①与僧侣、随从、卫队计2000余人，从札什伦布寺启程。一路之上，六世班禅沿途

① 原西藏地方政府五品僧俗官职名。

讲经布道，同时不断接受信众的顶礼膜拜，整个行程甚为壮观肃穆，至四乾隆十五年（1780）七月二十一日，六世班禅到达承德，进入须弥福寿庙居住。

须弥福寿庙是高宗特意下旨为六世班禅觐见而修建的。六世班禅进京，受到高宗的极大重视，为了表示礼遇和恩宠，高宗决定专门为其修建一所寺院，并派宠臣和珅来担此重任。深谙高宗心思的和珅自然懂得这项工作的重要性，他利用自己对藏文和藏俗的了解以及熟悉西藏喇嘛教的规矩规章的优势，很快开始修建。经过工匠们的紧张工作，“须弥福寿之庙”最终如期建成开光。此庙可谓辉煌庄严，十分完美，既符合喇嘛教的教俗教规，又突显了清廷对班禅额尔德尼的重视和礼遇，更是乾隆鼎盛的一个有力印证，数百年来依旧屹立于中华大地，吟诵着当时清王朝的繁荣昌盛。

六世班禅到达承德之后，高宗在皇家圣地避暑山庄为其举行了盛大而庄重的欢迎仪式，并破例允许六世班禅乘坐大黄轿由正门进入避暑山庄。六世班禅向高宗敬献了象征着幸福吉祥的哈达、金佛像、法器等物品，并欲向乾隆行叩拜礼，高宗即刻下座相扶。两人进行了热情友好的深入交谈。值得注意的是，高宗为了迎接六世班禅的朝觐，特意学习了藏语，在交谈之时多次使用藏语与班禅相互交流，使得班禅甚为感动。高宗与六世班禅在承德避暑山庄度过了长达两个多月的时间，在此期间进行了多次盛大的典礼、集会和宣讲佛法活动，这次觐见永远地烙印在历史的长河之中。

八月二十五日，在承德居住了两个月有余的六世班禅离开热河，经古北口至北京，成为历史上第一位到达北京的班禅活佛。至京后，六世班禅再次受到了清朝中央政府的优待和礼遇，在高宗六子和章嘉国师的共同陪伴下，班禅游览了清代著名的皇家园林圆明园、大钟寺、颐和园、香山等地，并且先后为殿堂、园林、寺院开光。九月十八日，高宗返回北京，与六世班禅在香山昭庙中再次见面。班禅进京之后，高宗又多次与之会晤、宴饮和探讨佛法，班禅受到最高规模的接待。

十分不幸的是，六世班禅在北京患上了天花，医治无效，病逝于此。前文述及，班禅提出觐见之时尚未“出痘”，本不适宜进行长途跋涉的，在当时的医疗卫生条件下，天花很容易夺去人们的生命，尽管班禅已过不惑之年，但尚未经历出痘这一考验，身体还是不够健壮。其实，在六世班禅进京途中，高宗曾派出专员安排众僧侣种痘，但是由于种种原因，班禅自己却没有前去种痘，这给班禅命丧北京埋下了隐患。

十一月二日，年仅四十二岁的六世班禅因患天花不治于北京圆寂。高宗下旨将班禅遗体安置于黄寺，供各界人士和教徒前来瞻仰作别，又将其遗体进行防腐处理，安放于钦制的天降金塔里。乾隆四十六年（1781）二月，装有六世班禅遗体的陵塔被运往黄教的圣寺札什伦布寺，寺内的僧众专门为六世班禅打造了一座大型银塔，将装有班禅遗体的御赐金塔供奉其中。

六世班禅的东进朝觐给高宗的七十寿辰增添了无尽的荣耀，成为一代盛世君王的一大标志。高宗为了纪念这位黄教首领，特别下旨在六世班禅生前在京居住过的黄寺之西另建了一座佛塔——清净化城塔，将六世班禅的衣冠经咒安葬塔内，因此，此塔又被称为“班禅塔”，同时又在寺内树碑，用满、藏、蒙古、汉四种文字记录了六世班禅进京朝贺的原委经过，以示祭奠。

六世班禅不仅精通佛法，而且颇具文采，著有《自传》《道情歌案汇编》《持乐国愿望》《十六罗汉绕佛记》《喇巴强巴传》等书札，关于仪轨、修行等方面的各种典籍达98种之多，是黄教历史上成就辉煌的宗教首领。不仅如此，六世班禅胸怀博大，以其非凡的政治策略和处事能力，妥善地应对处理与印度等国的几次争端，且面对英国利诱之时能以国家全局为重，毅然维护国家与民族利益，这是十分难得的。而且，在乾隆盛世之时，不远万里率领众僧侣前来觐见朝贺，成为一段佳话，为康雍乾盛世增添了绚丽多彩的一笔，至今为世人所称道。

统御四方邻国

清朝进入高宗统治时期后，与周边国家以传统的朝贡政治体系建立起宗藩关系。清廷承认周边国家的独立地位，对这些国家（如朝鲜、安南、缅甸等国）来说，清廷实则是他们的宗主国。主管外交事务的礼部负责接待的朝鲜、安南、缅甸等国的来使，与理藩院接待的蒙古、西藏等地的来使相互区别。清代外交历史上唯一一个特例是与沙皇俄国的外交一直由理藩院负责。

与朝鲜的关系

清廷与朝鲜长期保持着友好密切的关系。早在清入关之前，处在中国东北地区的后金，即后来的清政权，曾对李氏朝鲜有过两次征伐，从明廷的藩属中争得了朝鲜，朝鲜成为清的藩属国后，双方关系有了进一步发展。自入关以来，清廷与朝鲜一直维持着宗主国与藩属国的关系，这表明，朝鲜承认清朝中央政府的宗主国地位。清廷一般不干涉朝鲜的内政和外交，也不在朝鲜派驻官员和军队。但是朝鲜的国王去世后，要派使节到清廷京师告哀，新即位的国王则需要接受清廷册封。每当清廷的重大的节庆日，朝鲜要派使者前往京师朝贡，以此表示祝贺。清朝中央政府在接受贡物后“回赐”朝鲜的礼物，价值大多在贡物价值的数倍之上。这表明，从政治意义上清廷接受贡物，主要是表达双方固有的主从关系，并非是经济上的掠夺。雍乾时期，清廷与李氏朝鲜的关系进一步发展，两国互派使节，来往更加频繁，除开市贸易外，在政治、经济、文化等方面的交流不断加深。在同朝鲜的贸易中，由于两国关系密切友好，清廷对朝鲜商人来华贸易给予免税的优惠政策。乾隆十三年规定：“朝鲜人入山海关，所带货物如系彼国土产，该督稽查与凤凰城总管印文相符，及出管所带货物与本部札相符，仍免其输税。”①

乾隆四十三年（1778），高宗驾幸盛京，朝鲜国王携方物再三要求遣使问安，高宗亲书“东藩绳美”赠予朝鲜。乾隆四十八年，在盛京举行万寿节，因先期朝鲜国王派使节在盛京问安迎候，高宗又赏一御制诗、一玉如意、一德符心矩，以示天恩。朝鲜国王随即派使臣谢恩，高宗回赐方物。乾隆四十九年、五十年、五十一年、五十五年、五十七年、五十八年、五十九年、六十年，均与朝鲜有友好往来，赏赐物品从御题诗到各类典籍，从御用器皿、绫罗绸缎到金银珠宝、马具，形式多样。直到嘉庆朝，这种特赐才渐渐减少，但中朝的宗藩关系依旧十分融洽。宗藩体系在乾隆朝发展到高峰，乾隆年间对朝鲜的赏赐难以胜数。在当时，朝鲜所获清帝御赐匾额数量为清朝属国之最，这是藩属国的一种殊荣。这充分体现了宗藩体系体恤藩属国的特征，宗主国的地位越强大，便越不会对藩属国行强权政治，相反会更加关照和保护藩属国，以确保双方的宗藩关系稳固。

① 《清史稿》列传313，《属国一·朝鲜》。

与安南的关系

在对外关系中，清廷与安南（今越南）也保持着密切的交往。与朝鲜一样，安南是与清廷往来较为密切的藩属国之一，两国关系也同是宗藩关系，两国贸易通过朝贡进行。作为“贡物”，安南将土布、香料，以及金属矿产及其制品等土特产输入中国，清廷回赠安南的物品主要有丝织品、图书、人参及各类药材等，这些物品以“赏赐”的形式被带回安南。此外，清廷与安南边境的贸易也很频繁，其陆路贸易可分为三条主要通道，一是云南的蒙县至安南富良江，二是广西凭祥、龙州府和思明府至安南安越县市桥江，三是河阳隘至富良江。清廷与安南的边境贸易中，主要的出口商品有米粮、豆油、布帛以及日用品等，由广西出口。进口的货物主要有铁、铜、银、丹砂等金属矿产以及食盐、翡翠等。

乾隆朝前期，在两国交往中，清廷一直秉承交往而不干涉的态度。安南内乱于乾隆朝前期频繁发生，高宗统治之初并没有直接介入安南国的内乱。乾隆四年（1739）五月，高宗自云贵总督庆复的奏报中，得知安南国内乱一事，命令清军于边界处严加防范，并指示：“彼若有求兵之请，则不可骤然发兵，只应速行奏闻，亦以请旨为辞告彼，而固守边界则得矣。”[①]起义首领自称“郁铜江王”，随着起义的失败，向清廷低头。然时任云贵总督的庆复却对此表示“投诉即难尽信，输情自有可矜”[②]。高宗因庆复的态度影响到与安南国的关系，因而对他颇为不满，高宗称：“今天朝既容其投降，则安南自不能过问，为彼国王计，将何以办理？设使安南国王以为纳彼国之

① 《清高宗实录》卷93，乾隆四年五月乙亥。

② 《清高宗实录》卷97，乾隆四年七月庚午。

叛，宽彼国之仇，竟行诘问，该督等又将何词以对？且与从前行文之意，不自相矛盾耶！此事办理之处，于情于理，均属不合。”[①]。随后谕军机大臣再一次强调：“总之事关外藩，封疆大吏惟有严饬弁兵稽查防范，以徐观其动静。即安南将来伊郑姓或假该国王名恳请援剿，在安南臣服天朝，虽义不可却，然彼中虚实，此事之顺逆，尚未确知，亦未便轻举。”[②]这明确了他不干涉安南内政的立场。庆复知晓高宗对此事态度后，“交贼矣长”，将贼首交还安南国，让其自行处理。然而高宗却认为这样做有损天威和皇家体面，再次反对并表示“安南之叛人，即中国之匪类，于彼于此，何容区分”，所以“无庸复行解送该国，亦不必远行请领”[③]。这体现出清廷的宗主国立场，同时也体现出清廷对安南国的外交态度。最终为避免矣长等人再回安南作乱，清廷将其判发到远离安南的四川、广东等地。

随着安南国内乱越来越严重，乾隆八年（1743），时任清开化镇总兵赛都奏称：“请调集官兵，用彰天讨。”他认为清廷与其靡费钱财防边，不如出师，而高宗坚持对安南的羁縻勿绝政策，并不赞同此做法。乾隆前期，清廷对安南的羁縻勿绝政策由以下几点原因促成：一是安南叛乱未侵扰清廷边陲，安南虽内乱频仍，但既没有损害清廷利益，也没有侵害清廷边境。乾隆八年，高宗对此解释称：“交夷小丑，仰视天威，莫不震迭，若敢于侵边，自应剪灭。”其次，安南国历来遵从宗国无“仰呼救援之请”，更“无逆命之端”。此外，安南仍以黎氏王朝为旗帜，履行其属国义务，郑氏集团在安南国内虽相互攻略，废立频仍，但黎氏正统仍在。因此，清朝无须对安南施行“兴灭继绝”，对安南内乱仍不介入。

① 《清高宗实录》卷97，乾隆四年七月庚午。

② 《清高宗实录》卷100，乾隆四年九月乙巳。

③ 《清高宗实录》卷118，乾隆五年六月庚辰。

与缅甸的关系

清廷与缅甸的关系，主要呈现战和交替，以战促和的状态。清代文献中，缅甸被归类于中国传统的藩属国，这在对周边国家进行分类时有所体现。对此《清会典》中有详细记载："凡四夷朝贡之国，东曰朝鲜，东南曰琉球、苏禄，南曰安南、暹罗，西南曰西洋，缅甸、南掌皆遣陪臣为使，奉表纳贡来朝。"缅甸是清的西南邻国，一直被清廷视为其传统的藩属国。现代的清缅关系学者亦赞同此说法，同越南、朝鲜以及琉球一样，把缅甸看作是清廷的藩属国。然而，清缅之间始终是平等国家间的交流，缅甸没有承认过是清的属国，亦没有以宗主国之礼对待清朝。越南、暹罗、琉球和朝鲜等于清入关后不久，便与之建立了相对稳定的藩属关系。然而直到18世纪中后期，缅甸才与清廷建立官方关系。

清缅关系经历了艰难曲折的过程方才建交，南明永历皇帝在清军的步步紧逼下，率残部进入缅甸，清廷派遣当时驻扎云贵的平西王吴三桂，率大军直逼缅甸，迫使缅甸将永历帝送交清军，因此导致当时清缅关系紧张，清缅官方的关系于此后数十年间鲜有记载。直到乾隆十五年（1750），缅甸东吁王遣使节去往云南边境，并在华人吴尚贤（茂隆银厂课长）的引导下，在乾隆十六年二月十六日，由云南出发，千里迢迢赶赴北京城。到达京师后，清廷两次设宴招待缅甸使团并赏赐物品，清缅官方中断了近百年的联系在此次缅甸使节进京后又重新建立起来。但是建立朝贡关系的最终标志是拥有封印和诏书，一般程序是，藩属国须携带要求宗主国册封的国书和其献给宗主国君主的方物，奉表纳贡，而清朝作为宗主国，"凡封外国，必赐之诏敕，初内附，则赐之印"。所以这次来往并没有使清廷与缅甸建立正式的朝贡关系。

对于此次京师之行，缅甸抱有试探的意味。吴尚贤包办了缅甸的"国书”翻译和方物选取，清廷对此仅是赏其贡品，亦未颁诏赐印。清廷对缅甸使团此次来京没有做出积极的反应，主要有两方面的原因：一是对其诚意有所怀疑。吴尚贤流落缅甸，经营采矿生意，清廷怀疑缅甸使节来华的目的，所以在缅甸使节经过昆明时逮捕了吴尚贤。清廷认为缅甸使节是被吴尚贤游说鼓励才来的原因，并且“将来缅甸设有寇警，必另求援兵，不应则失统御之体，应之则苦师旅之烦，恐鞭长莫及，反难善处”。因为缅甸南部的孟族军队，在缅甸使团回国后不到半年，就攻破了国都阿瓦，雍籍牙王朝取代了东吁王朝，缅甸国内政局的变化，使得清缅刚刚建立起来的交往渠道消失，清缅官方之间的关系由于各种原因“草草了之”。

缅甸在雍籍牙统治下逐渐强盛，南边侵略暹罗，东面则骚扰大清的云南。乾隆三十一年（1766），清军深入缅甸腹地，想要征服缅方，然而事与愿违，清军战将死伤过半，幸存者要么畏罪自杀，要么被赐死。乾隆三十四年，双方均进入疲惫期，于是签订协议，恢复邦交，每十年遣使者通好。但是战争结束的二十年中，缅甸从未向清廷朝贡，甚至扣押清廷遣去催贡的朝廷官员。缅甸侵入暹罗失败后，于乾隆五十二年方派遣使者与清廷商议，内容包括双方通商以及朝贡细节。乾隆五十三年，缅甸携金叶表文向大清皇帝朝贡，高宗还赐佛像珍宝，以表天恩。乾隆五十五年，缅甸再次派使团赴京，此后清缅关系缓和，并于形式上逐步向朝贡体系靠拢，将早就达成的十年一贡付诸行动。对于清政府来说，缅甸始终是一个藩属国，实行朝贡与否，只是藩属国反抗与臣服的两种状态而已。缅甸在后期的“臣服状态”，更是加固了清政府对此的认知。

与廓尔喀的关系

朝贡作为清廷在处理与周边小国家关系时的准则，在不同时期有着不同的特点，针对不同国家的方针政策也不一样。廓尔喀是南亚重要的国家之一，不仅与中国西藏有着密切的关系，同时也是清廷的藩属国，对清朝历史的进程有着重要的影响。雍正朝末期至乾隆朝，清廷通过一系列的改革，大大加强了对西藏内政的控制力，因此廓尔喀入侵西藏并未成功，同时为建立清廓封贡关系提供了契机。这一时期迅速崛起的廓尔喀，其妄图侵略西藏、扩张版图的野心，也引起了已经取得印度殖民统治权的英国的不满。看着廓尔喀在南亚次大陆日渐壮大，大英帝国亦有担忧。在多重因素的影响下，各个国家均要打压廓尔喀的嚣张气焰。随着英国、印度产生企图掌控南亚次大陆的野心，以及廓尔喀在南亚势力的日益强大，加之清廷对西藏控制力的日益增强，清廷与廓尔喀爆发了第一次清廓战争，由此产生了清廷与廓尔喀的封贡关系。

乾隆五十三年（1788），廓尔喀再次发动侵藏战争，以藏人售卖盐巴内掺沙土及西藏地方官员私加课税等事件为由，快速侵占聂拉木等地。清廷为保证自己的领土安全，立刻集结兵力与驻藏清军一同将廓尔喀军队赶出西藏。为了将损失降到最低，在清军集结之际，西藏官员私下与廓方议和。议和内容包括：藏方政府承诺，廓方退兵后，每年给廓尔喀三百元宝。在清军将至，大雪即将封山等多重因素的作用下，廓尔喀决定退出西藏。然而，清廷误以为是廓恐惧正面交锋。因此，在清与廓尔喀建立封贡体系的同时，也为第二次清廓大战埋下了种子。乾隆五十六年，廓尔喀借口西藏政府未履行约定，再次出兵聂拉木等地。面对廓尔喀三番两次的挑衅，高宗决定用武力彻底解决此事。高宗遣福康安带领精锐清兵打击廓尔喀，廓尔喀战事吃紧，节节败退，终退回本国境内。由于廓尔喀环境恶劣以及清军不熟悉西藏的环境，加之后勤也得不到保障，在廓尔喀送来乞降书后，高宗准其投降，清军胜利回京。至此到光绪末年，廓尔喀一直与清廷保持良好的朝贡关系。

与沙俄的关系

高宗在对待周边国家的态度上，一直坚持恩威并重。他崇尚武力的威慑性，以“驾驭外藩，示之以威”。“怀柔”战略也要有，但是一味地怀柔，并不能使边境安定，只有恩威并重、严慈结合，才能安邦定国。这是高宗的个人认知，但不囿于高宗个人。清入关以来，各朝君主兢兢业业、励精图治，终于在百年后迎来了“康乾盛世”，中国进入了封建社会发展的顶峰。强盛的国力令万邦来朝，强而有力的外交是国家安定的重要保障。

清朝与沙俄一直处于表面和平却秘密战争的状态，沙皇俄国雄踞中国北方，在康熙朝曾因入侵中国东北部地区，与清朝发生正面军事冲突，最终以清军全面胜利，双方签订《尼布楚条约》划定边界而结束。雍正朝与沙皇俄国签订《恰克图条约》，沙俄将恰克图以北的大片土地据为己有，与清朝进行互市，并在互市过程中多次违反双方协议，私增货物价格，并越界抢劫。到了乾隆朝，沙皇俄国对中国国土的觊觎之心始终未减，在西北历次边疆危机过程中，时刻都能找到沙皇俄国干涉清廷内政的痕迹。

乾隆朝初期，发生准噶尔叛乱，高宗迅速派兵平定，其首领阿睦尔撒纳逃至沙皇俄国境内避难，清朝得知此事后，便向沙皇俄国进行交涉，要求引渡阿睦尔撒纳。沙皇俄国最终迫于清朝的巨大压力，将阿睦尔撒纳的尸体运送至中俄边境恰克图，从而挫败了沙皇俄国企图保护分裂主义分子，威胁清朝西北边疆的企图。

居住在伏尔加河流域的土尔扈特部，自古就是居住于中国西北部的厄鲁特蒙古一部，明末清初，土尔扈特部被同是厄鲁特蒙古一部的准噶尔部击败，迁至伏尔加河流域。乾隆三十五年（1770），土尔扈特部受沙皇俄国的盘剥，忍无可忍，终于爆发了抗俄起义，全体部众迁离沙俄，决心返回祖国。土尔扈特部突破沙皇俄国的重重阻截，最终回到中国西北地区。土尔扈特部东归一事，让中俄外交关系落入尴尬境地。高宗此时的判断凸显其作为大国领袖的风范，他派兵迎接土尔扈特部回归，同时赏赐土尔扈特部大量的土地、牲畜等，帮助其在祖国的大地上繁衍生息。

清朝遵守与沙皇俄国签订的《恰克图条约》，在双方边境恰克图进行互市贸易，在乾隆二十九年（1764）、四十四年、五十四年，因为沙皇俄国违约，三次闭市停止双方交易，直至乾隆五十七年，中俄双方签订《恰克图市约》，才又准许沙皇俄国继续进行互市交易。此外，清廷还在中俄边界设置多个卡伦（边境哨所），从而在西北边境实行“分兵驻卡”，“日一会哨，对换执照”[①]的严密制度，防止沙皇俄国势力向我国西北地区渗透。

高宗在对外交往过程中，不因对方强大而惧怕，不因对方弱小而欺凌，遇事且战且和。和谈彰显大国风范，交战不胆怯、不退让，这样的外交理念，显示康乾盛世时期，中国的外交大国形象，综合展示了康乾盛世的政治、经济成果。但是高宗去世后，其后继者仁宗、宣宗等，因为国力的衰退等原因，渐渐不再秉持高宗锐意进取的外交理念，中国开始一步步走向衰落，外交形象一度沦为三流国家。这也从一个侧面论证了弱国无外交的理论，说明强大的外交形象是由强大的综合国力作为支撑，拥有强大的综合国力，才能展示出大国风范，才能在世界外交舞台上发挥作用。

① 《清高宗实录》卷555，乾隆二十二年正月丁未。

四

继往开来 文化辉光

SHUDU QINGSHI
QIANLONG DINGSHENG

盛世修书百余种

盛世修书，以史为鉴，弘扬国威，是历代统治者获得政权后一定要做的事。统治者之所以重视修书，无外乎三方面的原因：第一，从前代历史中吸取经验教训，以史为鉴；第二，宣扬国威，希冀江山永固；第三，教化民心，统一思想。历史经验也证明，单凭武力不能使国家富强，文化教育是国家生存发展的精神支柱，文教衰，则国亡。

清军入关后，也继承了历代修书的传统。早在顺治时期，清世祖就曾组织编写《明史》。圣祖继位后，坚持艰苦创业，成功平定三藩之乱。国家统一后，开始出现经济繁荣、政治清明、社会安定的局面。经雍正一朝，到高宗统治中期，清王朝发展达到鼎盛，这一时期通常被称为“康乾盛世”。盛世文化则更显辉煌，在修书领域也是首屈一指，康雍乾三朝编纂的经书、史集、方志，整理的历代典籍，无论从规模上、时间上，还是价值上来说，都是史无前例的。

乾隆时期，将整理、编纂图书活动推向了高潮，这一时期官方修书，所占比重最大。高宗在其执政六十年中，凭借政府雄厚的各类资源，约有一百余种官定书籍问世，总计近十万卷[①]。其中规模最大，最为辉煌的成果便是《四库全书》，它是最系统、最全面地整理、总结我国古代文化典籍之集大成者，对整个中华民族都有着不可估量的价值和意义，本书中已有专篇进行讨论，不再赘述。现将这段时期的部分官修图书列表如下，以见其大概。

乾隆朝部分官修书籍[②]

类别	编纂年代	主撰者	卷数	书名
经部	乾隆二十年	傅恒等	10	《周易述义》
	乾隆二十年	傅恒等	20	《诗义折中》
	乾隆十三年		48	《周官义疏》
	乾隆十三年		48	《仪礼义疏》
	乾隆十三年		82	《礼记义疏》
	乾隆二十三年	傅恒等	16	《春秋直解》
	乾隆十一年		120	《律吕正义后编》
	乾隆二十八年	傅恒等	24	《西域同文志》
	乾隆三十六年	傅恒等	32	《清文鉴》
	乾隆四十四年	阿桂等	33	《满洲蒙古汉字三合切音清文鉴》
	乾隆十五年	允禄等	6	《同文韵统》
	乾隆十五年	梁诗正等	58	《叶韵汇辑》
	乾隆三十八年		106	《音韵述微》
史部		张廷玉等	360	《明史》
	乾隆三十三年	傅恒等	116	《通鉴辑览》
	乾隆三十八年		32	《开国方略》
	乾隆十三年	来保等	32	《平定金川方略》
	乾隆三十七年	刘统勋等	172	《平定准噶尔方略》
	乾隆四十一年	阿桂等	152	《平定两金川方略》
	乾隆三十九年	舒赫德等	16	《临清纪略》
史部	乾隆四十六年			《兰州纪略》
	乾隆三十二年	刘墉等	640	《续通志》
	乾隆十二年	刘墉等	250	《续文献通考》

① 白新良：《乾隆传》，第224页。

② 萧一山：《清代通史》（二），华东师范大学出版社，第28～33页。

续表

类别	编纂年代	主撰者	卷数	书名
史部	乾隆三十二年	刘墉等	144	《续通典》
	乾隆三十二年	刘墉等	126	《皇朝通志》
	乾隆十二年	刘墉等	300	《皇朝文献通考》
	乾隆三十二年	刘墉等	100	《皇朝通典》
	乾隆四十三年	梁国治等	62	《国子监志》
	乾隆四十五年			《历代职官表》
	乾隆二十三年	允祹等	100	《大清会典》
	乾隆二十三年	允祹等	180	《大清会典则例》
	乾隆二十二年	傅恒等	40	《大清通礼》
	乾隆二十四年		28	《皇朝礼器图式》
	乾隆七年		36	《国朝宫史》
	乾隆四十二年		6	《满洲祭神祭天典礼》
	乾隆五年	三泰等	48	《大清律例》
	乾隆四十年		10	《天禄琳琅书目》
	乾隆十四年	蒋溥等	31	《经史讲义》
	乾隆二十九年		500	《大清一统志》
	乾隆四十二年	阿桂等	20	《满洲源流考》
子部	乾隆八年		78	《授时通考》
	乾隆四年	鄂尔泰等	90	《医宗金鉴》
	乾隆二年		10	《历象考成后编》
	乾隆二十二年		32	《仪象考成》
	乾隆四年	允禄等	36	《协纪辨方书》
	乾隆九年		24	《秘殿珠林》
	乾隆九年		44	《石渠宝笈》
集部	乾隆十四年		40	《西清古鉴》
	乾隆四十三年		24	《西清研谱》
	乾隆十六年		16	《钱谱》
	乾隆三年		50	《唐宋文醇》
	乾隆十二年		124	《皇清文颖》
	乾隆元年	方苞等	41	《四书文》
	乾隆十五年		47	《唐宋诗醇》

表中所列书目共54种，仅是乾隆时期官修书籍的一部分，其中有的书始纂于前代，至乾隆时期完成续编。如《明史》始纂于顺治二年（1645），至乾隆四年（1739）定稿，由高宗亲自审定，刊刻成书。如前多述，我国古代重视修书的统治者不是只有高宗一人，但如高宗这般倡导编纂书籍且编纂数量如此之多，恐怕史无前例。且高宗以“彰千古同文之盛”为编书目的，特别重视所修书的质量，每本书一定会亲自抽查检阅。有些书甚至经过高宗亲自书写并审阅，如表中的《满洲源流考》，也称《钦定满洲源流考》。

这些书的内容，经、史、子、集无所不包，是名副其实的“文治之极盛”。有整理和编写历代典章制度沿革变化的，如《续文献通考》《续通典》《续通志》《皇朝文献通考》《皇朝通典》《皇朝通志》《大清会典》和《大清会典则例》等；有编纂前朝及清朝正史及重大历史事件的，如《明史》《满洲源流考》《大清一统志》《通鉴辑览》《开国方略》《平定金川方略》《平定准噶尔方略》《平定两金川方略》《临清纪略》《兰州纪略》等；有对经书进行整理与考注的，如《周易述义》《诗义折中》《周官义疏》《仪礼义疏》《礼记义疏》《春秋直解》等；有记录诗文的著述，如《唐宋文醇》《皇清文颖》《唐宋诗醇》《四书文》等；有关于医药、天文的，如《医宗金鉴》《历象考成后编》《仪象考成》等；有关于祭祀、礼仪的，如《满洲祭神祭天典礼》《大清通礼》等。此外，高宗也继承了前代修实录的传统，即位初就命实录馆编修《清雍正实录》，并命国史馆撰写本纪和当朝名臣传记。细细观察这些书的类别，我们会发现经部类最多，史部其次，子部、集部相对少一些。这足以反映出高宗对中国古代礼文化的重视，以兴文教、复礼乐，“为天地立心，为生民立道，为往圣继绝学，为万世开太平”[1]作为治国宗旨。

①《清高宗实录》卷968，乾隆三十九年十月乙未。

乾隆时期开创的文化盛景，将中华文化推向了一个更高的境界，也为后世留下了一笔宝贵的文化遗产。如此恢宏的文化创举，究其原因，主要有以下几点：

在主观上，高宗对修书的主导和支持，对修书工程能够圆满完成起到重大作用。高宗身处清政权顶端，不仅重视武治，也非常重视文治，是一个汉文化的倾慕者。他深刻了解儒家文化对凝聚人心、巩固统治的重要性，御极之初，这位深受儒学浸染的青年皇帝便以“书生”自居，广招文人学者。他认为：“夫读书所以致用，凡修己治人之道，事君居官之理，备载于书。”①他精通汉学，有大量著述和诗作传世，如《乐善堂全集》《御制诗》（初集、二集、三集、四集、五集）及《御制文》等。其中，御制诗诸集中收录了高宗所作的4万多首诗，御制文集中收录的文章也达1000多篇。据载：高宗经常问大臣们自己所作诗文中的典故，当大臣们回答不上来的时候，他就会像个孩子一样沾沾自喜。这样一个喜好读书、著述等身的皇帝，在社会繁荣的时代里，必将推动文化事业的迅速发展。

高宗宽严相济的治理方略，也是盛世大规模修书成功的重要因素。与圣祖“宽仁”、世宗“重法”的治国手段相比，高宗则宽严相济、赏罚有度。他是一位务实的君主，每部书的编纂修订都是经过深思熟虑的，一旦下旨编修，便会积极督导臣下完成。回顾圣祖编修《大清一统志》，始于康熙二十五年（1686），然而此书至乾隆五年（1740）才完成，经三朝皇帝，历时55年。雍正修《八旗通志》，始于雍正五年（1727），至乾隆四年刊印，经两朝。而世宗颁谕修纂的书大多于本朝就完稿。两部书编纂工程浩大，费时或出错也是情理之中。但是，这其中各馆的编纂人员，因为担心书编成后失去朝廷每月发放的廪费，多有稽延懈怠之举，这也是编修久久不能完工的

① 《清高宗实录》卷5，雍正十三年十月辛巳。

重要原因之一。高宗深知这一弊端，一即位，便对负责修书的各馆的积弊进行整顿。他多次在谕旨中向官员们阐明利害关系，并命稽查官员对各馆人员按月进行监督。他说："朕思士人读书，必先明乎义利之介，先儒所云：正其谊不谋其利者，于义何居？似不宜见小，至于如此。况前书修成，又可别开馆局，何至所见不明，以致废弛公事？"[①]此外，清廷有规定，各编修馆的翻译、誊录人员必须经过简派的大臣考试选取送馆。但是，编修官数量众多、人员庞杂，中间多有因关系先入馆，再配职的滥竽充数者。高宗也下令，严查核实，并对除律吕正义馆、藏经馆和文颖馆之外的馆中大小官员，规定每日工作量，必须按时完成。

在整顿积弊过程中，高宗也很爱惜人才，对才华横溢者尤其优待，即使是犯了错误的官员，也因才而定责罚。如果真有才能，则从宽处理。例如，乾隆元年（1736），高宗下诏令群臣谏言，官员蒋炳进言称武英殿效力行走张照等人，明知其行为恶劣，触犯国法，就不应该再授予高官。高宗则称"此从古帝王罪疑惟轻、爱惜人材之意、朕亦或仿而行之，若事关名节，大玷官箴者，朕断不轻贷也"。学者戴震，字东原，休宁人，乾隆二十七年乡试举人，学问精深，与乾隆年间著名的学者纪昀、朱筠、钱大昕等交往密切，但会试屡试不第。高宗闻其声名，命其与会试中试者同赴殿试，特赐进士，后在四库馆充纂修，悉心编纂。戴震于乾隆四十二年去世。一日，高宗读他所校的《水经注》，便向南书房诸臣询问，才知道斯人已故，高宗"惋惜久之"。以上两例，足见高宗惜才。高宗汇集各行精英，保证了所修书籍能够代表当时的最高水平。

从客观因素来看，经济的繁荣是促成高宗修书创举的根本原因。如前所述，从圣祖在成功平定三藩之乱后，社会逐渐稳定，圣祖也采取停止圈

① 《清高宗实录》卷6，雍正十三年十一月庚戌。

地、更名田、鼓励垦荒、改革赋税等各种措施，促进了农业的恢复。世宗进一步鼓励农桑，实行摊丁入亩，解放了农民对封建国家的人身依附，不仅促进了农业的发展，也促进了手工业和商业的繁荣。高宗励精图治，鼓励农业生产，兴修水利，社会经济高度发展，国库储备雄厚。高宗曾于乾隆十年（1745）、三十五年、四十三年、五十五年四次下达谕旨，普免全国一年钱粮，其累计达一亿两千万两白银。而且还三次全免南方漕粮一千万石左右，国库存银最高达八千万两[①]，足见清廷经济实力。乾隆时期，山西票号、两淮盐商、广东的行商等资产都达到了数十万至数百万，商业的繁荣与社会财富的雄厚可见一斑，经济的强盛无疑为修书工程提供了坚实的物质基础和前提条件。

此外，丰厚的文化积累是盛世修书的资料来源。中华文化从秦汉以来，经过千年的传承与发展，到清代已有深厚的积淀。高宗亦感叹："今内府藏书插架，不为不富。"高宗又加大力度地从全国征书、征古器物，源源不断的藏书古物汇入清廷，为官修书籍提供了资料。在修《四库全书》时，据记载，至乾隆二十九年，仅浙江一省所献的书就多达四千八百余部，总数不下一万余种。编著"西清四鉴"时，清廷从民间征收的古器物近两千件。修书与文化教育事业直接相关，清入关后，仍沿用明朝科举制度选拔人才，主要以院试、乡试、会试、殿试四种形式，但是清代的科举考试更加严格，康熙时期又增加了复试，进一步提高了选拔人才的标准。此外，清历代统治者都特别重视对汉学的学习。尤其程朱理学，受到统治者的大力提倡，清廷集中了一大批理学家投入编书的队伍。

天时、地利、人和，在乾隆时期兼备，促成了盛世修书百余种的创举，不仅展示了清"康乾盛世"的恢宏气势，更加丰富了盛世文化的内涵。修书

① 李治亭：《清康乾盛世》，第8页。

对我国古代传统文化的保存与传承的意义是不言而喻的。这些书籍就如同酒窖里的美酒，愈久愈香，为后世了解本民族的历史提供了丰富的史料，其重大的学术意义无论如何赞美都不为过。在征书、修书的过程中，也出现了禁书、毁书的现象，给我国传统文化带来了无法挽回的损失，也给盛世修书的宏伟工程抹上了不光彩的一笔。但是，盛世修书功大于过，其积极意义是毋庸置疑的。

四库全书

清代经过世祖、圣祖、世宗三代的艰苦创业，到高宗统治时期，国家政权巩固、边疆统一、社会安定、经济繁荣，疆域也达到最广，是康乾盛世的顶峰。而乾隆朝中期，则是顶峰之“极盛”。盛世顶峰的主要标志之一，则是国家文化的辉煌。高宗执政60余年，曾多次亲自主持古籍的收集和整理工作，编纂出了许多大型的、具有重大意义的丛书，这是这一时期文化繁荣的标志之一。其中《四库全书》这部巨型丛书，更具有典型意义，它集中代表了乾隆朝中期文化发展的最高水平。

《四库全书》是在高宗的大力倡导和支持下，由清代大学者纪昀总纂完成的。其编纂始于乾隆三十七年（1772），成于乾隆五十八年。《四库全书》的“四库”指的是“四部”，即经部、史部、子部、集部，这是我国古代图书典籍的四大门类，也是《四库全书》编纂内容的分类标准。《四库全书》的最大特点在于“全”字，其内容分经、史、子、集四部，而每一部又下辖众多子目，很多子目下又设有分子目。全书共有3500余部、71万卷有余，从先秦至乾隆时期历代的重要典籍无不收录在内，其内容之“全”，可见一斑。乾隆四十六年（1781）年底，《四库全书》第一部完成，贮于文渊阁。乾隆四十七年十一月和乾隆四十八年冬、十一月，其他三部陆续完成。如此皇皇巨著，为方便查阅，纪昀等又主编了《四库全书总目提要》一书，共200卷。首卷附有高宗从乾隆三十七年至此书完工间的所有上谕、表文，以及修纂《四库全书》的职名和凡例。卷一至卷二百，按四部顺序以提纲形式介绍了每一本书的渊源、版本和内容。书后有阮元（阮元是清代乾嘉年间著名的学者、藏书家、目录学家、刊刻家，编纂《四库全书》的重要纂修官。）附记以及《四库全书》中毁书和未录之书附录两篇。此书于乾隆五十八年冬刊出，是清朝留给后世的一部重要的目录学著作。

《四库全书》编纂工程的是乾隆朝中期有利的客观环境和高宗以文治国方针相结合的必然产物。乾隆朝中期国富兵强，国家统一、社会安定，内府藏书极为丰富，这为文化的发展繁荣提供了良好的前提条件。加之高宗精通儒学，坚持儒家以文治国的方针，积极主持文化建设。高宗对传统古籍中所蕴含的治国安邦之道早有清醒的认识，因而在继位初即谕令搜访中外遗书，并命儒臣校勘《十三经》《二十一史》，又开馆编修《纲目三编》《通鉴辑览》等诸书。大学问家朱筠，字竹君，顺天大兴人，是乾隆十九年进士。朱筠博闻强识，尤其精通经学，他积极响应高宗号召，虔心搜访典籍以进献，在其整理《永乐大典》（明成祖命解缙等于永乐年间编修的一部大型官方类书）一书时，发现其卷帙浩瀚，其中包括一些已经不存于世的古籍，这些古籍对后世极为重要，但内容多残缺不全，编写体例以四省韵字为分类标准，使得全文支离破碎，不能贯通。于是朱筠上奏高宗，奏请拣员进行校勘。高宗本人也经常翻阅古书，曾指出康熙年间编修的《古今图书集成》一书“因类取材，不能悉载原文，使阅者沿流溯源”。因此对这件事极为重视，选派军机大臣等为总裁，对原书进行整理考注。他指出：“第念读书固在得其要领，而多识前言往行，以畜其德，惟搜罗益广，则研讨愈精……今内府藏书插架，不为不富，然古今来著作之手，无虑数千百家，或逸在名山，未登柱史，正宜及时采集，汇送京师，以彰千古右文之盛。”可见，高宗部署这项工作也是经过深思熟虑的。这便是《四库全书》编写的缘由。

高宗和纪昀，一个是《四库全书》工程的总倡导者，一个是总纂官。对该书的编纂功不可没。《四库全书》编纂工程繁重，编纂机构庞大，编修的人员众多，皇子、大臣、士子、学者，都是由高宗一一精心挑选的精英。从资料的征集、目录的选定，到缮稿的校订，再到刊刻的取材样式，高宗都是亲自参与裁定，可谓一身多职，劳心至极！他曾多次检阅抄录书本，每每查出舛漏之处，都会对臣子进行一番指正与教导。一次，高宗在批阅书稿时，发现其中《康熙皇帝仁皇帝御制集》诗内桃花的“桃”字，误写成“梅”字，未经校出。高宗由此责问总裁：每日到馆，竟视而不见。并对相关人员给予惩罚。可见，高宗特别重视书的质量问题。《四库全书》总纂官翰林院编修纪昀，字晓岚，直隶献县人，乾隆十九年（1754）进士。学识渊博，精通儒学，在编纂该书过程中多次得到高宗的赏识，对该书的编纂起到了重大作用。乾隆三十八年八月，高宗检阅书稿时见其题评、考订、分排都很有条理，便知是纪昀、陆锡熊所为，大为满意。《全书》编成后，进呈表，高宗曰：“表必出昀手！”其后纪昀又撰《四库全书总目提要》，堪称目录学经典之作。

《四库全书》的编纂过程分为征集资料、编排目录、缮写绘图、校订、刊印五个步骤。乾隆三十七年正月初四日，高宗向全国颁发了搜集古今图书的谕旨，由此拉开了编纂《四库全书》的序幕。他在谕旨中向各直省臣工详细确定了搜集内容和方法。按当时的标准，有价值而值得搜集的书有这样三类：一是阐明性学治法，关系世道人心的书籍；二是发挥传注，考核典章，旁暨九流百家之言，有裨实用的书籍；三是历代名人的诗文专集及沉潜经史，如顾栋高、陈祖范、任启运、沈德潜等人的著述。各地坊肆出售的举业时文，民间的族谱、尺牍、屏障、寿言，以及琐碎无益的酬唱诗文，均不在搜集的范围之内。

搜集的书有的从坊肆中购买，有的从私人手中征借。为节省此项工程的成本，高宗还令各直省督抚将搜集的书开列目录，注明作者、时代以及主要内容，然后用奏折上报朝廷，经廷臣筛选后，有价值的书方能最后进呈皇帝御览。高宗特派遣军机大臣为总裁官，并在翰林内选定人员，专司查校。乾隆三十八年（1773）二月十一日，高宗谕："朕意从来四库书目，以经史子集为纲领，裒辑分储，实古今不易之法。"①以这种体例指导纂辑古今书籍，高宗便将这套丛书命名为《四库全书》。

《四库全书》的参考书来源主要有两类：一是清内府藏书，如由《永乐大典》整理而出、由武英殿官刻及收藏的书；一是各省搜集进呈的诸书。在征书谕旨下达的一年多时间里，从官员到私人均顾虑重重。一方面，害怕因呈送京师的书内有违碍字句或者悖逆文字而获罪；另一方面，害怕私藏的珍贵书籍充公不复还。许多人持观望态度，征书数量并不多。这种情况自然影响到了《四库全书》的编纂。为了打消这些疑虑，鼓励献书，高宗多次下谕旨表示文人著书立说，各抒所长，道听途说，记载失实都是难免的事，官员大可放手去做，不必过于畏首畏尾。他又说："朕办事光明正大，可以共信于天下，岂有下诏访求遗籍，顾于书中寻摘瑕疵，罪及收藏之人乎！"②并对各省督抚中献书不力者多次予以训诫。

高宗特别重视对江南地区的征书，多次在谕旨中指出江南的藏书卷帙浩繁，应重点搜求。他谕令两江总督高晋、江苏巡抚萨载、浙江巡抚三宝三大满洲官员重点向江南书商咨询搜求，而淮阳商人的家藏也不容小觑。高宗

① 《清高宗实录》卷926，乾隆三十八年二月庚午。

② 《清高宗实录》卷929，乾隆三十八年三月丁巳。

在查阅扬州商人马裕家献书单后，认为其献书多为近代人的诗文集，无古书善本，一定是心有顾虑，未全力响应，特令地方官员留意访求。对献书极多者，高宗奖励有加。浙江范懋柱家献书极多，高宗即下旨赏《古今图书集成》，并赐诗题字，为献书树立榜样。

高宗之所以如此重视江南地区，一是客观上江南地区多文人墨客，名家辈出，加上江南物资富饶，商贾云集，典籍藏书丰厚。二是江浙地区自古富庶，并在地方政治与文化上对中央政权造成了强大的离心力。对于满洲统治者而言，一个颇为头疼的问题便是：如何统治江南上层人士？所以高宗用心良苦，借此征书之际，对江南社会文化做了一次大清理。

至乾隆三十九年（1774）八月，各地进呈的书已达10000余种，声势浩大的征书活动，使得大量珍贵的典籍被编入《四库全书》得以保留，这对传承中华民族的传统文化有着重大意义。但却引起了高宗的怀疑，如此多的书中，竟没有官员反映有“问题”书籍，所谓“问题”书籍，即指有反清言论的书籍。他说：“乃各省进到书籍，不下万余种，并不见奏及稍有忌讳之书，岂有裒集如许遗书，竟无一违碍字迹之理。”为此，高宗一反此前的承诺，下令：“明季末，造野史者甚多，其间毁誉任意，传闻异词必有诋触本朝之语，正当及此一番查办，尽行销毁，杜遏邪言，以正人心而厚风俗。”由此，书籍搜集又有了打击反清言论的政治导向，后期官员销毁书籍的范围不断扩大，大量书籍被付之一炬，众多文人义士也受到牵连打击，给《四库全书》的编纂带来了不可挽回的损失。高宗也意识到了这种做法的破坏性，于四十一年十二月，提出了对所查“禁书”处理的几个标准。

第一类，是变节苟活或遁迹滞流的。如钱谦益、屈大均等人。钱谦益（1582—1664），江苏常熟人，明万历三十八年（1610）进士，官至礼部侍郎。钱谦益在明末的政治、文化界都是具有影响力的人物，然而在气节方面却多被人诟病。清军南下之际，他准备仿效屈原投水尽忠，却又嫌水凉。顺治二年五月，清军兵临城下，钱谦益又自称头皮痒，剃发后降清。屈大均（1630—1696），广东番禺县人，顺治七年（1650），清兵围困广州，为避战祸，屈大均在番禺海云寺削发为僧。其所居处虽名为“死庵”，心中却怀有反清思想，曾与台湾郑氏集团有所联系，还参加过吴三桂叛清的活动。后见复国无望，便隐居不出。著有《屈翁山诗集》《九歌草堂集》《寅卯军中集》《永历遗臣录》《岭南诗略》等。在高宗看来，这类人均不能死节，苟且偷生，下令毁弃其书，来励臣节，正人心。

第二类，是以刘宗周、黄道周为代表的尽忠殉国者。刘宗周（1578—1645），浙江山阴县人，为明万历二十九年（1601）进士，曾出任礼部主事、右通政等官。屡因进言弹劾权臣魏忠贤等人而被削职。清军攻克杭州城后，绝食23天而卒。著有《刘蕺山集》《周易古文钞》《论语学案》《圣学宗要》等。黄道周（1585—1646），福建漳浦县人，明天启二年（1622）进士，官至礼部尚书，以直言敢谏闻名。崇祯时，因支持钱龙锡，连奏三疏。被降三级调用，仍痛陈时弊，直到被革除官职，获罪入狱。顺治三年正月，黄道周在与清军交战中被俘，拒不变节，终被斩于军前。著有《儒行集传》《石斋集》《易象正义》《春秋揆》《孝经集传》等。这些立朝守正、风节凛然、以身殉国的一代完人是高宗所赞许的。

第三类，是以熊廷弼、王允成、叶向高为代表的识务直言的抗争者。熊廷弼（1569—1625），湖广省江夏县人，万历二十六年进士，曾出任辽东经略抗击清军，为明末“辽东三杰”之一。熊廷弼文武兼备，“所上封事，语多剀切，乃为朝议所挠”，最后竟被冤杀于狱中。高宗对熊廷弼的奏疏赞赏有加，当读到“洒一腔之血于朝廷，付七尺之躯于边塞”的语句时，竟感动得要掉下眼泪。王允成、叶向高均以直言骨鲠闻名，屡次具疏弹劾权奸，指陈利弊。

对于后两类明臣，高宗认为他们的气节值得推崇，他们在乱世中的著述也极具借鉴价值，不必一概焚毁。以此类推，明朝直臣所著之书，均照此例办理。高宗对于抗清忠臣的肯定，表明他对儒家忠君观念的倡导。不久，高宗谕令国史馆撰修《贰臣传》《逆臣传》，都是这种统治观念的延续。

高宗的分类标准决定了明人的典籍一般会有两种命运：一类是直接销毁，如钱谦益、金堡、屈大均及和他们有关系的著述；一类是删改后保留，以发挥其政治功效。随着禁书范围的扩大，四库馆对书籍的删改甚至追溯到了宋代典籍。《全书》纂修期间，销毁书籍的总数应该有十万部左右[①]。

《四库全书》是高宗集全国的精英人才，经系统全面地收集整理我国古代文化典籍而编成的一部盛世巨著，是对中国古代典籍进行全面整理和考注的集大成之作。《四库全书》的编纂，从乾隆三十七年（1772）征书，到乾隆四十九年四部《四库全书》告成，再到乾隆五十八年《四库全书总目》刊出，历时20余年。其荟萃古今书籍，修纂规模之大，内容之丰富前所未有，展现了清代大一统的恢宏气象，代表着清代文化发展的最高水平。正如《国朝畿辅诗传》所说，“文治之极隆，而儒生之殊荣”。它是我国历史上最大的一部丛书，书中收录了自先秦以来至清初的大量珍贵典籍，对于我国传统文化的保存和传承有着不可估量的价值和意义。

此外《四库全书》的编纂对古籍的整理和考证以及图书馆档案学、目录学等学科都产生了重要影响。《四库全书》共7部，4部正本分别存于北京皇宫中的文渊阁、圆明园文源阁、盛京故宫文溯阁、热河避暑山庄文津阁，3部缮写本存于扬州文汇阁、镇江文宗阁、杭州文澜阁。另其副本藏于北京翰林院。由于近代战争的破坏，存世最为完备的是原存于文津阁内的版本，现存于北京图书馆内。其中的许多珍贵文献资料记载全面，能够一一征其来处，

① 郭伯恭：《四库全书纂修考》。

是后世研究不可多得的史料。在肯定《四库全书》的重大意义的同时，其编纂过程中出现的破坏中国古代典籍的现象，也必须予以承认，以期总结其经验教训，更好地传承我国的传统文化。

大清一统志

《大清一统志》，是清朝官修的地理总志。是清朝历代一统志的集大成之作。从康熙二十五年（1686）至道光二十二年（1842），前后编辑过3部，即康熙《大清一统志》、乾隆《大清一统志》和嘉庆《重修一统志》。其内容丰富完善，不仅在我国地理著作中占重要地位，有着巨大的学术价值，在世界历史地理著作中也占有一席之地。

顺治十八年（1661），清廷命令河南巡抚贾汉复督修方志，开清修方志的先河。康熙十一年保和殿大学士卫周祚上疏奏请编修各省方志，详述各省地理位置、建置沿革、山川、形势、人口、风俗、地亩、钱粮等，命名为《通志》，以彰显兴隆盛世。十二年十二月，吴三桂等不满中央削藩，起兵反抗，纂修《大清一统志》事暂被搁置。在平定三藩之乱，击败沙皇俄国侵略后，国内局势相对稳定。二十五年，圣祖皇帝下令仿《明一统志》体例，设馆编纂《大清一统志》，由陈廷敬、徐乾学主持，后参加的学者有顾祖禹、阎若璩、黄仪、胡渭、齐召南等人。此项工程浩大，需绘制各省地图，搜集各省资料，花费时间较长，同时人事又有很多周折，断断续续，久而未成。康熙三十八年编修总裁韩菼去世，《大清一统志》的编修工作又再次被搁置。

世宗继位后，继续编修《大清一统志》。雍正三年（1725），蓝鼎元奉派校书内廷，分修《大清一统志》，六年命各省督抚重新修纂所属各省通志，规定以后每隔60年修一次方志。后方苞任《大清一统志》总裁，提出“行查事项”14条作为各省遵循的标准。至乾隆五年（1740）十一月，《大清一统志》342卷初稿告成，九年刻印成书，编排次序为：首京师，次直隶、盛京、江苏、安徽、山西、山东、河南、陕西、甘肃、浙江、江西、湖北、湖南、四川、福建、广东、广西、云南、贵州，外藩及朝贡诸国附录于后。其内容宏大，每省立统部，配以图表，首分野，建置沿革、形势、职官、户口、田赋、名宦。省以下各府先是冠以图、表，下列：分野、建置沿革、形势、风俗、城池、学校、户口、田赋、山川、古迹、关隘、津梁、堤堰、陵墓、寺观、名宦、人物、流寓、列女、仙释、土产21门。因其编修始于圣祖年间，被称为康熙《大清一统志》。

乾隆《大清一统志》是在康熙《大清一统志》基础上重修而成的。从乾隆二十九年至四十九年，历时20年完成。全书共500卷，排次、体例与康熙《大清一统志》相同，增加了新疆地区和各省添设裁并府厅州县等的内容，因其在乾隆时期编修完成，称乾隆《大清一统志》。

早在雍正时，世宗便下令地方志60年一修，那么从乾隆八年新修一统志完成到二十九年完成，仅用了21年时间，高宗为何违反其父规定，执意重修一统志呢？这是由乾隆朝中期的政治形势和疆域版图的变化决定的。乾隆十四年解决了西南大小金川叛乱，十五年，西藏郡王叛乱，清朝中央政府复派驻藏办事大臣和帮办大臣，分驻前藏和后藏，统领西藏事务。二十二年，平定了准噶尔部阿睦尔撒纳的叛乱，其附属唐古乌梁海地区也稳定下来，归入中国版图。乾隆二十四年，清廷平定了新疆大小和卓叛乱，巩固了中央对南疆的统治。对边疆的战争先后告捷，全国形势转向稳定。尤其是确定了对新疆地区的统治，高宗立即派御史大臣曹学闵纂修《西域图志》，另命钦天监大臣前往测量各部经纬度，增入舆图。新疆叛乱的平定使得清廷的版图扩大了两万多里。与此同时，内地各省府厅州县和东北内外蒙古地区的政区、赋税、人口、交通等又有新的变化，因此原来的《大清一统志》已经不适应当时的需要了。

乾隆二十九年，曹学闵上奏条陈时况，请求将西域新疆增入一统志，获得高宗的准许。高宗认为新修一统志至今已20余年，郡邑增汰沿革，理应一一汇订。并且其中记载体例、征引详略，也多有不协调之处。援亲藩而淆地籍的纰漏之处，严重者如：诸王事迹理应载入《八旗通志》，不能与隶籍京圻之官员相混同，而顺天人物门内，竟将国朝诸王载入。新修一统志工程复杂，疏漏错误在所难免，急需校改，重新成书。于是在二十九年，高宗下令续修《大清一统志》，以反映变化的情况，满足当时的需要。

乾隆五年，《大清一统志》初稿告成时，高宗倍加重视关切，所有稿件必亲自过目，认真审核。后又专门设方略馆，记录其统一经过。高宗的军事行动完成了自清入关以来统一全国的夙愿，因此，重修一统志正中高宗下怀。

高宗为避免前朝修志耗时耗力，主张在已成之书的基础上酌加厘核，以《西域图志》及《同文志》诸书为蓝本，厘定纂辑，待纂出稿本，再照《续文献通考》例，随缮随进，亲自裁定。《大清一统志》由方略馆承办，方略馆是清代编纂方略等官修书的机构，隶属于军机处，设于紫禁城内隆宗门之外，不设总裁，以军机大臣兼任。编纂工程首先要绘制青海、西藏、新疆地区精确的地图、编写《西域图志》等关于边区的书，并动员各省官员收集、整理、上交有关《大清一统志》所需的资料等。后期以文华殿大学士和珅主持纂修，总纂官有纪昀、陆锡熊、孙士毅，总校官陆费墀等。

乾隆朝《大清一统志》编修工程也颇为复杂浩大，从乾隆二十九年至乾隆四十九年，历时20年方才完成。乾隆五十四年（1789），正式进呈，与前版相比较，内容又有更新，尤其将西域新疆地区写进志书中，比前者进步，价值也比前者大。但此版编纂成书速度较快，这与高宗办事崇尚迅速的性格倒是有几分相符，如此仓促成书，其间疏漏、错误不难想象。

嘉庆十六年（1811），仁宗继承其父辈传统，又鉴于国内变化的环境所致，下旨重修《大清一统志》。《嘉庆重修一统志》是在立足于前两志基础上，集结最大的财力、人力、物力编纂而成。此次收集的图书与前两志相比，涉及边疆情况多，并有新增加，如《日下旧闻考》《热河志》《盛京通志》《平定准噶尔方略》《西域同文志》《西域图志》《平定金川方略》《天下舆地全图》等。

清『三通』

清“三通”指的是《皇朝文献通考》《皇朝通典》和《皇朝通志》三部清代官修政书（也可叫作史书）。所谓政书，主要是记载典章制度沿革变化及政治、经济、文化发展状况的专书。清“三通”的叙事止于乾隆五十年（1785），材料多来源于当时文献，对清史研究非常有价值。清“三通”的编修体例大体沿袭马端临的《文献通考》，杜佑的《通典》及郑樵的《通志》。

《皇朝文献通考》

即《钦定皇朝文献通考》，清亡后改称《清文献通考》。早在乾隆十二年，高宗曾下谕旨以内府所藏《文献通考》善本为基础，重新编辑《续文献通考》。在敕命重编《续文献通考》的上谕中，高宗阐明了重编理由与条件。高宗认为马氏《文献通考》一书，自上古迄唐宋，综贯历代典章制度，是博闻强识之士用以考证的资料，但其中讹缺漫漶较多，并且在当今学者中流传渐少。明代王圻加入了辽、金、元、明等朝事迹作《文献通考续编》，但其内容烦冗而缺少要点，不能与前三通相提并论，况且又已经过了160余年。加上当时十三经、二十二史等史料十分完备，所以有条件重新编辑。《皇朝文献通考》的编修工程由清三通馆承担，大学士张廷玉和尚书梁诗正、汪由郭主持。体例同《续文献通考》。编纂工作始于乾隆二十六年（1761），至乾隆五十二年（1787）完成，历时26年，内容记述了清初至乾隆五十一年间的典章制度，并对其进行了解释和考证。在对前书考证检核的基础上，又增添了宋朝嘉定以后，清朝乾隆十年以前的历朝典章制度，全书300卷，共分二十六考。这二十六考分别是：《田赋考》12卷，《钱币考》6卷，《户口考》2卷，《职役考》5卷，《征榷考》6卷，《市籴考》6卷，《土贡考》1卷，《国用考》8卷，《选举考》16卷，《学校考》14卷，《职官考》14卷，《郊社考》14卷，《群祀考》2卷，《宗庙考》12卷，《群庙考》6卷，《王礼考》30卷，《乐考》24卷，《兵考》16卷，《刑考》16卷，《经籍考》28卷，《帝系考》7卷，《封建考》10卷，《象纬考》12卷，《物异考》1卷，《舆地考》24卷，《四裔考》8卷。

与马氏《文献通考》相比，此次编纂在篇目上增加了两门，即《群庙考》和《群祀考》。不仅如此，其他子目也有所损益，如《市籴考》删除了“均输”“和买”及“和籴”篇，《选举考》删除了“童子科”，《兵考》删除了“车战”，《物异考》删除了“洪范五行”，之所以删除，是因为清代典制中没有这些内容；《象纬考》增加了“推步”，《田赋考》增加了“八旗田制”，《钱币考》增加了“银色”“银直”及“回部普儿”，《户口考》增加了“八旗壮丁”，《土贡考》增加了“外藩”，《学校考》增加了“八旗官学”，《宗庙考》增加了“崇奉圣容之礼”，《封建考》增加了“蒙古王公”。

《皇朝通典》

即《钦定皇朝通典》，清亡后改称《清通典》。乾隆二十二年（1757），按《续文献通考》的编写凡例，又根据内府藏《通典》善本，组织编写《续通典》150卷，内容上将唐至德元年（756）至明崇祯末年（1644）间的典章制度收录其中，编写格式仍依杜佑的《通典》。《皇朝通典》于乾隆三十二年开始编修，至乾隆五十二年完成，历时20年。内容汇总了从清代开国至乾隆朝中期约170年间的社会典章制度，反映了这一时期的各种历史变化。其编修目的正如总目中所指出："用以昭示万年。"全书100卷，共分九典，这九典分别是：《食货典》17卷，《选举典》5卷，《职官典》18卷，《礼典》22卷，《乐典》5卷，《兵典》12卷，《刑典》10卷，《州郡典》7卷，《边防典》4卷。

《皇朝通典》与杜氏《通典》相比，除了将《兵刑典》一分为二外，在具体的内容上也根据古今制度进行了增删调整。如《食货典》中的"榷酤""算缗"子目，《礼典》中的"封禅"子目，因不合时宜而被删去。此次编纂工作以《大清会典》及《则例》为总纲领性文献，以《大清一统志》为断界标准，结合《八旗》及《六部则例》确定条目。

《皇朝通典》的参考文献非常丰富。地理方面有《皇舆表》《大清一统志》《钦定日下旧闻考》《盛京通志》《热河志》《满洲源流考》《皇舆西域图志》；礼乐方面有《大清通礼》《皇朝礼器图式》《律吕正义》《律吕正义后编》；刑兵方面有《大清律例》《中枢政考》等。高宗自信地称：《皇朝通典》可与《官》《礼》相媲美。

《皇朝通志》

即《钦定皇朝通志》，清亡后改称《清通志》。内容记述了从清初至乾隆五十年的典章制度，大体与《皇朝通典》相同，于乾隆三十二年（1767）开始编修，完成于乾隆五十二年（1787）。全书126卷，共分十九略，这十九略分别是：《氏族略》10卷，《六书略》3卷，《七音略》4卷，《天文略》6卷，《地理略》8卷，《都邑略》4卷，《礼略》12卷，《谥法略》8卷，《器服略》6卷，《乐略》2卷，《职官略》8卷，《选举略》3卷，《刑法略》6卷，《食货略》16卷，《艺文略》8卷，《校雠略》8卷，《图谱略》2卷，《金石略》7卷，《灾祥略》3卷，《昆虫草木略》2卷。

与《皇朝文献通考》《皇朝通典》一样，《皇朝通志》的编写根据清代内府及武英殿藏官方资料为准，对来源于民间、私人资料的内容以及不合时宜的篇章都做了相应的调整和增减。

负责编修清“三通”的最高指挥者，除了皇帝，叫作“总裁”，主要编修总裁有嵇璜、刘墉、王杰、曹文埴等。这些编纂总裁大多是翰林院修撰、侍讲、编修、庶吉士等中央机关的专门人才。高宗对清“三通”的编纂极为重视，累下谕旨命廷臣商议编纂事宜，并于乾隆三十二年命新设三通馆专门负责编纂工作。从编修总裁、纂修官、提调官、将掌官、供事、匠役等人员的选拔，到编纂原则、资料来源、纸张、费用，再到录稿审阅，事无巨细，都由高宗自己一一考核任命。他规定编纂官要速缮呈览，对所进录本，字句差讹处、文义错谬处均一一详细审阅、批改，有应增改处均逐一指示后再发交各馆参考订正。高宗在审阅重修的《文献通考》中的《职官考》时，发现有一二条沿袭旧文，与今官制不协调，于是立即发回，令相关人员修改。在审阅《舆地考》录本时，发现所载“南海子”一条中，纂修官将南海子附近的万泉寺误写为与南海子无关联的万泉庄，他立即责问："此系目前易考之地，何以不加详核，疏略若此！"高宗几次在谕旨中要求总裁务必博稽前典，参酌时宜，以纪实无讹为要点，细心办事，勿得聒噪应付。他说："自当悉心搜考，无漏无讹，以期完善"，"不一而足，诸编纂者，亦当知愧改过，实心校录矣"。

清"三通"得以编纂成功，在客观上来看，是由乾隆朝中期繁荣的社会经济、较为安定的社会环境决定的，经济的发展刺激了学术文化的繁荣，人才辈出，文化典籍积累丰厚。此外，国家统一、各民族间的相互融合也为文化事业的繁荣奠定了基础。主观上来看，高宗个人的推动作用尤其强大。高宗精通汉学，对历代重视撰书修籍以宣扬国威、传承道统的做法了如指掌，所以高宗尤其重视记录自己的点滴活动。到了其执政中期，天时、地利、人和，清王朝达到"极盛"，高宗更要记录此盛况，以期将大清王朝的鼎盛之状传承万世。

高宗敕命编修的清"三通"有两个特点。第一，宣传正统。即处处体现一个"官"字，从其对史料的删减厘定就可见一斑。第二，写实。清"三通"的编修格式大体沿袭马端临的《文献通考》、杜佑的《通典》及郑樵的《通志》，但并不是完全照搬，其内容还是比较注重实际的，并体现了时代性。例如，书中删除了一些因时代变化而失去现实意义的内容。以《清朝文献通考》中的《兵考》为例，书中就删去了关于古代车战的内容，编修者认为古代的车战已经不再适应时代的要求了。再比如，书中记叙了"盛世滋丁，永不加赋"这一政策的颁布背景及实施情况，也使后世对此政策的来龙去脉有了一个比较明确的了解。

清"三通"的最大缺点就是重复率太高。之所以重复太多，第一，可能是三部书基本上是由原班人马撰写的，尽管每部书都各有侧重，名称亦不一样，但内容上的确是重复的地方太多。第二，有些臣工为了迎合高宗求快的愿望，以致多有疏忽。

尽管有着各种不足，但是这并不能掩盖清“三通”编纂的伟大功绩和重大意义。清“三通”是清代官修史书，是清廷在最大限度地征集人力、物力、财力的基础上编写而成的，它对以往的记载进行了考证、检核，根据形势的变化，适时记录了当时的情况。编写则例亦有所扬弃，奠定了后世典制体书籍编写的基础。同时，三部书有丰富的可靠史料作为编写基础。清“三通”内容宏大，贯穿清前期的各项典章制度，为清代历史，尤其是清代政治、经济生活史的研究提供了珍贵的原始资料。

钦定八旗通志

八旗是清王朝立国的一项根本性制度，从建国到亡国，八旗制度贯穿了清王朝的始终。所以，八旗制度史就是清史的基本内容之一。换言之，八旗历史就是清朝历史的真实写照和反映，因而，记录八旗历史本身就成为一件极为重要的事情。

清代有两部八旗通志，一是《八旗通志初集》，一是《钦定八旗通志》。

雍正五年（1727）十一月初八日，世宗给内阁下达敕谕修纂八旗志书，交代其修八旗志书的原因与撰写内容。首先中原汉史历来有修志书、考究各地风俗教化的传统；其次当今各省均有志书，唯独八旗没有志书；再次，清建制至今，满洲、蒙古、汉军都隶属八旗，八旗组织规模宏大，每旗内部从上到下，尊卑有序，井然有秩，史无前例；最后，八旗内建功立业的名人、忠臣、孝子、节妇数不胜数。基于以上考虑，世宗感慨："若不为之采摭荟萃，何以昭示无穷？"之后他又表示："监成宪，则思所以遵守而修明之；览风俗，则思董劝而振作之；笃宗盟，则思推一本以睦之。"即鼓励八旗子弟勤奋振作，牢记往日良好风尚。自谕旨发出后，世宗又多次下旨命各旗旗主选送编选人员。

雍正六年，正式开始编纂，雍正十一年，命大学士鄂尔泰为四朝国史八旗志书馆总裁官总理修志一事。至乾隆三年（1738），初稿完成；乾隆四年，满汉文版陆续刊出，高宗御制序文颁布发行。

《八旗通志初集》从开始修撰到刊刻历时11年之久，共254卷，目录2卷，凡例及纂修职名1卷。《八旗通志初集》以八旗兵制为经，以八旗法令、职官、人物为纬，分卷首、志、表、传4个部分。

高宗是一位乐于接受外来事物的君主，精通汉学，崇尚儒家以文治国的理念，尤为重视史书等文化典籍的修纂与传承，每每亲力亲为。缮本呈上后，他一定要亲自审阅检核才放心。乾隆三十年，高宗发出征书诏令，准备修纂《四库全书》。由此，《八旗通志初编》又经一翻校正，呈给高宗。经检阅，高宗有诸多不满。

乾隆五十一年四月，乾隆下谕旨重新修改八旗通志，从上谕中可以窥见其原因，一是《八旗通志初编》收录的只有雍正十三年的人事，其后50多年间的忠烈臣工、节妇，书中没有记载。二是《八旗通志初编》中有很多金、元等少数民族的人名、地名等没有标注，后人看不懂。重修八旗通志的工作从乾隆五十一年始，持续到嘉庆四年（1799），历时13年。因高宗亲自审阅，通称《钦定八旗通志》。

《钦定八旗通志》的构成：

目录2卷。

卷首《天章》6卷，记录的是圣祖、世宗、高宗三位皇帝的御制诗。

卷首7至卷首12为《敕谕》6卷，分别记录天命三年（1618）至顺治十二年（1655）、康熙九年（1670）至六十一年、雍正元年（1723）至五年、雍正六年至十三年、乾隆元年（1736）至二十年、乾隆二十一年至六十年4位皇帝的诏令。

志分《旗分志》31卷，主要记载满洲、蒙古、汉军八旗领主的发迹、八旗的方位户口等。《兵制志》10卷，除了甲兵、兵饷、军令、军器外，还主要记载八旗的禁卫、驻防、军制、教阅、恩恤、马政等内容。《职官志》12卷，主要记载八旗官制以及各部院官，又增加了“直省驻防官”和“边疆驻扎大臣”两篇。《氏族志》8卷，主要记载各旗姓氏来源及谱系。《土田志》16卷，主要记载八旗田土田规，又新添“肇基规制”“土地数目”“八旗给地数目”等篇。《典礼志》16卷，主要记载八旗婚、丧、军、祭祀等礼仪和典制。《学校志》8卷，主要记载八旗的官学、觉罗学、义学、总学、国子监等。《选举志》10卷，记载八旗各类各科考试类型、规则以及八旗翻译、科第。《营建志》8卷，记载了八旗城池营建及规则。《艺文志》1卷，按经、史、子、集四部分，以《四库全书》及通行的刊本和藏书目录校对，专门记录八旗经籍。《人物志》149卷，主要记录八旗宗室王公、名臣、勋臣、忠义、循吏、孝义、列女等。

表分《封爵表》8卷，主列宗室同姓以及异姓王的封爵者。《世职表》32卷，主要记载八旗子弟世袭官职且有建树者。《宗人府大臣年表》1卷。《内阁大臣年表》3卷，列崇德元年（1636）至乾隆六十年间的内阁大臣。《部院大臣年表》3卷，列崇德三年至乾隆六十年间的各部院大臣。《内大臣年表》3卷、《八旗都统年表》9卷、《直省大臣年表》10卷，皆列顺治元年至乾隆六十年间功名始终的大臣。最后为《八旗大臣提名》4卷。

与《初集》相比，《钦定八旗通志》在体例上略加调整。例如，将《初集》中的《选举表》以人物及第科目按旗编排，改为《选举志》，弥补了前者表格形式中以次列格参差不齐的欠缺。再如，《钦定八旗通志》将旗人按“功名始终”者、袭封世爵并“卓有树立”者、“世泽相承”但平庸无为者三等拣选，前者辑成《人物志》，中间一类选入《封爵志》《世职志》，第三类则删除。不再另写《人物传》，又增加了《氏族志》一篇。因此，《钦定八旗通志》只有卷首和志、表，无人物传，至嘉庆年间又将表加进志书中。

高宗极为重视《钦定八旗通志》的修纂，在选编修人员方面，先由总纂纪昀、陆锡熊拟定《添纂八旗通志凡例》，提出选择编纂人员和方法的意见。首要标准即精通满汉文之人，经高宗同意，再进行选派。据不完全统计，当时有170多人参加编修，其中重要人物有总纂纪昀、总裁铁保。

纪昀于乾隆五十六年（1791）充八旗通志管总裁，至花甲之年未离职，仍尽心收集四库遗书，仿《汉书·艺文志》体例编纂八旗志书。《钦定八旗通志》成书，纪昀功不可没。

铁保出身将门，但酷爱文学，留心文献，尤其精通书法，与成亲王、刘墉、翁方纲三人并称为清四大书家。乾隆五十八年，因纪昀年迈，乾隆调铁保为总裁，办理八旗通志事宜。铁保尽心收集整理满洲、蒙古、汉军诗钞，由于数量巨大，他只是将诗钞列成目录，编入《钦定八旗通志》。于是，他奏请另立数目整理、编辑诗钞内容，获准，于嘉庆九年（1804），辑成《熙朝雅颂集》134卷，详细记录了清初八旗满洲、蒙古、汉军各家之诗。

《钦定八旗通志》以《八旗通志初集》的资料为基础，对其进行勘正，重新整理编辑清代初期至乾隆六十年间，满洲、蒙古、汉军八旗的建制、政治、经济、文教、社会生活等的各个方面，是记录清代八旗制度最完备的官修专著，为清代八旗研究提供了珍贵的档案资料。其参考资料来源广泛，包括帝王实录、上谕、诰文、奏议、御制诗文、六科史书、大清会典、地方志书以及有关八旗事宜的调查来文、来册等，可以说是博采众长。该志书的体例完备，以编年的形式详细记载了人物、事件的各个阶段。八旗人物简选轻重得当，名臣、勋工、猛将、烈女无不收录在内，此书是研究八旗人事极为重要的史料。此外《钦定八旗通志》中还记录了很多少数民族的人名、官职、地名，并且对其中一部分做了注释，这些也为研究相关少数民族的语言、文化提供了珍贵的资料。

西清四鉴

高宗统治时期，社会文化空前发展，由他亲自主持修书百余种，将清代修书的文化实践活动推向了高潮。《四库全书》是这一活动最辉煌的成果。与此同时，在对古代典籍的校勘、考证、整理的过程中，又形成了一个新的学派——乾嘉考据学派。它崇尚对古代典籍的考据整理，树立了踏实严谨的治学之风，在此影响下，清代的金石学日臻成熟。金石学主要是以青铜器和石碑为载体，对上面的图文资料进行整理和考注，用以证经补史。乾隆时期是金石学的鼎盛时期，最具代表性的成就莫过于“西清四鉴”。

“西清四鉴”是在高宗的倡导和主持下，由清代著名学者梁诗正、彭元瑞、王杰等主纂的《西清古鉴》《西清续鉴甲编》《西清续鉴乙编》《宁寿鉴古》4部金石学著作的总称。因编纂工程在南书房中完成，又因南书房在乾清门西侧，被称为西清，于是被冠以“西清”二字。

“西清四鉴”最早应于乾隆十四年（1749）开始编修，到乾隆十六年定成初稿，至乾隆二十年由内府刊印，共40卷，收录商周至唐代铜器1529件，以商周彝器为多。书正文前刻有高宗谕旨、修纂该书职名、总目录。每卷先列器目，每器均精制一图，以楷书详细记载器物的尺寸、容量、重量。如器物上有铭文，则均钩摹注释，体例仿照《宣和博古图》《考古图》两图。内容上根据实物形制、经史记载和欧阳修、董逌、黄伯思、薛尚功等诸家之说，对两图加以订正，考订精审弥补了以前记载的不足。如，将周文王鼎铭之“鲁公”更正为“伯禽”；根据《书·文侯之命》，将周晋姜鼎铭之“文侯“断为“文侯虎”，纠正了《博古图》中记载的“文公重耳”，等等。可见，无论数量上还是质量上，都是前二书所无法比拟的，很多器物的记载都沿用至今。

继《古鉴》之后，梁诗正又将宁寿宫所藏器物整理、考注，编纂成书，以其资料的来源处命名为《宁寿鉴古》。《鉴古》一书共16卷，收录商周至唐代铜器701件。其体例仿照《古鉴》而编写，多是补充《古鉴》里未收录的器物。

修《四库全书》开展过征书活动，编“西清四鉴”时，高宗也同样向全国征收私藏古玩，大量私藏的文物不断汇集到皇宫中，于是四十六年，高宗又命王杰等人根据内府续得器物，仿照《古鉴》体例编写《西清续鉴》，被称为《西清续鉴甲编》《西清续鉴乙编》。两书均于乾隆五十八年成书。

《续鉴》的主纂王杰，字伟人，陕西韩城人，拔贡出身，早年丧父，家境贫寒，靠代人写信来赡养母亲，曾做过两江总督尹继善、江苏巡抚陈宏谋的幕僚，很受器重。乾隆二十六年中进士，殿试深受高宗喜爱，官至军机大臣、上书房总师傅、东阁大学士。王杰为人正直，经常反对权倾朝野、视财如命的和珅。据史载，一次，和绅握着王杰的手开玩笑说：“王大人的手如女子之手白嫩！”王杰则回答：“王杰手虽好，但不会要钱。”这让和珅很是难为情。

《西清续鉴甲编》共20卷，附录1卷。收录清宫续得的商周至唐代的铜器944件，并附收唐宋以后铜器和玺印等31件，共计975件。《西清续鉴乙编》

共20卷，收录盛京皇宫所藏商周至唐代的铜器900件。

高宗开展了四鉴的编纂，他在谕旨中交代了编纂的缘由：一是尊、彝、鼎、甗（古代盛酒、烹煮用的器物，多用于祭祀）等夏商周的青铜器物，质地坚硬厚重，历世恒远却保存完好，没有被剥蚀损坏，对于了解三代的恢宏气势意义重大；二是除了宋代的金石家王黼所著《宣和博古图》和吕大临所著《考古图》两书外，专门记载古物的书籍很少。而且这两部书多有遗漏和谬误；三是清王朝国力强盛，且国法家规都不禁止民间收玩古物，私藏必定丰富。宫中殿廷陈列及内府收藏可供取材之物也很丰富。以上三点道出了"西清四鉴"编纂的必要性和客观条件。此外，一个重要的原因也暗含其中，即高宗以文治国的战略措施。众所周知，青铜器物在我国古代，尤其是在夏商周三代有着重大的意义。它不仅代表着社会生产力的提高，也是权力至高无上的象征，正所谓一言九鼎。大型的青铜器多用于祭祀，经过历史的演变，青铜器承载着一种敬天、忠君、尊祖的礼文化。高宗对古代文物的重视，既满足了人们崇古的传统，又是其"兴礼教"加强文治的重要体现。于是，高宗于乾隆十四年十一月初七日颁布谕旨：命刑部尚书梁诗正、户部尚书蒋溥、工部尚书汪由敦率同内廷翰林诸士，仿照《博古图》《考古图》式样，以内府库藏古器物为准，重新考证编写。缮本完成后，也要经高宗亲自审阅，方能成书刊印。

高宗十分重视此次的文物收藏与整理活动，亲自拣选亲王、重臣进行监理和编纂。还经常去西清古鉴馆查看，提拔有才之人。故有"西清古鉴馆识杨瑞莲"的轶事。据载，杨瑞莲，常州人，善篆隶书在家乡，郁郁不得志，于是来到京城，投靠其亲戚梁诗正，梁诗正当时是刑部尚书兼翰林院掌院学士，主纂《西清古鉴》，他送杨瑞莲入西清古鉴馆中，充缮写官。一次遇乡试，馆中人多入围乡试，杨瑞莲担心内廷传写事件，没有参加，独留在馆里。午后，恰好高宗前去查看，杨瑞莲不知道来人就是当今皇帝，随便行礼就自顾自地干起活来。高宗和他交谈起来，知道了原委，又看了他写的东西，很是欣赏。第二天便对梁诗正说：你的亲戚很诚实，篆隶又好，不参加考试太可惜了，于是提拔杨瑞莲为举人。杨瑞莲又因修书有功，被选为湘潭县令。后有大吏劾杨瑞莲，高宗言："杨瑞莲诚实人，予所深知，所参不准。"驳回了原奏。故事真假有待考证，但多多少少能反映出高宗对编书人才的选拔与重视。

彭元瑞也以文学造诣被高宗重用。彭元瑞也是"西清四鉴"的主编之一，号芸楣，江西南昌人。乾隆二十二年进士，后改庶吉士，散馆授编修。历任侍讲、詹事府少詹事等职。高宗曾称其为"异想逸材"，命其参与《西清古鉴》《宁寿鉴古》两书的编纂，屡次嘉奖。此外，每部书的摹篆、绘图、缮书都由高宗亲选才华出众之人负责。

"西清四鉴"是中国古代记录青铜器书籍的集大成者，共收录了商周至唐的饪食器、酒器、水器、兵器等多种门类的青铜器物5000多件，集中代表了古代青铜器的精华。其内容丰富，因其数量巨大，在释文、考证方面存在一些错误，也是在所难免。总的来说，比较真实、准确地记载了各类器具的详情，生动地展现了我国古代的礼仪制度、经济发展水平和社会生活形态。在高宗主持修书的感染下，私人编著的金石学著作也如雨后春笋般发展起来，如《积古斋钟鼎彝器款识》《寰宇访碑记》《金石萃编》等。

四万首御制诗

清入关以来，满族文学在盛世奢华的大背景下极度繁荣。但时至今日，人们对中国古代文学的认知常常受到“汉赋、唐诗、宋词、元曲、明清小说”定位的影响，谈及清代文学，往往只浅尝辄止于耳熟《红楼梦》《聊斋志异》两部经典小说，仅此而已，对其他方面则不甚了解。其实在满族文学中，诗歌最早受到清初统治者的重视和推崇，在满族诗坛的璀璨星空中，最具特色的君主则非高宗莫属。

高宗才学过人，笃好风雅，一生喜好作诗文赋。高宗作诗有两大特色：一是汗牛充栋，数目惊人。其所作诗辑成《乾隆御制诗集》，收录其诗40000余首。御制诗，顾名思义是皇帝谱写的诗篇，可以说高宗是一位名副其实的多产诗帝。二是主张纪实，作品类型丰富。高宗继承了孔子“诗言志”的主张，作诗以写实为主，他常常用诗篇记载要闻大事，或用诗文阐明道理，他认为诗之美不在于华丽的辞藻，而在赋予内容褪尽浮华的质感。从类型上看，抒情、记事、写史、山水、古玩无所不包，反映了社会生活的各个方面。

高宗的御制诗，由蒋溥、于敏中、董浩、彭元瑞等先后纂辑成《乾隆御制诗集》，共5集，434卷。分别是：

《御制诗初集》44卷、目录4卷，卷前有乾隆十四年六月作的《御制初集诗小序》，序中阐明他对采用诗篇记事抒情的喜好，高宗还坦然承认其继位后，所录诗并非全为他本人所作，也有臣工代写。序末钤“乾”“隆”联珠印；太子少保尚书蒋溥上奏的《御制诗文集》纂辑完成的奏折。正文共录乾隆元年（1736）至十二年（1747）所作的4150余首诗；内容包罗万象，事无巨细，都能从其诗中找到梗概，可作为皇帝的起居注。卷末有张廷玉、蒋溥、梁诗正、汪由敦、刘统勋、钱陈群、嵇璜、观保、董邦达、金德瑛等作的跋。《御制诗二集》94卷、目录6卷，记录乾隆十三年至二十四年所作的8470余首诗。《御制诗三集》100卷、目录12卷，记录的是二十五年至三十六年所作的11620余首诗。《御制诗四集》100卷、目录12卷，共收录三十七年至四十八年所作的9700余首诗。《御制诗五集》100卷、目录12卷，收录四十九年至六十年所作的8700余首诗。

此外，高宗即位前于潜邸伏案创作的1030余首诗，主要记录了他阅读典籍时的心得体会，于乾隆二年辑为《乐善堂全集》，共40卷，后经他亲自删改，厘定为30卷。高宗成为太上皇期间，又作诗750余首，辑为《御制诗余集》20卷、目录2卷。

详尽统计高宗一生所赋诗篇之多，堪比康熙年间印刊的《全唐诗》中整个唐代2000多位诗人所作诗篇之总和。不说其诗质量如何，仅从数量来看，足见高宗爱诗、喜汉学之甚。

乾隆御制诗内容宽泛，丰富多彩，大到国计民生之政事，小到饮酒观月之情趣。如训政用人诗有《赐蒙古诸王公等宴》《阅高堰工有作》《福康安奏报攻克斗六门诗以志事》《和阗贼遁诗以志事》《哈什哈尔回众投诚诗以纪事》《祝青龙冈河神诗》；描写天时农事诗有《腊八日雪》《暴雨》《夜雨》《阴》《麦》《桃源耕者》《村行》；读书感怀诗如《读贞观政要》《秋日圆明园即景》《初晴晚照》《读项羽纪》《冬至斋居偶阅旧稿志怀》《独居》《览旧作至怀》；古玩鉴赏诗有《咏挂瓶》《戏题渔乐图》《题王原祁虞山秋色图》《咏盆中天竺子》《题王谔丰年凤庆图》；描写山川名胜诗有《登盘山口号》《少林寺作》《登吹台八韵》《珍珠泉》；庙坛祭祀诗有《皇考忌辰感成六韵》《丙辰十月十六日恭送皇考梓宫至泰陵奉安》《皇太后宴恭记》。此外还有与修史相关的诗，如《〈明史纲目〉书成有述》《汇辑四库全书联句》《天禄琳琅鉴藏，旧版书籍联句》等，数不胜数，仅从上述略举之例，就可窥之一隅，览其概貌。

高宗写诗带有很强的政治色彩，他自称“朕所作诗文，皆关政教，大而考镜得失，小而廑念民依”①，其中记录训政用人之诗和描写农桑耕种之诗居多。几乎所有重大政治事件都记录入诗。乾隆朝有“十全武功”之说，即多次重大军事活动的乾隆《御制诗文十全集》共54卷，其中有42卷就收录了有关这些重大军事活动的7542首诗。如七律诗《岳钟琪人觐诗以赐》：“剑佩归朝矍铄翁，番巢单骑志何雄！功志淮蔡无惭李，翼奋渑池不独冯。早建奇勋能鼓勇，重颁上爵特褒忠。西南保障资猷略，前席敷陈每日中。”此诗描写了岳钟琪平定大金川，进京受赏一事。平定准噶尔叛乱时，高宗诗曰：“西陲方荡平，卒未得休师。勤远非初意，三年乃逮兹。设能先执领，安用要移棋。事顺乏人干，乏人责在谁？”责问久战不胜的原因。《御午门受俘馘》《伊犁将军奏土尔扈特汗渥巴锡率全部归顺诗事》等，都是历史大事件的真实记录。

高宗时常走访民间、体察民情，记录其勤政爱民的诗颇多。乾隆七年，他赴东陵，途中遇一愁苦老人，探明缘由后便作《石门驿》一诗：“路旁一

① 郭伯恭：《四库全书纂修考》。

农夫，倚杖愁默默……租吏下乡来，款按宪赋额。吏去业主来，通欠坐求责。吾农三时劳，曾无一日适。我闻凄然悲，执政无良划。罔民焉可为，恒产究安则。翁其善保躯，展转增叹息。”此诗与杜甫的《石壕吏》有异曲同工之妙。这也说明高宗对于钱粮赋税的征收情况是有着深刻认识的，这些也直接促使高宗在历次东巡、南巡过程中，都或多或少地蠲免地方的钱粮，减轻了农民负担。

《割麦行》一诗："迤南割麦收逮齐，迤北割麦今姑兮。合家竟日咸毕力，尚有余粮连亩栖。腰镰手铚躯偻走，惫矣精神各抖擞。十年一遇可辞劳，遗秉滞穗由他取。前驱警跸无烦词， 赤子宁避其父过。为之望哉为之喜，范云萧缅安藉他。别有老农茆屋叹，不烦重问情自见。幸兹割麦逢饱秋，持鬻却苦价太贱！”作为一代帝王，高宗对农民的劳动过程观察之细致，不得不让人为之敬佩。高宗身为帝王，并非普通民众想象的，对农业生产毫无常识。从其诗句的字里行间，我们可以清晰地看到，高宗对于农作物的价格是有一定了解的，"持鬻却苦价太贱"一句就是高宗对"谷贱伤农"的认识，高宗有此判断，说明其具备两个基本常识，即谷物的价格和农民的基本生活花销，因此才能得出"价太贱"的观点，可见其亲民。

此外，高宗还经常以诗表达对臣子的赏罚，既联络了感情，又对其进行教导警诫。如高宗曾多次赐诗，奖励大学士张廷玉。当张廷玉犯事，高宗亦作诗警告。在籍翰林院侍讲刘起振年一百零三岁，自粤东来浙江迎驾。高宗赐自作诗章，并题匾以奖励。乾隆一朝，赐臣子之诗，虽不至于千古传诵至今，其数量之多，难以估测。除了高宗主动赐诗，臣僚亦知高宗有此嗜好，常奏请赐诗，高宗也毫不吝惜。

品诗、赋诗，高宗在闲暇时几乎倾注了全部的热情，他本人也称：

"几务之暇，无他可娱，往往作为诗古文赋。"[1]高宗作诗不拘韵律，灵活自由，常常能信手拈来，如其过蒙古部落时即兴作七律诗《过蒙古诸部落》："小儿五岁会骑驼，乳饼为粮乐则那。忽落轻莎翻得意，揶揄学父舞天魔。"再如《赐蒋溥巡抚湖南》《阅古北口将士较武》《题沈周春草秋花卷》《西巡回銮述事》等，可谓出口成诗，一气呵成："舟行十里诗八首，却未曾肖四刻时。"可见其作诗如水到渠成，快捷自如。高宗自己也以"拙速尤来我所能"评价自己作诗之速。如此速写，自然不能加以雕琢、推敲。何刚德的《春明梦录》中载，高宗南巡时，临幸白龙寺，恰好听见寺院内鸣钟，便诗兴大发，刚写"白龙寺里撞金钟"，纪昀便当面大笑，高宗很是不悦，责问："朕诗虽不佳，汝岂能当面大笑？"原来是古人早有"黄鹤楼中吹玉笛"，多年无人能对，纪昀认为高宗此句恰好可作对偶。还有一则逸事载道：高宗游赏西湖，适逢天降大雪，便吟道："一片一片又一片，三片四片五六片，七片八片九十片——"群臣纷纷赞赏，到最后一句时，高宗半天沉思不语，最后，其臣工兼诗友沈德潜联句"飞入梅花都不见"，获高宗赞赏，并赐貂裘。如此种种，其艺术造诣，可见一斑。

高宗文武双全，励精图治。一生文治武功，可谓一代明主。爱诗绝不只是出于个人兴趣，还有更深刻的文化内涵。在高宗的诗中也有很多是歌颂忠义之士的，如《读〈项羽纪〉》《祖逖墓》《题史可法像》《经岳武穆祠》等，可见高宗非常重视宣传"忠君"思想。同时，他也继承了先秦重视民生的传统："朕自惟即位四年以来，朝乾夕惕，无非以爱养民生为念，凡有利民之政，无不兴举，害民之事，靡不革除，痌瘝焦劳，惟恐一夫不获其所。"[2]他多次到民间寻访，留下了大量的民风诗。其朴素的诗风也多来源

① 郭伯恭：《四库全书纂修考》。

② 《清高宗实录》卷1301，乾隆五十三年三月辛巳。

于《诗经》。作为一位少数民族出身的君主，他对我国古代传统文化的传承如此不遗余力，将满族文化与中原汉文化融会贯通至极，实属难得。

高宗所作御制诗的史学价值远大于其艺术价值。高宗执政63载，勤政爱民，事无巨细，亲力亲为，从在潜邸时到临终，一直坚持作诗以抒情记事的习惯。正如高宗自己所言："三日不做诗，则恍恍如有所失。"纵观其诗文，抒发自身感怀、记录史事政务、教导臣下子民、涉猎山水奇物、描绘治国统兵的方略得失、描摹狩猎嬉戏情景等，无所不包，涉及政治、军事、经济、社会生活、文化、中外关系等重要领域，这些纪事、咏史诗是研究高宗本人思想及其所处时代的不可或缺的史料。同时乾隆御制诗中还有对大量山水名胜的描写，亭台楼阁、廊桥水榭、离宫别苑、塞北江南，尽览无余，对研究我国古典建筑和园林建置有着重大价值，是文物、艺术、地方志、园林古建筑等研究领域的珍贵的文献资料。

数说红楼人物

作为中国古代四大名著之一的《红楼梦》，是我国最为著名的章回体长篇小说。原名《脂砚斋重评石头记》，又名《情僧录》《金陵十二钗》《金玉缘》《还泪记》《风月宝鉴》等，以《红楼梦》为名，是到梦觉主人序本才正式确定。

《红楼梦》成书于清代乾隆年间，其故事背景由于多种原因被作者有意隐藏，但是后人从蛛丝马迹中，可以看出《红楼梦》一书，其实更多的是以作者所生长的时代为范本进行艺术创作的。一些学者认为："《红楼梦》是一部具有高度思想性和艺术性的伟大作品，作为一部成书于封建社会晚期的文学作品，该书对封建社会的各个方面进行了深刻的批判，并且提出了朦胧的带有初步民主主义性质的理想和主张。这些理想和主张正是当时正在滋长的资本主义经济萌芽因素的曲折反映。"从这一评价中，可以看出《红楼梦》作为一部小说，其价值已经远远超出了本身的文化内涵，它较为客观系统地反映了明末清初中国社会的诸多特征，是一部兼具文学、社会、历史价值的著作。

关于《红楼梦》的作者，一直是“红学”界研究的主要内容之一，本文仅将目前较为主流的说法介绍给大家。目前大多数学者较为一致地认为，《红楼梦》前八十回为曹雪芹所著，其后四十回为无名氏续，经由程伟元、高鹗整理而成。

说到曹雪芹，其身世真可谓跌宕起伏。曹家本为清初名门，其曾祖父曹玺曾担任江宁织造，其曾祖母曾是圣祖的保姆；至其祖父曹寅，更是做过圣祖的御前侍卫和伴读，后又接替曹玺担任江宁织造，并兼任两淮巡盐监察御史，深受圣祖宠信。张德泽在《清代国家机关考略》一书中写道：“三织造又是皇帝派出的耳目，他所在地的地方官的好坏，他们都调查密报。所以做织造的都是皇帝亲信的人。”可见清代江宁织造的重要性，也可看出皇室对曹家的信任。圣祖曾六次南巡，其中四次是由时任江宁织造的曹寅负责地方接待，并住在曹家。曹寅之后，其子曹颙、嗣子曹頫先后出任江宁织造，祖孙三代共四人曾担任江宁织造这一要职。后因其父曹頫获罪，家道中落。

然而，这种复杂的家庭背景也恰恰为曹雪芹提供了创作《石头记》的灵感。曹雪芹在幼年时过着富庶的贵族生活，从少年开始懂得世态炎凉，成年后更经历了艰辛的生活，这使得其作品对所处时代的各阶层生活、人物的描写更加生动真实。从中我们也可以感受到，他对于当时社会环境的深刻认识。正因为曹雪芹本人丰富的人生阅历，以及《红楼梦》本身所蕴含的文学艺术和社会研究价值，该书一直被后世追捧。

由于一些历史原因，以及《红楼梦》本身传世版本较多，研究与欣赏角度不同等因素，现当代研究《红楼梦》的学者较多，逐渐形成了多个学术派别，大致可分为文学批评派、索隐派、自传派等，逐渐形成所谓的“红学”研究。面对这样一部鸿篇巨制，“红学”研究者和《红楼梦》爱好者，更多的是在探讨它的文学价值、历史价值、文化价值，甚至有人去研究其中的美食文化，但很少有人关注这本小说中的人物数量。

在为数不多研究《红楼梦》人物数量的成果中，清朝嘉庆年间姜祺的研究成果是其中比较早且较为全面的。《红楼梦》中究竟写了多少人物？姜祺的统计结果为共448人。虽然少有学者将目光专注在《红楼梦》人物数量领域，但在姜祺之后，仍陆续有研究者对此问题做出自己的解答。到了清末民初，在前人研究基础上，又出现了一批关于《红楼梦》人物数量的较为系统的研究成果。民国初年，兰上星白编了一部《红楼梦人物谱》，共收721人，人各有传，字数长短不一。此书中又收《红楼梦》所述及的古代帝王23人，古人115人，后妃18人，列女22人，仙女24人，神佛47人，故事人物13人，共262人，每人略考其生平及传说。二者合计，共收983人。

20世纪90年代，著名学者徐恭时也对《红楼梦》中的人物，重新做了较为系统的研究，以其多年对《红楼梦》的阅读为基础，以庚辰本作为统计底本，逐回逐段地整理人名，作成札记。同时广览诸家表谱，进行相互核对验证，最后把人物归类。统计出：

（一）宁、荣两府本支：男16人，女11人，宁、荣两府眷属女31人。

（二）贾府本族：男34人，女8人。

（三）贾府姻娅：男52人，女53人。

（四）两府仆人：丫鬟73人，仆妇125人，男仆67人，小厮27人。

（五）皇室人物：男9人，女6人。太监27人，宫女7人。

（六）封爵人物：男37人，眷属14人。

（七）官吏：有姓名及职名冠姓的男26人，只有职称的28人，胥吏男3人。

（八）社会人物：各阶层男102人，女71人。医生男14人，门客男10人。优伶男6人，女17人。僧道男17人，尼婆49人。连宗男4人，女4人。

（九）外国人：女2人。

（十）警幻天上：女19人，男6人。

总计：男495人，女480人，合计：975人。其中有姓名称谓的732人，无姓名称谓的243人。

这一串串的数字不免让人眼花缭乱，但也反映出《红楼梦》作为一部鸿篇巨制，其内容之丰富，让人叹服。在这些研究成果的基础之上，人们又发现了《红楼梦》中人物的一些规律，其中亦蕴含了一些深层次的含义。

在中国古代，古人对于数字一直很感兴趣，因而对其寄托了很多深层次含义。“十二”是一个特殊的数字。古人讲究九为阳数之极，十二为阴数之极。在佛教中，对轮回的解释称作十二因缘论，而十二处是佛教中的一个常见名数。在民俗中，十二也是女子年龄代称，古人指女子十二岁的年龄。十二岁称金钗之年，十三岁称豆蔻年华，十四岁称及笄之年，十五岁称碧玉年华，十六岁称桃李年华。在历法中，十二代表一个轮回，一年有十二个月，天干地支中的地支也为十二个。因此在中国古代，十二是一个极为重要的数字，而《红楼梦》一书中的人物可总结为多个十二，或许也不失为作者曹雪芹的一种特殊安排。

十二金钗：林黛玉、薛宝钗、贾元春、贾迎春、贾探春、贾惜春、李纨、妙玉、史湘云、王熙凤、贾巧姐、秦可卿。

十二丫鬟：晴雯、麝月、袭人、鸳鸯、雪雁、紫鹃、碧痕、平儿、香菱、金钏、司棋、抱琴。

十二家人：赖大、焦大、王善保、周瑞、林之孝、乌进孝、包勇、吴贵、吴新登、邓好时、王柱儿、余信。

十二儿：庆儿、昭儿、兴儿、隆儿、坠儿、喜儿、寿儿、丰儿、住儿、小舍儿、李十儿、玉柱儿。

十二贾氏：贾敬、贾赦、贾政、贾宝玉、贾琏、贾珍、贾环、贾蓉、贾兰、贾芸、贾蔷、贾芹。

十二官：琪官、芳官、藕官、蕊官、药官、玉官、宝官、龄官、茄官、艾官、豆官、葵官。

“七”在中国古代传统文化中，也是具有独特含义的数字之一。七可以理解为阴阳与五行之和，即日月金木水火土，这也是儒家思想中所谓“和”的状态，更是道家思想中所谓“道”或“气”，这些与世间的“善”和“美”有着极为密切的联系。在《红楼梦》人物中，可以总结为七的群体有：

七尼：妙玉、智能、智通、智善、圆信、大色空、净虚。

七彩：彩屏、彩儿、彩凤、彩霞、彩鸾、彩明、彩云。

这些人物的性格与人物故事恰好与“善”和“美”有着千丝万缕的联系，不能不说这是作者有意为之之举。

在中国传统文化中，“四”亦是一个吉利的数字。一年有春、夏、秋、冬四季，国有礼、义、廉、耻四维，方向亦有东、南、西、北四面。因此，“四”这个数字在中国是有着其独特的文化地位的。而在《红楼梦》中，能够以四为单位形成的人物组合很多，大体说来有：

四春：贾元春、贾迎春、贾探春、贾惜春。

四宝：贾宝玉、甄宝玉、薛宝钗、薛宝琴。

四薛：薛蟠、薛蝌、薛宝钗、薛宝琴。

四王：王夫人、王熙凤、王子腾、王仁。

四尤：尤老娘、尤氏、尤二姐、尤三姐。

四草辈：贾蓉、贾兰、贾芸、贾芹。

四玉辈：贾珍、贾琏、贾环、贾瑞。

四文辈：贾敬、贾赦、贾政、贾敏。

四代辈：贾代儒、贾代化、贾代修、贾代善。

四烈婢：晴雯、金钏、鸳鸯、司棋。

四清客：詹光、单聘仁、程日兴、王作梅。

四无辜：石呆子、张华、冯渊、张金哥。

四小厮：茗烟、扫红、锄药、伴鹤。

四小：小鹊、小红、小蝉、小舍儿。

四婆子：刘姥姥、马道婆、宋嬷嬷、张妈妈。

四情友：秦钟、蒋玉菡、柳湘莲、东平王。

四壮客：乌进孝、冷子兴、山子野、方椿。

四宦官：载权、夏秉忠、周太监、裘世安。

文房四宝：抱琴、司棋、侍书、入画。

在《红楼梦》中，主要人物的侍婢也有一定的顺序可循。其中能够明显看出的是，很多主人与其侍婢形成一主三仆的结构：如史湘云与其侍婢翠缕、笑儿、篆儿；贾探春与其侍婢侍画、翠墨、小蝉；贾宝玉与其小厮茗烟，侍婢袭人、晴雯；林黛玉与其侍婢紫鹃、雪雁、春纤；贾惜春与其侍婢入画、彩屏、彩儿；贾迎春与其侍婢彩凤、彩云、彩霞。

这些人物组合仅仅是《红楼梦》诸多人物的一个缩影，更多的内容仍需我们细细品读《红楼梦》这部不朽作品。《红楼梦》人物之多，是对清初贵族社会家族式生活的一个缩写，单就人物数量上，可以看出这些贵族家庭的庞大和复杂。在清初能够形成如此庞大的家族，这也从一个侧面证明了清初社会经济发展取得的巨大成就，也说明了《红楼梦》作为一部文学作品，对社会历史研究的史料价值。

五

大国外交　礼仪争强

SHUDU QINGSHI
QIANLONG DINGSHENG

关闭三海关

17、18世纪，西方正发生着翻天覆地的变化，以英国为首的西方各国相继展开了一场轰轰烈烈的工业革命。为了扩大原料产地和商品市场，西方国家开始向世界各地进行扩张。作为世界上人口最多的国家——中国，成为西方国家觊觎的对象，然而此时的中国正实行着闭关政策，对外界一无所知。清初前40年，连年征战，加之海禁政策，导致清初银荒现象严重，造成了四海之内“农空、工空、市空、仕空”的贫困局面。康熙二十三年（1684）收复台湾之后，圣祖皇帝意识到开放海禁对于沿海地区经济发展的重要性，而沿海经济的发展对于内地经济的复苏，具有重要的带动作用。因此，圣祖皇帝下令解除了广州、漳州、宁波、云台山四处的海禁。

清代闭关有着深层的历史文化原因，在传统思想中，统治者多认为工商业是对社会经济生活的一种补充，尽管有存在的价值，却并不需要大力发展，更别说与本业相提并论了。中国传统思想认为，商业以及从事商业的商人都是“趋利”“翾奇”“奢靡”的，其发展会败坏风气，甚至会动摇国本。这也就是所谓的“工商盛而本业荒”“末盛则本亏”“商贾者，王者之所必抑”。在中国古代，农业是我们华夏民族赖以生存和发展的基础。历代统治者往往采取重农抑商的政策，将农业视为“本业”；而商业一直被视作不太重要的“末业”，可有可无，无须重视。早在战国时期，我国传统的经济思想就已形成，“重农抑商”“强本抑末”的思想也在其中。秦汉之后，这种思想成为主流，各朝各代的统治者都沿用并推行这种国策。到封建社会后期，工商业在社会经济中发挥的作用与日俱增，一些有识之士开始站出来，反对传统的重农抑商的思想，例如宋朝时期，叶适认为“四民交致其用而治化兴，抑末厚本，非正论也”。明清时期，黄宗羲明确提出“工商皆本”。尽管出现了一些反对的声音，传统思想受到挑战，但这并没有动摇轻商重农思想的统治地位。可见，这种观念在中国封建时期的根基之深。世宗明确提出：“养民之道惟在劝民务本，若皆舍本逐末，争趋目前之利，不肯尽力畎亩，殊非经常之道。”这种重农轻商的传统思想，以及在这种思想驱使下推行的一系列政策，与同时期西方国家大力发展商业，通过扩大海外贸易大量积累社会财富的做法是背道而驰的。

地理大发现以后，西欧重商主义思想盛行，那些主要的航海国家愈发重视商品贸易及贵金属的输入所产生的巨大价值，不断进行海外贸易、殖民扩张，大力推行海外扩张政策。这一时期，在这种重商主义思想驱动下，一些国家迅速崛起，例如葡萄牙和西班牙推行海外殖民地贸易，荷兰开创了“海上马车夫”时代，英国人建立了“日不落”帝国。回过头来再看中国，明清时期统治者仍在极力强调“强本抑末”的老一套思想，有如井底之蛙，全然不知世界格局早已天翻地覆，更别指望他们能与时俱进了。尽管明朝后期开放海禁，清圣祖时期重开海禁，但这都只是权宜之计，并不是主观上积极主动地推行海外贸易政策。

中国所持的传统“华夷”观念，也是直接导致清代采取闭关政策的一个重要原因。“华夷”观念是以中国为中心看待和中国相邻的各国家、各民族，甚至全世界。在他们看来，中华文明是优于其他民族的。在这种政治文化心态下，将自己看作宇宙的中心，进而认为中华文明是高于世界其他一切文明的。这种强烈的自我意识也是古代那些文明国家的共同之处。之所以会形成这样的观念意识，主要是因为古代文明发展过于分散，人们对“世界”的认识具有局限性，无法统观全局，也就不知道天外还有天。但是，就地理位置来说，中国处在东北亚地区的中心地带，这一时期在政治、经济、文化等方面一直是这一地区最先进、最发达的，从整个世界来看，也是四大文明古国之一，其文明程度在这一地区自然是无人能及的。这也就催生了一套体系完备的“华夷”观念，也逐步建立了与外部世界交流的行为准则。中国地处东北亚，四周有天然屏障阻隔，东面和东南面是太平洋，北面是草原和荒漠，西面和西南面是海拔最高的雪域高原或热带瘴疠之地。由于地理环境的限制，古代中国与其他国家地区相互沟通受到极大限制。可以说，历史越往前推进，中国人对“世界”的认识也就越局限，对视线之外的地区，尽管也逐渐开始了解，但那些是远远不够的。就这个圈子以内而言，秦长城以南的中原农耕地区，华夏民族逐步发展，建立了先进的华夏文明，逐步确立了相对于周边民族的优势地位，以华夏为尊的“华夷”观念也就由此产生。就“华夷”观念来讲，早在周朝就已经形成这种观念；秦汉大一统的建立，儒家思想开始居于统治地位，这极大地促进了以中国为中心的观念，以及与周边国家和民族交往时的关系准则的形成。传统“华夷”观念中，中国乃“礼义教化之邦”，是“天朝上国”，也就理所应当地成为世界的中心。中国皇帝作为“真命天子”，是恭承天命统治“天下”，“溥天之下，莫非王土；率土之滨，莫非王臣”。将中国直接统治以外的地区视作“蛮夷”之地，谈不上文明开化。不过，中国皇帝还是“德被四海”的，那些“蛮夷”看到中国的强大，都愿与中国往来，从而接受教化，这些国家与中国就建立起宗属关系。中国皇帝对其行使册封权力，这样他们才拥有合法统治权，而他们则要进贡，以示臣服。中国古代圣明的君主致力于建立“万方来朝”的天下大一统王朝。

除了深层次的历史原因，还有一些历史遗留问题，也是直接导致清代施行闭关政策的导火索。明亡后，清军迅速入关，一举统一全国，但在江南地区仍然有部分明朝残余势力利用海上优势，坚持对抗清王朝统治，郑成功在台湾的势力就是其中最为典型的代表之一。郑氏家族志在反清复明，上向日本德川家族求援，下和沿海百姓互通，聚集海上实力。清军入关后，为防止大陆百姓与台湾郑成功家族串通一气，而实行海禁政策。所以，清初海禁政策前期是为防范故明的海上百姓。世祖在位时，闵浙总督建议严防海陆互通，禁止官民私自出海进行商业往来，违者重罚，按通敌罪处置，甚至租售船只罪当重责。如遇将内陆物品贩运国外，与郑成功等有任何联系，均交于刑部按重罪处置。清政府认为，郑氏家族之所以能“收复台湾”，并且对沿海地区造成威胁，就是与沿海百姓互通有无的结果。所以，对沿海居民严防死守，想尽一切办法隔绝海陆联系。譬如下令迁界，将沿海房屋土地统统毁坏，居民向内陆迁居50里，不得擅自出海，不得进行贸易。清廷明文下令：凡是将牛马、军需、铁货、铜钱、绸缎和丝绵等物资带出界进行买卖的，杖一百；私自将人丁或武器运出境的，处以绞刑。清政府收复台湾后，圣祖皇帝于康熙二十四年（1685）开设四处海关通商，为海禁政策松绑。

高宗登基后，对外商贸基本继续保持海禁政策。18世纪中后期，西方国家先后开始了工业革命，为获取更多原材料和市场，不断加强海外贸易和海外扩张。以英国东印度公司为首的西方国家，看到了中国巨大市场的潜在价值，强烈希望与中国互市。4个沿海通商口岸的出现，激起了一大批希望在东方土地上有所成就的西方商人的热情。同一时间，南洋土地上的华人的各种活动也逐渐活跃，清廷不免开始警惕，甚至将其视为一种祸患而心生反感。

乾隆五年（1740），爪哇发生了惨绝人寰的“红溪惨案”。同一时期，清廷的港澳等沿海城市亦有外来洋人不时骚扰，清政府为此苦恼不已。除此之外，英国想要挽回中英两国之间越来越大的贸易逆差，常遣臣民在中国沿海一带购买货物。这次正巧遇到了第二次南巡的高宗，当时高宗正在视察苏港情况。高宗看到每年来到江浙省的外国商船数以千计，来来往往，并且都拥有武器，甚是危险。他担心宁波会变成第二个澳门，于是下定决心对洋人进行全方位的防御。高宗返京后，于乾隆二十三年（1758）下诏，规定广州十三行承办和外商相关的一切事项，朝廷官府不许涉及。

按照清廷规定，外商与中国贸易需要交给粤海关监督管理其事，并通过行商这一中介具体操作，采买所需货物，货物入境后，由清廷进行代售。这样，粤海关与行商便控制了整个广州地区外商的命脉。至乾隆时期，海关吏治愈益败坏，外商来华贸易，关税额繁重，还存在很多陋规。随着行商数量的增多，对外商来华贸易的控制更为严密，一口通商致使外商之间的竞争愈益激烈，种种陋规使得外商极为不满。经广州一口通商的大宗货物，主要是茶叶和丝绸，而江浙地区是这两大货物的主要来源。产自江浙地区的丝绸和茶叶经内地商贩运至广州，再由行商代买，最终到达外商手中的货物已经远远高出江浙地区的价格。此外，江浙地区也是洋货需求甚多之地，所以外商格外关注江浙地区。外商赴宁波贸易，不仅可以摆脱行商的制约，还有机会直接与中国平民贸易；另外，江浙物美价廉，距中国内地更近，便于资本扩张。因此，至乾隆二十年以后，部分外商开始前往宁波，直接与中国平民贸易。面对这一突发的新形势，高宗从巩固统治的角度出发，对其给予严厉的限制，并最终发展为闭关政策。

为了防微杜渐，高宗在对待宁波通商一事上采取了严厉的措施，对宁波的贸易动向极为警惕。乾隆二十年四月和乾隆二十一年七月，先后两次有外商在宁波地区进行贸易，高宗得知后认为，如果放任自流，宁波将成为广州以外的第二个贸易市集之地。为了保证内地海疆的安全，防止与外商发生纠纷，高宗采取了三项措施限制宁波贸易。首先提高浙江海关关税，高宗命闽浙总督喀尔吉善重新制定则例，在广州海关则例的基础上加重加税，使外商在江浙地区无利可图。其次，乾隆二十二年（1757）冬，高宗又传旨命移督闽浙的大臣杨应琚和两广总督李侍尧向外商宣布，对来浙的外商船只，一律责令返至广州，不准入浙江海口。自此，外商企图开辟新的通商口岸的计划落空。此外，不许在宁波开设洋行，即天主教堂，以防内地有奸民与外商勾结。高宗采取的这些措施是从海疆安全出发，但实质上等于关闭了宁波海关。乾隆二十二年十一月，更加明确地提出了外商来华贸易仅限广州一隅的旨令。这样不仅宁波海关被禁，江浙地区的所有海关均被关闭，仅剩广州一地与外商进行贸易。高宗规定的一口通商政策严重地损害了西方商人的利益，与外商追求利益最大化相矛盾。虽然高宗采取了一系列措施防止外商扩大对华贸易，但终究阻挡不了外商的步伐，尤其是工业革命之后的英国，以东印度公司为根据地来扩大对华贸易。

英商从自身利益出发，全然不顾高宗的海禁政策，进入宁波港贸易，而洪任辉案正是在此期间发生的。英国商人洪任辉，在高宗实行限制宁波通商政策之前，便已经两度赴宁波贸易。为了追求更多的利益，洪任辉于乾隆二十四年第三次闯入宁波港，赴江浙地区进行贸易。此时正值宁波海禁之际，所以洪任辉此次先带领一小队人赴宁波打探虚实，如果浙江阻止进港，就谎称行商迟迟不还拖欠款项，并且广州大臣作威勒索。同年五月间，清军拦下进港的洪任辉。在呈词中，洪任辉揭露了粤海关监督李永标利用职权私自卖货，以及行商黎光华拖欠巨额银两等事。对清廷以外的世界知之甚少的高宗，对外商强行入宁波贸易一事高度警惕。他认为大清货物应有尽有，本不必与外商进行贸易，此事是因为内地奸民与外商勾引所致，因事关国家海疆安全，必须彻底究察。于是派福州将军新柱等人赶赴广州，与两广总督李侍尧会审此案。经审查，洪任辉奏报确有其事，同时还查出洪任辉与内地商人勾结，在江浙地区私运茶叶等问题。高宗听后果断进行了处理，李永标被革职并查抄家产，刘亚匾当即正法，还将与外商勾结的徽商发遣。洪任辉的控告虽然大多属实，但高宗认为他与内地奸民勾结通商，违背大清的通商条例，私自贸易，下令将其在澳门圈禁三年，刑期满后逐回英国，不准逗留生事。

洪任辉案发生之后，高宗对清廷与外商的贸易问题更为警惕，在禁闭宁波通商问题上毫不妥协，除了坚持广州一地通商和行商制度，高宗又陆续采取各种措施进一步加强了对外事务的管理：

首先，制定五条例，加强对外商的防范。乾隆二十四年（1759）十二月，两广总督李侍尧上书防范外夷五条即：一、禁止夷商在省住冬；二、夷人到粤，宜令寓居行商，管束稽查；三、借领外夷资本（即雇请汉人役使），并应查禁；四、严禁外夷雇人传递信息积弊；五、夷船泊处，请酌派营员，弹压稽查[①]。这五条规定对限制外商扩大在华贸易，巩固高宗的专制统治极为有利，当即被高宗批准照办。

其次，加强对出口商品品种和数量的限制。乾隆朝初年，尚未对贸易的种类进行限制；至乾隆七年以后，所禁止的物品种类扩大到了粮食。乾隆二十四年，即洪任辉案发生后，高宗采纳御史李兆鹏的提议，禁止出口丝绸。对私自贩运丝绸等物品的人，按照数量治罪。对监察不利的官员照例议处。

再次，针对洪任辉案中的夷欠事件，高宗为杜绝此事，又采取各种措施，以尽量减少中外贸易中的纠纷。清朝的对外贸易几乎由广州的行商垄断，而行商无法预定外洋货物的数量，又没有能力预先垫付，再加上规定外商不能在广州久留，因此一旦超出预期数量，行商便只能拖欠而无法偿还。

① 《清高宗实录》卷602，乾隆二十四年十二月戊子。

久而久之，便出现大量的积欠，而为数众多的积欠便惹来国际间的争端。乾隆四十四年（1779），英印政府为索欠款，还曾派遣军舰到广州进行战争恫吓。直至清廷将相关负责人颜时瑛、张天球二人遣戍伊犁，并将拖欠数量偿还后才平息。面对如此窘局，高宗规定，对于拖欠之人从重治罪，并告诫官员，积欠之事关系重大，不可忽视。

最后，在限制外商对华贸易的同时，加强对中国平民的控制，限制沿海人民出洋贸易，并规定了船只大小、人员多少、出海时间等，违反规定者严惩不贷。尤其对在外娶妻生子者严加治罪。这样又切断了沿海居民与外商贸易的机会，致使外商对华贸易局限于广州一隅并不得不遵从清廷规定。虽然在一定程度上使得中国对外贸易井然有序，但对沿海一带人民的生计和中国的社会发展都产生了消极影响。

18世纪的西方正发生着翻天覆地的变化，海上贸易异常发达，而此时的清王朝却与这种形势相反。清政府之所以实行海禁是有原因的。自康熙年间，圣祖宣布开放四口通商后，清政府的对外贸易处于出超的地位，经济日益发展，取得了辉煌的成就。清廷对待外商一向是友好的，然而西方国家对中国的侨民并非如此。乾隆初年，便发生过震惊世界的红溪惨案，荷兰东印度公司的殖民者对旅居华侨实行了大屠杀，近万名同胞遇难。如此骇人听闻的消息，一度引发清廷内部关于海禁的争论：福建总督策楞提倡禁止南洋贸易，而御史李清芳从国计民生出发反对海禁。高宗当时对此并未做出回复，然而红溪惨案的发生，使得高宗对西方殖民者有了初步的印象，同时对外商也提高了警惕。

外商为获取更大的利益，摆脱广州的行商制度，改向宁波地区进行贸易，在贸易的同时，外商可以直接与平民进行交易，这便跳过了政府这一环节，以致国家财政收入减少，对高宗的专制统治极为不利；此外，鉴于西方殖民者借口占领澳门一事，以及乾隆朝初期的红溪惨案，高宗对西方人有了更多的认识，因而对外商赴浙贸易活动极为警惕。同时高宗也洞悉了外商唯利是图的心理，因此通过提高宁波的关税，来限制外商对宁波的贸易，并责令赴浙船只返回广州通商。此外面对执意赴浙的外商，高宗毫不让步，坚持一口通商；在与外商贸易过程中发生的积欠等纠葛，高宗以其远见卓识，果断地处理好了一切事务，不仅整顿了广州的海防，同时也维护了国家主权，彰显了一个大国应有的姿态。

然而，对外贸易对于清朝来说并不只是消极的，它对国家的财政收入，以及沿海的民生都是有益处的。然而高宗无视这些益处，认为大清帝国物产富饶，无须与外国进行贸易，与外商的贸易是天朝对其恩赐，这恰恰反映了自给自足的小农经济所滋生出的虚骄心态。关闭三海关，一方面体现的是高宗对中国主权的保护，另一方面也阻碍了清朝经济的发展，割断了清廷与世界相联系的纽带，因而不利于清王朝的发展。清朝的海禁是清朝盛世的体现，同时也在一定程度上致使清朝盛世走向了末路。

两征廓尔喀

18世纪前叶，尼泊尔仍然处于四分五裂的状态，十几个部族相互攻伐。“雍正年间，巴勒布之叶棱雅木布、库库木等两次遣使抒诚纳贡，嘉其恭顺诚信，恩赏便蕃。”[①]世代居住在加德满都谷地附近地区的库库木、阳布、叶棱雅木布三个较为强大的部落开始向中国进贡，清廷依据藏语音译为巴勒布。18世纪中后期，长期居住于巴勒布西北方的一个新兴部族开始崛起，这就是后来的廓尔喀部。经过几代人的努力，加之巴勒布各部内讧，廓尔喀部将廓库穆、阳布、叶棱雅木布三个部落以及周边二十余处部落悉数吞并。随后，迁都至阳布地区，廓尔喀王国正式形成。逐渐强大的廓尔喀王国受地形和气候的制约，便将其扩张的矛头直指邻近的西藏地区。

乾隆四十五年（1780），赴避暑山庄拜会高宗的班禅额尔德尼在京圆寂，灵柩由其兄长仲巴呼图克图送回后藏地区。仲巴呼图克图得到高宗的大量赏赐，他将皇帝赏赐的金银财宝据为己有，引发了其同父异母的弟弟、信

① 《清高宗实录》卷1310，乾隆五十三年八月甲午。

仰红教的活佛沙玛尔巴的嫉恨。廓尔喀王国素来信仰红教，平日便与沙玛尔巴接触甚密，沙玛尔巴假借朝拜之名至廓尔喀，将日喀则财物之丰厚以及藏区军事情报和盘托出，唆使其举兵入侵西藏。

其实，廓尔喀对西藏窥视已久，尤其是藏区的土地和银钱。清代西藏地区通用银质钱币，被称为“章噶”，但西藏地区并不生产此类钱币，而是交给邻近的巴勒布人，让他们负责将白银融化之后铸造成钱币，再由商人运回西藏地区流通。但廓尔喀吞并巴勒布后，假借巴勒布制作之银币成色过低之名，要求西藏将原有的巴勒布银币折价一半使用，以兑换廓尔喀新铸之银币，西藏噶厦未同意其要求。

乾隆五十三年（1788）五月，廓尔喀致书噶厦，要求噶厦将其认为原本归属于巴勒布的聂拉木、济咙交还廓尔喀国，并要求西藏停止使用巴勒布铸造的旧银币。这一要求，再次遭到西藏回绝，廓尔喀又以西藏商人在销往廓尔喀的食盐中掺土为借口，且“因聂拉木等处第巴妄增税课”[①]，举兵侵入后藏地区。

乾隆五十三年六月，廓尔喀出兵突袭后藏地区的聂拉木宗，全面入侵西藏地区。六月下旬，廓尔喀军队攻占后藏边城济咙宗、聂拉木宗，随后率兵围困临近的胁噶尔宗、宗喀宗。

由于对对方了解甚少，直到廓尔喀军队侵入西藏地区，驻藏大臣庆麟、雅满泰等只知道巴勒布，并不知道有廓尔喀的存在。面对廓尔喀军队的凌厉攻势，长期处于安定状态的西藏官员们只得慌乱应对。同时，由西藏本地百姓组成的番兵兵员素质及装备远不如廓尔喀军队。加之西藏地区驻扎的蒙古、绿营兵丁数量有限，更加难以抗衡装备精良、训练有素且善于山地作战的廓尔喀军队。

① 《清高宗实录》卷1312，乾隆五十三年九月庚午。

驻藏大臣庆麟、雅满泰不得不向朝廷上奏，报告边境实情。乾隆五十三年七月下旬，正在避暑山庄消暑的高宗接到西藏的军事急报，旋即诏令正在前往承德向皇帝请安的成都将军鄂辉火速返驻地，领兵三千前往西藏地区进剿来犯之敌。同年八月，连战连捷的廓尔喀军队攻下宗喀宗，但在胁噶尔宗遭遇噶伦扎什端珠布的顽强抵抗，未能攻陷。

九月，高宗任命通晓藏语的理藩院侍郎巴忠为钦差，赶赴西藏接管庆麟、雅满泰驻藏大臣关防印信，与成都将军鄂辉、成都提督成德一同商办解决西藏事宜。

与此同时，后藏活佛仲巴呼图克图已暗中派人赴廓尔喀军营接洽和谈事宜，以期尽快结束战事。廓尔喀军队在后藏地区进行一系列劫掠后，向南撤退，藏廓之间相互约定：双方各派代表在聂拉木进行谈判。经扎什端珠布禀告，达赖喇嘛、庆麟、雅满泰、辅国公班第达均同意与廓尔喀谈判，尽早结束战争。九月二十二日，四川提督成德率军进抵西藏，奉旨进军藏廓边界，剿灭廓尔喀乱军。十月初八，川兵进驻后藏日喀则地区。十三日，诏令查办原驻藏大臣庆麟、雅满泰，命成德暂代统领西藏地区军队之职权，待巴忠、鄂辉共商进剿事宜。十一月初五，率军前来的鄂辉抵达西藏，成德进军胁噶尔宗。廓尔喀得知清军大举入藏，态度有所改变，表示得到银钱后便归还所占土地。

乾隆五十四年（1789）初，在八世达赖喇嘛之叔父阿古拉的主持下，噶伦丹津班珠尔、扎什端珠布、七世班禅之父巴勒丹敦珠布、济仲喇嘛罗布藏卓呢尔、喇嘛敦珠布彭楚克、萨迦寺索诺伊锡等人擅作主张，许诺向廓尔喀偿银赎地，议定西藏每年向廓尔喀偿付“西番银元宝三百个，合内地银九千六百两”[①]，给付三年后再行商议。丹津班珠尔遂向扎什伦布寺、萨迦

① 《清高宗实录》卷1391，乾隆五十六年十一月辛卯。

寺及商民借足元宝三百个交清。钦差大臣巴忠抵达后藏地区后，见藏、廓官员已私下讲和，急于交差了事，向朝廷谎报清军已收复聂拉木、宗喀、济咙等地，廓尔喀在得到噶厦所立字据后，也撤兵返回。

廓尔喀退兵后，朝廷撤换了一大批在廓尔喀之战中擅权失职的驻藏官员及西藏官员。驻藏办事大臣舒濂包庇聚敛舞弊的达赖喇嘛之兄罗布藏多吉、同母弟罗布藏根敦扎克巴，与帮办大臣普福互相参奏。乾隆五十五年（1790）四月，成都将军鄂辉奉旨入藏查办。五月，舒濂革职，以普福为办事大臣，雅满泰为帮办大臣。七月，又将普福革职，降为三等侍卫，保泰入藏接替普福之职。八月，命舒濂解送达赖喇嘛之兄弟来京。同年，雅满泰、保泰抵达西藏地区赴任。

乾隆五十五年十月，廓尔喀遣大头目一人、小头目二人来到拉萨，依照约定索要赎地银两，遭到噶勒丹锡呼图呼图克图拒绝。敦珠布彭楚克、博尔东等人也到边境上放言，廓尔喀既已成为大清属国，便不应照前约索要赎地银两。廓尔喀使节请朝廷赏赐廓尔喀国王喇纳巴都尔俸禄及土地，也被驻藏大臣普福回绝。廓尔喀使节一无所得，只得返回。达赖喇嘛则遣使赴廓尔喀商谈，打算付给廓尔喀150个元宝，同时将原定合约撤回，以求永绝瓜葛。廓尔喀方以使者托格穆特地位不高为由，指名要求达赖喇嘛叔父阿古拉与噶伦丹津班珠尔来边境商谈。此时阿古拉已去世，不久托格穆特也在廓尔喀病逝。

乾隆五十六年，噶勒丹锡呼图呼图克图圆寂，八世达赖喇嘛再度执政。五月，达赖令丹津班珠尔赴边界与廓尔喀密谈撤约事宜。五月十一日，丹津班珠尔、扎什端珠布、札萨克喇嘛格桑定结以检阅军队、修葺庙宇为由向驻藏大臣汇报，自拉萨启程前往聂拉木，实则继续与廓尔喀商谈赎银撤约之事。丹津班珠尔等认为此前带去的元宝只及半数，难以撤回合同，于是又携150个元宝前往。一路上，扎什伦布寺、萨迦寺喇嘛及驻守聂拉木之戴琫江结也加入谈判使团。六月上旬，丹津班珠尔抵达聂拉木之冲堆，格桑定结与扎、萨二寺喇嘛则受沙玛尔巴之邀来到扎木。

六月二十二日，丹津班珠尔一行遭遇廓尔喀兵突袭，被俘后押往廓尔喀都城阳布。格桑定结与扎、萨二寺喇嘛和聂拉木教习军官王刚、冯大成等人也被拘押。七月，廓尔喀军队再次侵入聂拉木和济咙等地，廓尔喀军队兵分三路进攻，一路由聂拉木进攻定日，一路由济咙进攻宗喀，另有一路经萨迦直逼日喀则。

八月三日，廓尔喀军队攻陷定日、济咙。八月十六日，廓尔喀军队攻占萨迦，同日，保泰送年仅十岁的七世班禅额尔德尼前往前藏，命仲巴呼图克图留守扎什伦布寺。扎什伦布寺济仲喇嘛罗布藏丹巴与群僧占卜，得到不可与贼作战的神示。仲巴呼图克图遂遣人赴廓营求和，然而该使者半路逃走，于是寺内外喇嘛3000余人纷纷溃散。仲巴呼图克图也携金银及班禅所余贵重物件先行逃出。二十一日，廓尔喀军队噶布党玛木萨野率兵再次攻入扎什伦布，寺内仅余9人。玛木萨野即入住班禅额尔德尼禅房内，大小头目分据各处，将金银佛像、供器、贮藏及灵塔镶嵌之珍珠、珊瑚、宝石等物尽数掠去，册封六世班禅的金册也被抢走。九月初，廓尔喀军队进攻日喀则宗城，都司徐南鹏率80人坚守，击毙廓尔喀军队10余人，头目1人。围攻八昼夜后，廓尔喀军队仍不能破城，遂携所掠财宝退往边境。

高宗判定廓尔喀此次犯边，目的是劫掠后藏财物，此时冬雪迫近，廓尔喀军队必不能进兵前藏，朝廷只需调集大军前往征讨，廓尔喀军队便可从容遁去。因此，高宗决定大举出兵，待来年春雪消融后攻入廓尔喀腹地，令其彻底臣服。因鄂辉等人资望尚浅，高宗认为先前在台湾平定林爽文之乱的福康安“素娴军旅，声势较大”[①]。九月二十五日，“传谕福康安，接奉此

① 《清高宗实录》卷1387，乾隆五十六年九月丁酉。

旨，即迅速趱程来京，以便豫备前往”。十月，福康安抵京，授将军衔，督办西藏诸军事，率精兵数千由青海进兵西藏，征讨廓尔喀。十二月，成德在聂拉木拍甲岭一役战胜廓尔喀军队。

乾隆五十七年（1792）正月，成德收复聂拉木东官寨，阵斩廓尔喀军队将领呢玛叭噶嘶、踏巴。二月，川兵攻克聂拉木的廓尔喀军队西北碉寨，聂拉木全境收复。二月八日至十日，四川总督惠龄、参赞大臣海兰察陆续抵达拉萨。十七日，福康安等领兵1000余人由拉萨启程，经朗噶、江孜，二十七日，抵达日喀则，查看扎什伦布寺情形。三月十五日，高宗加升福康安为大将军，指挥作战。闰四月十八日，福康安、海兰察、惠龄由日喀则驰往江孜督运军粮。二十七日抵达定日之第哩朗古，与成德会合。福康安、海兰察等分头察看聂拉木、绒辖等地后，率主力前往宗喀，决定由济咙向南攻入廓尔喀。

五月六日，福康安、海兰察领兵行至宗喀以南的辖布基，进攻擦木山隘。当天夜里，清军趁雨分兵五路，海兰察居中，哲森保等由东西两山夹击廓尔喀军队营寨，穆尔根保绕到营后偷袭。七日黎明，清军攻克擦木山梁上的两座廓尔喀军队石碉楼，斩杀200余人。八日，清军进至玛噶尔辖尔甲，击溃由济咙前来迎战的廓尔喀军队。十日，清军攻克济咙，斩杀640余人，俘虏200余人。至此西藏全境收复。

五月十三日，福康安、海兰察率军由济咙启程，沿吉隆河东岸南下。十四日，清军过藏廓边界之摆吗奈撒，进入廓尔喀境内之热索瓦，与廓尔喀军队隔热索河对峙。热索河为吉隆河支流，其上有木板浮桥，即热索桥。廓兵在热索河北岸索喇拉山上筑碉楼一座，南岸临河有碉楼两座，并将热索桥木板撤去，凭河据守。十五日，清军佯攻河北岸的廓尔喀军队碉楼；另遣金川藏兵翻越两座高山，绕道至热索河上游六七里处，伐木做筏，渡河后沿南岸疾行，突袭临河碉房。南岸廓兵出卡抵御之际，北岸的清军主力搭桥渡河，一举夺取三座石碉，是为热索桥之战。经过几次战役，清军步步逼近廓尔喀都城阳布，廓尔喀国王喇纳巴都尔出逃。留守阳布的王叔巴都尔萨野召见被扣押的丹津班珠尔，请求其转告福康安：廓尔喀侵犯藏境全因沙玛尔巴唆使，并保证归还在扎什伦布寺抢掠之财物，赔偿在冲都被袭的官兵命价。

六月二十五日，廓尔喀差遣20余人组成的使团前来议和，同时将被掳走的丹津班珠尔等人送还清军。福康安面谕廓尔喀头人，恩准其归降。清军将廓尔喀使节送还七天后，廓尔喀方面并无回信，且廓尔喀军队仍占据多处边地。七月二日，清军进攻仍掌握在廓尔喀军队手中的堆补木、噶勒拉，在进攻甲尔古拉山过程中遭受巨大损失，多名将领战死，此役被称为帕朗古之战。

乾隆五十七年（1792）八月八日，廓尔喀管事头人噶箕第乌达特塔巴前来清军大营，向清军请求归诚，并代表廓尔喀国王作为贡使进京朝觐乾隆。十九日，福康安与噶箕第乌达特塔巴达成协议，准其归降。二十一日，大军开始从帕朗古撤回。九月四日，清军全部撤返后藏地区。九月二十日，福康安带噶箕第乌达特塔巴前往扎什伦布寺向班禅额尔德尼请罪。清军撤退的同时，福康安随即派遣四川建昌镇总兵穆克登阿前往西藏、廓尔喀边界进行勘察划界。

十月十五日，福康安抵达拉萨，与达赖喇嘛共商西藏地区善后事宜，其后与孙士毅、惠龄、和琳商议并拟定《藏内善后章程》。同年十二月二十三日，廓尔喀贡使抵达北京，二十四日，贡使觐见高宗。二十七日，皇帝准许恢复廓尔喀国王喇纳巴都尔的王爵及其叔巴都尔萨野的公爵名号。两征廓尔喀告一段落。

廓尔喀是外邦，却直接威胁到了政治地位本就特殊的西藏地区，因此廓尔喀之争成为威胁清朝中央政权的边疆危机。同时，在整个廓尔喀问题解决过程中，可以看出，清朝地方官员在乾隆朝中期已经开始出现怠慢政务、谎报地方实情的现象，这是乾隆朝末年出现盛世危机的一个危险警示。但是从实际情况来看，高宗此时已经疲于应付地方问题，对于朝政也或多或少有了怠慢情绪，盛世隐含危机，已出现征兆。值得庆幸的是，清廷对于廓尔喀问题的妥善解决，较好地解决了西藏地区的边患，同时加强了中央对西藏地区的直接控制能力。

四 征缅甸

缅甸与中国的西南地区相邻，早在汉朝便与中国有着密切往来。元朝曾三征缅甸，明初曾设宣慰司管辖。明末清初，抗清失败的南明永历帝朱由榔，于顺治十六年（1659）由中缅边境逃到了缅甸的首都阿瓦。抗清将领李定国、白文选等人也率大西军余部在中缅边境地区作战。为救出永历帝，李定国等多次发兵攻打缅甸，后来清廷派定西将军爱星阿和吴三桂进军西南，打败李定国部，攻到缅甸首都阿瓦附近，缅甸被迫献出永历帝。康熙元年（1662），永历帝在昆明被处死，因清军深入缅甸境内，导致中缅关系疏远，缅甸“自是不通中国者六七十年”。清王朝建立后，为巩固国基，无意勤远略，再加上地理上往来不便，所以两国官方交往甚少，但边境民间贸易却一直不断。直到乾隆十六年（1751），缅甸政府首次遣使朝贡，中缅关系有了发展。然而好景不长，两国关系不稳固，双方开始交战，关系一度紧张。

发生在乾隆三十一年至乾隆三十四年的征缅之战，究其起因，双方皆应负有责任。首先，就缅甸方面而言，乾隆十七年，缅甸内乱，东吁王朝政权灭亡，木梳部酋长翁藉牙建立了阿隆丕耶王朝。翁藉牙及其后继者野心勃勃，四处扩张，先是武力统一了缅甸内部，之后又出兵暹罗（今泰国），甚至将魔爪伸向中国的云南边疆。

缅甸于乾隆十八年（1753）发生内乱，白古部酋长撒翁击败缅王麻哈祖并将其俘虏后沉入江中。撒翁占据阿瓦五年后，木梳头目翁藉牙再次起兵击败白古部，收复被占之地。翁藉牙统一缅甸后不久便去世了，其子懵洛继位不久后也离世，其弟懵驳成为缅甸国王。乾隆二十七年，缅甸政府军借口催取耿马贡项，入侵云南普洱府之车里和顺宁府各土司。高宗为确保边疆安宁，派云贵总督刘藻对缅甸发起反攻，刘藻集结绿营军和土兵数千人前往，损失惨重。高宗大怒，于乾隆三十一年正月补授大学士、陕甘总督杨应琚云贵总督之职，部署对缅作战事宜，至此拉开了对缅作战的序幕。

翁藉牙子又名莽纪觉，初为木梳头领，当时清人称其为“莽匪”或“木匪”。缅甸与云南省所属永昌、顺宁、普洱三府地接壤，这三地多数居民为少数民族，清朝设土司管理。其中普洱府所属九龙江、车里宣慰司及倚邦土和六困土守备，猛遮、普藤土千总，猛阿、猛笼、猛腊、猛旺、整董、猛乌、乌得土把总，大小共十三土司，俗称“十三猛”，又称“十三版纳”。由清廷管辖的这十三土司，地处中缅边界，与缅贸易往来频繁，稍致馈遗于缅甸的地方土司，谓之“花马礼”。缅甸由于内战不断，贸易中止，致使“花马礼”自然废弃。翁藉牙父子统一缅甸后，向中国边境土司复征“花马礼”，诸土司不给，翁藉牙父子以此为借口骚扰内地。乾隆三十一年正月，云贵总督刘藻、云南巡抚常钧奏报清廷：“永昌、顺宁二府所属之耿马、孟定、孟连等土司地方，界连缅国，惟借滚弄江为天堑，年来土司懦弱失防，每有木匪偷渡滋扰之事。近据永顺镇、永昌守禀报，木梳莽已觉（即懵洛）领兵到木邦猛店地方驻扎，向耿马索取旧规，不给即渡江来袭。又据顺宁守禀报，莽子窜入孟连地方并及圈空，有人七百、马七匹各等情。”不久，刘藻又上奏说，总兵刘德成等将领率清军击退了前来侵犯九龙江和橄榄坝的

"莽匪"，攻破敌营数座。高宗按照刘藻的报告查阅地图，发现橄榄坝距普洱府不远，在耿马、孟连土司之东，这证明"莽匪"已经深入了内地。书生出身的刘藻被部下欺骗，在刘藻的报告中，还有参将何琼诏渡过整控江追敌，架着藤牌扑杀，被莽子刀戮其马，滚入江中身亡一事。擅长骑射的高宗当即指出："试思马上岂能使用藤牌？"尽管刘藻的报告谎言连篇，但因刘藻为博学鸿词科出身，军机非其所娴习，高宗相信他是能力不及，并非存心谎报，故而从轻发落，将刘藻降为湖北巡抚，令东阁大学士、陕甘总督杨应琚前往云南办理。高宗警告刘藻在杨应琚到来之前，务须实力经理，"若稍存五日京兆之见，以致贻误事机，必重治其罪"。刘藻在接到高宗的降职诏后，因惶恐而自杀。

乾隆三十一年（1766）三月，杨应琚率兵至云南普洱，恰逢缅军掳掠撤退之时，清军顺利收复车里、孟艮等失地，此战获捷。杨应琚并未分析战况，而是得意忘形地上疏高宗，奏称缅甸易取。而此时，高宗也正为刚平定准噶尔而欣慰，以为征服缅甸这等小国是轻而易举之事，当即批准杨应琚的提议。

杨应琚主张兴兵灭缅，到云南楚雄后，缅军掳掠而归，失地渐次收复，这导致杨应琚从心底生出了轻敌的思想，认为边事易办。他一面行文缅甸，虚张声势地恫吓对方，另外又采取威逼利诱的手段，使缅甸边境各土司内附。同时，从省城集合一万余兵力，以备大举征伐缅甸。缅甸政府军得知清朝备战，便集合数万军队兵分四路，先发制人，进攻中国内地。"一由蛮墓，一由勐密（也作猛密）、勐育（也作猛育），一由木邦，一由滚弄江"[①]。而清廷方面，由杨应琚指挥，兵分两路，一路以永顺镇总兵乌尔登额出宛顶进攻木邦；一路以永北镇总兵朱伦出铁壁关。此时腾越副将赵宏榜

① 昭梿：《啸亭杂录》卷5，《缅甸归诚本末》，第81页。

首言木邦、蛮暮各土司愿内附，缅甸可取。杨应琚尚不为所动，称："吾官至一品，年逾七十，复何所求，而以贪功开边衅乎？"遂让道、镇、府、州合议此事。诸绿营将领争言内附，提督李勋以猛勇、猛散告，总兵刘德成以猛笼、补哈告，总兵华封以整卖、景线、景海告，皆侈言夷地广轮或两千里，或两千余里，其实皆在边外，空悬异域。杨应琚遂上奏高宗说："（臣）断不敢冒昧喜功，惟因缅匪屡次侵扰土司边境，若不乘时办理，恐土境不得安宁。"把发兵征缅说成是巩固边疆的必要措施，他自称已经做了充分的准备，派人暗中前往缅甸首都阿瓦侦察，将沿途地方之广狭、道路之险夷，都详细绘成地图，以备进兵之用，还说现已调集兵力，布置练习，整装待发，"今缅甸即人心涣散，木邦情愿归顺，是有机可乘"[①]。此时，又传来了木邦人杀缅立土司罕黑，奉线瓮团为主，愿求内属的消息。不堪忍受缅人残虐的蛮暮土司也提出内附的请求，希望清兵可以前去保护。木邦和蛮暮属缅甸大土司，是清军入缅门户。杨应琚亲赴永昌城，接受土司投诚，并奏报高宗："缅匪之地愈蹙，控制更自无难。"杨应琚已年逾七十岁高龄，高宗认为他行事必定稳妥，老成历练，遇事处置有方，遂谕杨应琚："本无事求多于外夷，亦可收功蒇事，倘或怙恶不悛，果有可乘之会，不致重烦兵力深入，而成勘定之功，以永靖南服，尤为一劳永逸。"[②]杨应琚的征缅计划得到了高宗的批准。

杨应琚得到高宗的指令，即派副将赵宏榜率领永顺、腾越兵出铁壁关，屯驻新街，保护蛮暮土司。赵宏榜率清军到来后，蛮暮土司瑞团即刻向清军投降。"是时腾越知州陈廷献招猛育、猛英、猛密，陈元震招戛鸠、允帽，富森招仵佤，而宏榜又招孟养，乃坝竹、孟岳十六寨诸夷，先后遣人

① 《清高宗实录》卷768，乾隆三十一年九月丙子。

② 《清高宗实录》卷769，乾隆三十一年九月乙未。

来约降。”杨应琚在这种形势下，以为缅甸旦夕可下，于是号称用陆路兵三十万，水路兵二十万，陈缅边境，传檄缅甸未降。事实上，这完全是虚张声势的恫吓，清军调集的陆路步兵不足两万，水兵更是无一人。缅甸国王懵驳在得知清军入侵的消息后，集结三万精兵，一路由蛮暮，一路由猛密，一路由木邦，一路由滚弄江，兵分四路，声势浩大，大举反攻。此时新街仅由赵宏榜部数百人驻守，清军只抵抗了两天，就不得不率军退回铁壁关。蛮暮土司也携其眷属一并退回到内地。明朝时期在云南永昌边界共设万仞关、巨石关、神护关、铜壁关、铁壁关、虎踞关、天马关、汉龙关八关。面对着从万仞、巨石、神护、铜壁、铁壁这五关同时侵入的缅军，清军严重缺乏准备，纷纷溃败。败报传来，杨应琚惊惶得疾，云南提督李时升率四千清军赴铁壁关御敌，督总兵朱仑出铁壁关，攻楞木，被两万缅军击败，不得不后撤到陇川。此时的缅兵四处焚掠村寨、掳掠人财，杨应琚却对高宗谎报，称缅甸请求罢兵归顺，恳求高宗将蛮暮土司所属的新街地方用于互市。依据杨应琚事先绘制的地图，高宗发现陇川、猛卯等这些所谓的杀敌获胜之地均在中国境内，而缅军已侵入我国境内。杨应琚所谓的杀敌上万，全是一派谎言。高宗遂命福灵安赴前线调查实情。福灵安报告高宗：“缅匪分众由万仞关小路窜入永顺，将盏达烧毁，延及户腊，并将铜壁关官兵冲散。”①副将赵宏榜已失守新街，提督李时升先由楞木退至铁壁关，又由铁壁关退至杉木笼，总兵朱仑也已从户腊退至陇川，清军纷纷后撤。高宗不能容忍，随即下令逮捕李时升、赵宏榜、刘德成、乌尔登额等败将，命轻开边衅的首罪杨应琚自尽。

正值壮年的高宗在平定边疆之时屡次取得胜利，而此次在与缅甸小国交战中惨败，“天朝上国”颜面何存！为树立天朝威信，不能就此中止中缅之战。所以，高宗改派明瑞为云贵总督、鄂宁为巡抚，重整旗鼓，调集八旗、

① 《清高宗实录》卷781，乾隆三十二年三月癸未。

绿营军队三万余人对缅发动大规模军事进攻，以雪耻辱。乾隆三十二年六月（1767），明瑞集中兵力，分两路进攻缅甸首都阿瓦。九月，清军兵分两路，赴缅作战，一路由明瑞亲自率领，从出宛顶、木邦出发，进攻锡箔；另一路由参赞大臣额尔景额率领，从老官屯取道，进取勐密。两路军队约定会师阿瓦。除此之外，别令参赞珠鲁讷领军五千人随同明瑞一起攻克木邦，之后便驻军戍守以做声援之用。

然而，由于缅甸地区气候潮湿，瘴气严重，清军对此极不适应，并无提前准备，再加上缅军的激烈抵抗，因此清军伤亡严重。主将额尔景额染瘴身故，改由其弟额尔登额组织进攻。而明瑞率领的一路清军并未遇到激战，进攻时未受太大阻挠，但在十一月底，明瑞率军强渡锡箔江时，开始与正规缅军激战，双方损失惨重。虽然缅军后撤，但清军亦元气大伤，领军大将明瑞的眼睛也被炮火打瞎。此时清军已经出境作战长达两个月之久，粮草、武器供应明显不足，清军也丧失了初期进攻时的锐气。很多将士都请示退军整修，伺机再进。可被出师以来连战连捷之势冲昏头脑的明瑞，不顾官兵反对，率军继续南下。

南行之路日益艰难，路途险隘，人疲马乏，粮草不足，敌军暗中扰乱军心，直至十二月，清军到达象孔之时，弹尽粮绝。得知清军粮尽，缅军开始发动猛烈进攻，明瑞不得不率领军队还师。在返回途中，接连遭到缅军围攻，以至于军队步履维艰，且战且退，行动迟缓，日行不过三十里，从象孔撤退至小勐育整整用了两个月时间。而此时更令清军无助的是，珠鲁讷所率领的援军也在此期间遭到缅军围攻而全军覆没，明瑞与内地的最后联系也被断绝。为继续援助赴缅作战的清军，高宗不得不另派西路额尔登额率军东进，西路军畏敌懦弱，迟迟未曾前进，又退回宛顶，驻足不前，这便贻误了救援之机。明瑞在外援彻底断绝的情况下退至小勐育，其军被困，他自认为有愧于高宗赏识，含恨自杀，其余官兵溃不成军，四处逃散，此次征缅彻底失败。

高宗得知此次溃败，大发雷霆，将贻误时机的援军将领额尔登额凌迟处死。此外又任命傅恒为经略，阿里衮、阿桂为副将军，舒赫德为参赞大臣。拨饷银二百万两，再次调动八旗、绿营军对缅甸进行大规模进攻。此时，参赞大臣舒赫德和云贵总督鄂宁联合上奏，讲明缅甸路途险恶，气候恶劣，行军困难等情由，认为应暂时停止进攻，休整兵马，遣使招降。乾隆闻此盛怒，严厉申斥二人，并借圣祖平定吴三桂一事否定其上奏的缘由，对招降之策严加斥责。舒赫德被革职，鄂宁被贬为福建巡抚。缅甸虽然在军事上取得了胜利，但自知是国小兵寡，不敢与清廷公开对峙。为避免清军再次进兵，缅甸请求议和，高宗宣称："堂堂大清势当全盛，殄此丑类，于力有何不给，而肯效掩耳盗铃，恬不为耻耶？"[①]对其求和视而不见，并调集蒙古东北地区的八旗兵丁、福建水师、四川瓦寺、土司军队前往云南地区待命。炮弹粮饷准备充足，一时轰动全国，蓄势待发，准备与缅甸决一死战。

乾隆三十四年（1769）三月，大学士傅恒受命抵达云南，即与阿里衮、阿桂等将领筹划进攻方略。本议定待瘴气消退再南下进攻，但为了避免驻守将士空等两个月，决定提前至七月南下进攻。此次南下兵分三路，由傅恒统率一军，从边外戛鸠渡江南下，由勐拱、勐养（也作孟养）直捣木梳；由阿桂统率一路自江东南行；第三路由阿里衮率水师于江中进军。三路大军相互策应。七月二十日，傅恒首先率军从腾越启程，其他两路相机出发。七月正值暑日，所以傅恒南下之时，缅军并未进行激烈反抗，而是伺机反攻。清军出师不久，连战连捷，当兵至老官屯之时，因气候恶劣，水土不服、染病死亡人数日益增长。况且此地易守难攻，因作战而死者众多，截止到十一月，在短短三个多月期间，清军已由三万人减至一万三千人。傅恒本人也因染上

① 《清高宗实录》卷809，乾隆三十三年四月戊寅。

瘴气而重病在身，广大将士厌战情绪渐长。战争已经无法进行下去。恰逢此时，缅甸也无力再支撑下去，遂遣使求和。傅恒乘机与其谈判，缅甸答应向清朝贡并释放战俘，退还所侵占土司之地，傅恒于十一月下旬撤兵。

乾隆三十五年（1770）初，傅恒班师回朝后病逝。又正值金川正发生叛乱，阿桂受命出师金川，此时清廷正全力平定金川叛乱，而缅甸方面也在用兵暹罗（今泰国），因此中缅边界无警报。清廷平定金川后，缅甸也灭掉了暹罗，中缅双方开始谈判议和，往返几次，议和不成。但遭清军二次深入腹地的缅甸，不敢再轻易犯境。乾隆四十三年，暹罗人民起义推翻了缅甸的殖民统治，并遣使入贡清廷，清廷封郑华为暹罗国王。缅甸因暹罗的打击而发生了内乱，翁藉牙第四子孟云被拥为国王。国王孟云继位后，害怕受到清朝与暹罗的夹击，乾隆五十三年派使者投书，称："孟云深知父子行事错谬，感大皇帝恩德，屡欲投诚进贡，因与暹罗构衅，且移建城池，未暇备办，今缅甸安宁，特差头目遵照古礼进表纳贡。"并进献金塔及驯象八，宝石、金箔、檀香、大呢、象牙、漆盒诸物。乾隆五十五年，高宗八十大寿之际，孟云借机遣使者前来祝寿进贡，请求清廷恢复通商和册封，高宗即册封孟云为缅甸国王，恢复了正常的贸易，于是中缅纠纷以缅甸的纳贡投诚而告终。

清廷对缅作战历时三年，前后共历经四次战争，皆以失败而告终。两国之战，首先应归罪于缅甸，其统治者翁藉牙及其后继者的野心膨胀，侵犯清王朝边境，清廷出兵实属自卫防御。但对缅作战失败，高宗恼恨，便派杨应琚进剿，而杨应琚借缅甸撤退之时获得胜利，不分情状，轻易挑衅滋事，高宗轻信其言，认为缅甸易取。此时，对缅之战已经改变了性质，成为一场侵略战争。二次战败后，高宗迫于天朝颜面，不恳轻易中断战争，而杨应琚并未据实奏报，更惹怒了高宗，所以革除杨应琚之职，改派明瑞继续作战。明瑞率军第三次征缅，因其刚愎自用，再加上援军畏敌，贻误战机，最终导致孤军作战，明瑞饮恨自尽。高宗见三次作战均败，怒不可遏，动用全国兵力发动对缅作战，然而第四次征缅最终依旧以失败而告终。

缅甸本属小国，高宗为征服缅甸，不惜动用全国兵力。据统计，四次征缅前后共调拨军队七八万之众，耗费饷银一千三百万余两，死伤数万名将士，最终无功而返。缅甸位于中国以南，地形险峻、气候恶劣，瘴气尤其严重。长期生活在北方的中国军队很难适应这里的环境，所以屡次南下均深受其影响。从四征缅甸看来，莫不是高宗内心的欲望所致。高宗好大喜功无法承受被如此小国一再击败，所以在第四次征缅之时，已经达到疯狂扩兵的地步。然而天意弄人，缅甸凭借其自身的优势，决定了清廷的失败，最终双方议和。因为中缅战争长达三年之久，对缅甸自身实属不利，此外缅甸乞降不会对自身造成巨大损失。就清廷而言，由于瘴气，清军损失惨重，所以议和对清军来说是有利的。对缅作战，无疑是乾隆朝前期外交史上的一大失败，然而血气正盛的高宗并未认识到此次战争的危害，反而继续穷兵黩武，乾隆朝末年对安南之战便充分说明了这一点。

两封安南国王

安南国古称交趾，与中国西南边疆相连。自秦汉以来约一千年间，一直作为中国的郡县被管辖。唐末五代以降，安南国逐渐脱离中国的统治而独立，并历经吴、丁、前黎、李、陈、后黎等朝代，与中国一直保持着宗属关系，新君即位，必须经过中央王朝的册封，方可取得合法地位。明清时期，即安南国后黎统治时期，安南国形成了南北纷争的局面。广南阮氏（史称旧阮）控制南方，北方郑氏专权，而黎氏只是徒有虚名。旧阮在文治方面虽不及郑氏，但在武功方面却大有建树。

清初，黎氏向清廷请封，获得了统治安南国的正统，然而安南国旧阮割据一方，控制南圻，广南俨然成为独立王国。乾隆朝时期，西山阮氏（以阮文岳为首）势力崛起，并被黎朝权臣郑森招降，郑氏借西山阮氏之力于乾隆四十一年（1776）击败旧阮，阮文岳占据广南地区，并于乾隆四十三年“僭称天王，自立为帝”。乾隆五十一年，阮氏借口郑氏专国，为尊扶黎王，北上发动进攻，阮文岳之弟阮文惠进取黎城（今河内），郑栋携国印仓皇出逃，在路上自尽，国印丢失。这期间，国王黎维禗崩，皇太孙黎维祁即位，阮文惠被封为元帅，但因阮氏兄弟之间的权力之争，再加上阮文岳“外示尊扶，内怀反侧”，群情激愤，各地官兵赴黎城救援，所以阮氏仓促回到广南地区。此后，阮文岳自称中央皇帝，并封阮文惠为北平王。

乾隆五十二年（1787），阮文惠乘机北上欲夺取北方政权。黎氏大败，黎维祁命其弟携母后、王妃等逃难。此事惊动了清廷，广西巡抚孙永清将安南国此次大乱具体情形上报给高宗：据太平府知府陆有仁等禀报，安南国被阮姓攻破黎城，嗣孙黎维祁出奔。安南官员阮辉宿、黎炯保护王母、王子等避兵于博山社，被阮兵追杀，逃至河边求救入隘，经巡隘官员向其盘问，遥望隔河有一百余人，似系前来追赶，因见我方有兵，不敢过河，随即退去。守隘官弁将阮辉宿等男妇老幼六十二人收受入隘，拨与房屋，令其居住，孙永清“现以巡阅关隘，直抵龙州，查询实在情形，另行具奏”[1]。

由于安南国内乱的来龙去脉并未及时奏报给清廷，清廷只知黎朝国王去世，新国王继位，其他具体情由一无所知。所以当高宗得知这一奏报时顿觉蹊跷，便派孙永清查明此事，同时调两广总督孙士毅赴广西龙州，办理安南国求救内投之事，命其查明安南国正统源流何在，是否原归阮氏所有，以及现今安南国的具体情形。最后妥善安置安南来投的男妇老幼人等。

从乾隆五十二年五月至乾隆五十三年六月，高宗与满朝文武一直纠缠于国印丢失之事，因为这关乎安南国王的正统地位。孙士毅查明安南国国内情形，阮氏作乱，并未据有全国。孙士毅仔细查勘地形后，在安南边界进行了严密的防卫部署，并调集众兵以壮声势。关于是否出兵平定安南叛乱，地方督抚和清廷达成了一致，同意认为此非字小存亡之道，应平定安南内乱。但阿桂认为安南政局向来有所反复，而且黎维祁出逃，下落不明，所以此时发兵尚属太早。高宗不顾阿桂的反对，毅然决定出兵安南。在此之前，一再下

① 《清高宗实录》卷1307，乾隆五十三年六月戊申。

旨在安南边境部署防御，以壮声势，欲使黎维祁闻势而出面，进而带兵恢复统治，隐藏已久的黎维祁得知得到清廷的大力支持，终于出面申文讨贼，而此时安南国内也一致请求清王朝出兵助安南剿灭阮贼。

乾隆五十三年（1788）八月二十八日，高宗下令平叛安南内乱。孙士毅奉高宗谕旨，令广西提督许世亨等带兵进剿，首先派富纲为一路，从滇省蒙自出发并发檄文给阮文惠，给予其一线生机。而孙士毅一路严加声讨，使其震慑于兵威，阮氏被逼至绝路。孙士毅派得力干将前往广西边境，预备出关。西南土司亦带土兵一千五百名赴太平随营征剿。安南国内黎维祁之弟黎维祗返国过后，集合义兵力图恢复统治。这一虚张声势的战略态势，扰乱了阮氏的军心。十月底，高宗以孙士毅为元帅统领两广军队，途经镇南关进入安南境内。由于前期准备充分，安南境内军民一心，所以连战告捷。十一月，清军势如破竹，先后度过寿昌江、市球江、富良江后，阮文惠仓皇败逃。十一月二十日，清军收复黎城，黎维祁赶赴军营与孙士毅会面，遵高宗旨意，黎维祁被册封为安南国王。此次大捷，高宗甚是高兴，封孙士毅为“一等谋勇公”，赏戴红宝石帽顶，许世亨为一等子爵，其余各将皆封赏有加。

收复黎城后，黎维祁恢复王位，一方面大加封赏，一方面诛戮报复，渐失人心。安南虽被收复，但饥荒遍野，百废待兴。孙士毅催促黎维祁壮大水师以备防御，但黎维祁没有听从劝告，再加上人心离散，以至于隐患重重。十二月初十日，高宗命阿桂传旨孙士毅将安南布置妥当后回京，不必久驻安南。因清军在外作战补给困难，孙士毅南下全靠内地补给，动用人员数万，况且安南地域狭长，广南与黎城相距千里之遥，运粮差役为数日增，清廷负担过重。所以，高宗下旨令孙士毅班师回国。但孙士毅收复黎城后，骄傲轻敌，贪功自大，想挥师南下，收复广南，因此在收复黎城之后，一直驻足于安南，迟迟不返。

就阮文惠方面而言，虽然战败，但势力未减，阮文惠并未因黎城败退而丧失信心，而是称帝于彬山，并进兵北上至寿鹤，表面上向孙士毅多次乞降，暗中却准备进攻。十二月，阮文惠率军进至三叠山，黎维祁问计于孙士毅，但孙士毅不以为意，并无防御抵抗之念，阮文惠长驱直入，北上进攻。岁末，阮文惠集中八万兵力，在清军毫无准备的情况下对黎城发动了猛烈攻势。阮文惠亲自督战，与孙士毅展开激战，孙士毅仓皇应战，终因防御不善，指挥失误，寡不敌众，败走黎城。为了逃命，他渡过富良江后烧断浮桥，清军死伤无数。至此，安南之战以清军的失败而告终。

孙士毅征讨安南，不到一个月的时间便收复了黎城，高宗称赞他“素称能事”，加以宠任。但是孙士毅骄傲轻敌，贪功自大，阮文惠北上进攻之时疏于防备，酿成大祸，以致耗用粮饷数十万两，损兵折将无数。但高宗并未因此对其进行严厉惩处，还命其回京补用兵部尚书，两广总督改由福康安担任。高宗之所以没有严惩孙士毅，一方面因为孙士毅是个文人，事已至此，无可复言；另一方面是因为高宗并无心收复安南，此地并非物产富饶之地，而是土地贫瘠，入不敷出，不需要耗费太多的兵力予以干涉。

阮文惠虽攻占了黎城，但人心不附。多年来，安南国一直由黎姓统治，虽为傀儡，但一直因得到清廷的册封而占据正统地位，而阮氏割据一方，实力比北方强大，但无名无实，所以很难得到安南人民的认同。此外，阮文惠只是广南地区的大臣，阮氏兄弟因权力相争，素来不合，因此，甚至连广南一隅的阮文惠都不好掌控，更何况面对黎氏的宗族、旧臣、遗老，更是难得人心。再者，安南此时正与暹罗（今泰国）交战，可谓面临着内忧外患，所以只有接受清廷的册封，阮文惠才能名正言顺地统治安南，平息国内割据势力，统一安南，重聚人心，一致对外作战。为此，阮文惠从乾隆五十四年（1789）正月起，先后四次对清廷乞降请封。

清廷为保全天朝体面，没有轻易答应其乞降的请求，高宗命福康安至镇南关，若阮文惠乞降，则对其大加呵斥，以示严惩，不予以允准。阮文惠以为清廷不会再用兵安南，故以遣送战俘作为和谈的主要条件，但高宗未允，又加了一条，即将杀害清军提镇的凶犯押到军前正法，以彰显天朝国威，阮文惠第一次请封未能实现。

乾隆五十四年（1789）二月初九日，阮文惠第二次乞降请封。孙士毅不准其进关，并重提释放战俘的条件，经过阮文惠使臣的一再请求，表文终于送至汤雄业处，汤雄业对阮文惠提出条件，即先将清兵送出后再请封。阮文惠答应此事，表示随时听候清廷指示，并请求汤雄业在孙士毅前美言相劝。

二月二十二日，阮文惠三度上表请降，行文恳切。然而清廷并未罢休，除提出遣送战俘之外，还提及边界问题，并命福康安传旨，令阮文惠献出边外厂地，方可考虑其归顺的问题。二月三十日又传旨令其献出赌咒河外四十里地方。面对这些条件，阮文惠皆一一应允。在第四次请封之时，提到已将凶犯军前正法，并先后四次遣送清兵回国。福康安见其诚心悔过，即奏请与其议定在高宗八旬万寿之时输诚纳款。至此，阮文惠请封之事尘埃落定。

就清廷而言，安南只是清王朝的属国，清军讨伐安南也只是碍于天朝颜面。此次议和，一方面保全了天朝颜面，另一方面收回了一部分土地，对于清廷来说，也算有所收获。安南国是黎氏统治还是阮氏管理并不重要，黎氏懦弱无能，阮氏尚可料理国事，安南事已至此，无须驻兵防守，所以高宗于四月初十日，命福康安撤兵回国。乾隆五十五年，安南国王阮光平（即阮文惠）率领安南朝贡人员赴热河避暑山庄，朝觐祝寿，自此，清廷与安南国又恢复了友好关系。

高宗在阮光平被授予国王的封赐后，给予其很多恩惠，如善待其侄阮光显，允许其赴镇南关，并代叔觐见；先后两次封阮文惠次子阮光垂、长子阮光缵为世子，一国两封世子在清朝历史上实属罕见；答应阮光平的一切请求，满足安南国休养生息之需。此外，对于黎维祁的安置问题，高宗甚为重视。一方面，黎氏自清建国以来一直恭顺有加，高宗不忍将黎维祁遣送回国以致其身处险境；另一方面，为了确保阮氏地位巩固，以防黎氏回国暗中滋事，所以决定将黎维祁安插在广西，令其剃度，并将其属下送至北京充汉军旗，以巩固阮氏地位。

自清入关以来，安南国便与清王朝一直保持着宗藩关系。两国之间虽然往来密切，但仅限于朝贡的体制关系，清廷对其内政本不予以干涉。安南国内部王朝更替乃是其国内之事，并未威胁清王朝边境，所以清廷本不欲出兵镇压。而且安南地处南端，气候湿热，出兵本不利。高宗以春秋之义，讨伐叛变，推崇正统，仅在短短一个月之内，便将阮氏驱逐出黎城，恢复黎氏的统治地位，实属仁至义尽。但黎氏过于懦弱无能，致使政权再度被阮氏所取代，这正是天意所至，而非人意所能违背。虽然清军此次战败，但阮氏终因处境不利而向高宗乞降。对清廷来说，安南国实属弹丸之地，清廷本不会战败。但高宗深知对安南的战争于自身无益，出兵安南也是不得已之事，所以他顺天应势，接受议和。当然，此次安南之战，从本质上来说，是一场不义之战，双方兵力耗费巨大，尤其是清军损伤无数，成为清王朝由鼎盛转向衰败的一个诱因。但战后阮氏四度乞降请封，高宗虽碍于“天颜”，对阮氏多有考验，但最终接受了阮氏请封，两国恢复了友好关系，也可见清廷也自有其向心力，也显示出高宗外交政策之英明。从清廷对安南的册封过程中，也可以捕捉到清廷管理藩属国的特征：

首先，藩属国君主及其子嗣极为重视宗主国册封。安南黎朝君主一直接受清廷的册封，并视其为合法统治的重要依据之一。阮氏取代黎氏后，一直要求清廷册封，也是为了展示其统治的正统性。而清廷将其册封作为治理安南的重要手段之一，长期以此控制安南国，册封在很多情况下甚至比军事征服更为有效。安南阮氏及其子嗣得到清廷册封之后，即正式确立其臣属关系，可见册封在宗藩关系中具有法律效力。

其次，宗主国维护藩属国君主的合法地位。在阮氏推翻黎朝初期，清廷本着对藩属国负责任的原则，一直坚持承认黎朝在安南的合法地位，并且倾尽其所能帮助黎朝恢复在安南的统治。黎朝的君主和贵族得到了清王朝相当的礼遇与支持。但是当阮氏在安南势力已成既定事实的情况下，清廷不得不承认阮氏在安南的地位，即便如此，作为宗主国的清王朝仍然对黎朝后照顾遇有加，给予他们的恩惠并未因其失国而消失。另一方面，在承认阮氏在安南的统治地位之后，清廷也没有再支持黎朝后裔颠覆阮氏政权，也等于从另外一个侧面保护了藩属国的稳定。

最后，宗主国为了维护自身利益，可以舍弃藩属国利益。作为宗主国的清王朝原本一直支持黎朝后裔恢复其在安南的统治，但是随着清廷对阮氏的战争失利，清廷不得不承认阮氏在安南的地位，尤其是后来清廷对阮氏进行了册封，也就等于间接地舍弃了原本安南藩属之臣黎氏的核心利益。因此，我们也可以理解，为了宗主国的核心利益，宗主国可以在一定程度下舍弃藩属国的利益。由此也能判断，宗主国对藩属国而言，处于不平等的地位。

英国七百人外交使团

18世纪，英国经济在工业革命之后飞速发展，为争取原料和扩大商品市场，英国大肆对外扩张。中国地域广袤，资源丰富，人口众多，英国对这个东方古国垂涎已久。但是，清王朝正实行着闭关锁国政策，加之自给自足的自然经济，无须与外商进行贸易，便能够维持自身发展的基本需要。出于对西方各国的防范，避免争端，唯闭关以自卫。康熙年间，迫于经济需要，曾开放过四个通商口岸，但至乾隆时期，本着保卫海疆安全、巩固其专制统治的目的，于乾隆二十二年（1757）关闭三海关，外商对华贸易仅限于广州一隅。虽然英商曾企图以各种狡诈手段打开中国市场，但均被高宗识破并回绝，因此英国转而利用外交手段打开中国市场。乾隆五十七年，英政府派出使团前往中国，这个多达七百人的庞大的使团以马戛尔尼勋爵为首，马戛尔尼使团访华是中英两国的首次交往，是中英两国的重大外交活动。

其实，早在乾隆五十二年，英国曾试图派遣喀塞卡特使团出使中国，不料喀塞卡特病死途中，计划落空。五年后，英国政府再派马戛尔尼担此重任。马戛尔尼系英国的外交官，长期从事外交活动，他在印度曾担任重要职务，料理过孟加拉国事务，此次出使正值他担任孟加拉国总督之时，因他极富谈判经验，而被英国政府重用。马戛尔尼等人携重礼而来，声称为高宗祝寿，实质上醉翁之意不在酒，英国使团此次前来是为了获取中国的情报，并拟定条款，以期为英国获取在中国的通商利益。

乾隆五十七年（1792），就在高宗举办八旬万寿庆典后不久，还沉浸在自己的得意之作《御制十全记》写成的喜悦之中时，即得到广东巡抚郭世勋奏报，英国七百人使团在马戛尔尼的带领下，正携带贺礼驶往中国，为其补祝八十大寿，他更是欣慰至极。他多次对英国使团所经各省的督抚颁布谕旨："该贡使航海远来，初次观光上国，非缅甸、安南等处频年入贡者可比"，"务易妥为照料，不可过于简略，致为远人所轻"[①]。高宗平苗疆，定西北，攻台湾，征缅甸，封安南，战绩赫赫，海内外皆统一于大清王朝。他将英国与缅甸、安南等国视为一体，并认为英国此次出使是慕名而来，向大清朝贡。与周边藩国不同的是，这是英国第一次"朝贡"，为了防止有失"天朝"体面，高宗命各省督抚隆重接待。因此，两广、闽浙、两江、山东、直隶等省督抚与众官员合力行动，部分派沿海官员出海观察英使动向，关注英使所到海域，以备迎接；一些官员负责筹备粮食，修葺房舍，采办物品，为其提供食宿和犒赏之物；此外，各省官员还准备了大小船只，以备运送英使所带贡品。在英国使团前往中国的半年时间里，清朝官员一直忙于英使的接待筹备工作。

英国政府指命马戛尔尼为团长，率领七百人使团出使中国，规模之所以如此浩大，是因为当时的英国在西方世界中最为强盛，为了向中国展示大英帝国的物质文明和雄厚的实力，英国政府特派各行各业的专家参与此次外交活动，并让特使乘坐英国第一流军舰"狮子号"。此外，还装备了六十四门

① 《清高宗实录》卷1431，乾隆五十八年六月戊寅。

大炮，于乾隆五十七年九月，从英国朴次茅斯港浩浩荡荡地出发。历时近一年，渡过大西洋、印度洋，终于在乾隆五十八年（1793）五月进入中国南部海域，至六月下旬到达天津。

英国使团抵达天津后，高宗命官员向其宣读恩旨。然而由于中西方礼仪之差，马戛尔尼等人只是免冠肃立，并没有下跪。高宗得知后不悦，便命天津盐道征瑞劝说英使应遵从大清规定，行三跪九叩之礼。然而，在英使看来，大英帝国与中国是平等的国家，而且此行是一场外交活动，而跪拜之礼事关国家地位问题，因而拒绝了这一要求。八月，使臣抵达热河，在觐见高宗之前，军机大臣和珅等人多次劝说，马戛尔尼等人继续坚持不跪。经过再三商讨，清廷不得已答应觐见之时，马戛尔尼等以觐见英王之礼觐见高宗，单膝下跪，但省去了吻礼。英使的这一行为令高宗极为不满。对于高宗而言，三跪九叩之礼在中国表示恭顺之意，中国臣子觐见皇帝之时均应行此大礼，而藩属国来此朝贡也应行礼，以示对中国的臣服。英使声称为高宗补祝八十大寿，高宗本认为是英国对大清的朝贡与顺服，而由于中西礼仪之差，马戛尔尼等人拒绝向高宗下跪，使得高宗大失所望，对英国使臣的热情大减，并下令减少对其供给，取消额外的犒赏。

八月中旬以后，使臣抵达北京，并与和珅等清朝官员举行会谈。会谈期间，英使提出了一系列极具侵略意味的条款：首先，增开通商口岸，英国政府要求清王朝打开国门，在广州之外，另增舟山、宁波、天津等地为通商口岸，并准许英国人常驻北京，以备料理贸易事宜；其次，割让土地，英使提出让清王朝割让舟山附近小岛和广州附近的一小块地方作为英商居留和贮存货物之地；然后，要求清廷对进入中国内地各口岸的英国商品给予减免税的特权；最后，要求清廷准予英国传教士在华传教。自此，英使已经完全撕去了友好通使的面纱，其侵略中国的阴谋彻底暴露。

面对英国政府的一系列苛刻要求，高宗愤怒至极，对其无理要求，逐条给予了坚决驳斥。针对其提出的增开通商口岸和派人驻京一事，高宗予以否决；对其割让土地的要求，高宗尤为提防，不予批准；至于减免英商税额以及自由传教等事宜，高宗丝毫不予考虑，断然拒绝。马戛尔尼使团此次访华打着友好的幌子，实为殖民与扩张而来，高宗以其不敬至极为由，强令其使团一行于当年九月初三离开北京，由原路返回，并派侍郎松筠等人跟随监送。英国人远道而来，高宗对英使依然以礼相待，特传谕各地督抚沿途照常供应，但不必过于丰盛，如该使团有逗留的请求，要严词拒绝，并催令其前行。英国七百人使团怀揣着英国政府的期望，不远万里，浩浩荡荡来到中国，并受到隆重的礼遇，而返回之时，不但谈判没有成功，反而被中国以最文明的方式驱逐出境。这对于英国而言，是外交史上的一次失败。高宗顾虑到英国此次外交失败，断然不会善罢甘休。因此，为防止英国在广州一带寻衅滋事，高宗下令两广总督加强海防建设，要求各地督抚一改之前疏懈废弛的状态，转而提高警惕，振作有为。要严加防范英国的行为，以防止其占据中国的海疆领土。由于英商至为狡诈，曾多次借口贸易而企图侵略中国，因而高宗下令断绝与英国的贸易。在高宗的督促之下，中国的海防建设大为增强，各地官员皆警惕英商贸易，保证了海疆安全，维护了国家主权。

英国此次出使中国，虽然在外交谈判上失败了，但却获取了大量的中国情报。英国使团访华期间，对中国的地理民俗有了一定的了解。一方面，马戛尔尼等人惊叹中国人民的聪明才智；另一方面，他们也看到了中国因闭关自守而导致的技术落后。概而言之，此次中国之行，英国人看到的大多是中国负面的问题，比如，中国皇权至上，中国人民对于皇帝的过度崇拜，下级对上级送礼的风气的盛行，以及军队营务废弛等状况，足见中国吏治的腐朽落没。英国使团也隐约感受到了中国的社会矛盾，即中国百姓与官僚阶层的矛盾，在官僚的淫威和压迫之下，百姓苦不堪言，并预言劳苦大众终将反抗。在英国人眼中，中国是一个庞大而虚弱的国家，这无疑为英国其后侵略中国提供了情报依据。

18世纪，中西方两大强国通过英国使团相遇。英国作为世界上新兴起的大国，为彰显国力，投入了大量的人力物力，派遣七百人使团访华。其主要目的在于向中国炫耀国威，以期通过气势在中英谈判过程中取得有利地位。然而同样是18世纪的东方大国——中国，虽然在闭关自守之后，国力渐衰，但大国威严尚在，面对英国如此浩大的使团来访，高宗不明实情，以为英国对此次访华极为重视，其朝贡之心极为虔诚，并以超越藩属国之礼隆重接待。然而在得知英使来华的真正目的之后，高宗愤怒至极，对谈判之中的种种条款予以坚决拒绝，并派人监送其回国。中英首次正式的外交以失败而告终。

此次外交失败的原因较为复杂，除了中英两国因根本利益相左而未达成一致之外，还存在着很多偶然因素。例如，中英双方交谈过程中的翻译问题，清廷命葡萄牙传教士索德超协助翻译，而索德超对英国持敌视态度，致使中英双方在谈判过程中存在一定的语言障碍和诸多误解。又如，谈判由和珅全权代理，而贪得无厌的和珅因所得礼物不够而对英国使团热情大减。此外，高宗自身对自然科学一窍不通也是影响中英关系的一大因素。马戛尔尼等人精挑细选，从英国为高宗带来了工业产品，企图打动高宗，但高宗丝毫不感兴趣，并自大地认为中国同样能制造这些产品。清王朝对西方先进的生产力和新产品毫无感觉，更无警惕之意，高宗陶醉于大国威严之中，无法自拔。

英国使团来访之时，高宗年事已高，尽管当时清王朝国势已经露出下滑的端倪，但中国仍然是屹立于东方的一大强国。英国派出多达七百余人的外交使团，企图用和平建交的方式来开展中英贸易，不像对待印度等国家那样投入武力，而且在遭受清廷的严词拒绝后，也只能悻悻而归，未对清王朝采取任何军事行动。从这一点来看，高宗虽年迈，尚能让英使领略到强国风范，自是中华民族之一大骄傲。但是，由于历史条件的限制，清统治者未能及时认识到与西方强国开展外交、进行贸易的重要性，致使日益与世界潮流脱节，进而开始落后于西方，最终导致中国的大门被英国的坚船利炮打开，这段历史也成了中华民族的百年国耻，令人痛心疾首。因此，我们更要牢记历史，学习历史，决不能盲目自满于当前成就，需要以博大的胸怀和宽广的眼界来密切关注世界动向，谋求自身发展。

六

宫廷生活　养身妙方

SHUDU QINGSHI
QIANLONG DINGSHENG

六位后妃

中国历朝历代帝王几乎个个妻妾成群，其后宫的身份、地位是等级分明的。从圣祖开始，后妃们被分成八个等级，其中，皇后、皇贵妃各一人，贵妃两人，妃四人，嫔六人，贵人、常在、答应则没有确切的人数规定。这些后妃们分别在东西十二宫居住。

高宗共有后妃约四十位，数量仅次于圣祖。在这个庞大的后妃群体中，他先后共册封了三位皇后，前两位是富察氏和乌拉那拉氏，第三位情况比较特殊，乾隆六十年（1795），皇子永琰被密立为太子，高宗册赠其生母皇贵妃魏佳氏为孝仪皇后，但此时距离魏佳氏去世已有二十年之久。

第一位皇后富察氏，即孝贤皇后，是高宗的原配。她出身名门，曾祖父哈什屯曾追随太宗征战立功，是清朝开国功臣，官至内大臣、议政大臣，他在顺治朝党争中，坚决站在世祖一边，而不是顺从于多尔衮。富察氏的父亲李荣保是察哈尔总督，其兄马齐蒙更是受到圣祖的赏识，官至兵部尚书兼议政大臣，而她的弟弟正是乾隆朝的大学士傅恒。雍正五年（1727），富察氏被封为皇四子弘历的嫡福晋，这一年，她十六岁，小弘历一岁。乾隆二年，富察氏被立为皇后，她虽然贵为皇后，但是生性贤淑，并且崇尚节俭，不穿戴华丽的珠饰宝器。不仅对皇太后百般孝顺，与高宗更是情深意笃，相敬如宾，对待诸皇子更是视如己出，履行其母仪天下的职责，后宫上下心悦诚服。高宗道出了皇后对他的重要性："朕得以专心国事，有余暇以从容册府者，皇后之助也。"[①]皇后富察氏虽有显要的家世，完美的个人魅力，是母仪天下的后宫之主，却有着自己无法释怀的伤痛与缺憾，她为高宗生有两儿两女，长子永琏九岁夭折，次子皇七子永琮，虽被高宗早早地密立为太子，却于乾隆十二年（1747）除夕死于水痘。连续两次丧子，给富察氏带来的打击之大不难想象！

乾隆十三年二月，皇后随太后及高宗东巡，到达山东后，拜谒孔庙，登泰山。在回抵济南时"微感风疾"，似乎并无大碍，加之高宗事务繁忙，并未留意皇后病情。十一日回銮德州时，皇后于深夜突然病发去世，终年三十七岁。高宗奉皇后梓宫回京后，停灵柩于长春宫。随后降旨决定举行隆重的丧礼。两人之间有着真挚的感情积淀，对于皇后之死，高宗皇帝自然是悲痛不已，他决定罢朝九日，皇子、皇子福晋服白布、剪发，诸王以下文武官员皆斋宿二十七日，百日后方可剃头。高宗为满足皇后生前所愿，赐其谥号"孝贤皇后"，并为富察氏作《述悲赋》："痛一旦之永诀，隔阴阳而莫知"，"纵糟糠之未历，实同共而共辛"，"制泪兮泪滴襟，强欢兮欢匪心"，"春风秋月兮尽于此已，夏日冬夜兮知复何时"。言语间流露出对结发妻子的怀念与哀伤。十二月二十七日，孝贤皇后下葬于胜水峪地宫。在皇后服丧期间所诏，如文武官员不许剃头这类服丧禁令，违反这一规定的一批满汉大臣都受到了诸如斥责、降级、革职、罚俸，甚至处死的惩处，其中不乏大学士、尚书、侍郎、总督、巡抚等朝廷重臣。由此可见，孝贤皇后在高

① 《清高宗实录》卷318，乾隆十三年七月癸未。

宗心目中的地位。

除去早殇的长子永琏、次子永琮，富察氏还有一个女儿不幸早亡，另一个女儿被封为固伦和敬公主，乾隆十二年（1747）下嫁科尔沁辅国公色布腾巴尔珠尔，死于乾隆五十七年，时年六十一岁。高宗对富察氏情深意切，对自己的结发妻子久久不能忘怀，在此后多次南巡时，他不入济南，害怕唤起悲伤往事的记忆。乾隆三十三年，高宗四度南巡时赋诗道："济南四度不入城，恐防一入百悲生。春三月昔兮偏剧，十七年过恨未平。"生动地表现出了高宗对富察氏香消玉殒的遗憾与悔恨。

高宗固然对孝贤皇后的去世心存哀伤，但后宫不可无人执掌，另立新后势在必行。在孝贤皇后之后，高宗又册封乌拉那拉氏为第二位皇后。早在乾隆二年，她便被封为娴妃，七年封贵妃，孝贤皇后归天后，高宗先封其为皇贵妃，代理皇后之职，掌管后宫。乾隆十五年，乌拉那拉氏被正式册封为皇后。那拉氏生性谨慎，对高宗温柔体贴，每遇皇帝出巡，那拉氏都随同相伴。但是，这位皇后与高宗相处，却比不上富察氏那般相濡以沫。乾隆三十年，她与皇帝第四次出巡至杭州时，先是抗旨，后又剪发。据说那拉氏有此过激举动，是因高宗纳妃之事，她心情不快。但是作为母仪天下的皇后，做出如此出格、违背身份礼节的举动，必然会引起皇帝震怒，从此高宗对那拉氏心存怨恨。乾隆三十一年七月，在高宗举行木兰秋狝之时，那拉氏忧郁成疾而死。但这位皇后的丧礼却远不如富察氏的隆重。高宗下令那拉氏以皇贵妃身份下葬。自此以后，除了追封皇太子永琰已故生母魏佳氏为孝仪皇后外，终其一朝，高宗没有再设立皇后。

魏佳氏作为最后一位有名无实的皇后，为死后追册封。她本是汉人出身，后进入内务府做包衣，其父也只是个芝麻官。魏佳氏以贵人身份起步，后升令嫔、令妃、令贵妃，生皇子永琰后，于乾隆三十年被封为皇贵妃。她死后二十年，永琰被立为皇太子，母以子贵，魏佳氏被追封为孝仪皇后，升祔奉先殿。

除去这三位皇后外，高宗还册封了十几位妃子。其中高宗最为宠爱的有三位，即慧贤皇贵妃高佳氏、容妃霍卓氏和惇妃汪氏。

容妃霍卓氏为新疆回部人，入宫后赐号容妃，她也是高宗一度最为宠爱的妃子。这位来自西域的妃子，关于她的身世有很多民间传说和野史记载，传说她有绝世的美貌，并且身体能散发奇香，因此被称为“香妃”。一说她曾是小和卓霍集占的妻子，同霍集占一同被俘入境，因相貌出众，入宫成为妃子。还有一种说法是其为回部王妃，潜入宫中，意欲伺机谋杀高宗报仇，太后得知后赐死。这些野史记载和民间传说不可轻信，但是因为她是少数民族，加之高宗的宠爱，为她在民间传闻中披上了一层神秘的外衣。实际上容妃出自回部的名门世家，为新疆尊奉回教的始祖派噶不巴尔的后裔，世代居住于叶尔羌，其父为阿里和卓。高宗在征伐回部期间，多次规劝回部和卓、伯克归降，有不少部落奉旨前来归降，容妃应当是在此种政治氛围下进京居住，后又被召入宫的。

容妃本为少数民族，其生活习惯和宗教信仰等既具有本民族特色，又有自己的风格。入宫为妃后，高宗为表示对她的这些生活习惯的尊重，将杂技等传统回部节目引入宫中，以取悦这位独具异域风情的妃子。高宗为容妃营建的居所称为“宝月楼”，高宗为宝月楼作诗道：“淑气渐和凝，高楼拾级登。北杓已东转，西宇向南凭。”高宗还在宝月楼旁建“回子营”“回教礼堂”，允许回族人居住、做礼拜。容妃在宫中日常可以保持本民族服饰的穿戴。高宗还经常把进贡来的哈密瓜、葡萄干等具有新疆特色的食品赏赐给容妃，可谓体贴入微，缓解了容妃对家乡的思念。容妃经常陪同高宗出巡，她随皇帝北上赴木兰围场行猎，东巡泰山、曲阜，拜祭盛京祖陵。乾隆三十年（1765），容妃随高宗南巡，次第经过苏州、杭州、江宁、扬州，高宗赐给她具有民俗风情的羊肚片、酒炖羊肉和苏州糕。容妃四十寿辰之时，皇帝赐其玉如意、无量寿佛等珍品。五十寿辰又送古玩、如意、绸缎等物。可见高宗对容妃的宠爱已经到了无以复加的程度。

乾隆五十三年（1788）四月，容妃因病逝世，享年五十五岁。临终之前，她把衣物、首饰等珍品赠予了家属、妃嫔和宫女们，以留作纪念。皇帝对容妃之死很是悲伤，决定辍朝三日，皇子、宗室以下着素服。容妃最后下葬清东陵裕陵妃园寝内。高宗对容妃及其家属宠爱有加，一方面是出于对容妃的喜爱，更深层的含义是通过这些做法与少数民族权贵建立良好的关系，促进各民族和睦相处。

惇妃汪氏也深受高宗喜爱，她为高宗生下了最小的公主固伦和孝公主，公主后下嫁给和珅之子丰绅殷德。惇妃性情暴虐，甚至曾将宫女殴打致死。高宗决定对这次打死宫女事件从严处理，他认为主子惩治奴婢，令其轻生、自寻短见还算说得过去，但是宫女被妃嫔殴打致死之事实属罕见，必须严肃处理，而不能念及私情。他下令将惇妃汪氏降为嫔，与此案相关的太监也受到革去顶戴、罚钱粮的处分。不久后汪氏又复升为惇妃。通过此案，高宗对外彰显了公事公办、不徇私枉法的处事态度，这无疑是帝王为政的必备权术。惇妃卒于嘉庆十一年（1806）正月，享年六十一岁，葬于清东陵裕陵妃园寝。

高佳氏为高斌之女，本为弘历即位前之侧福晋。高斌为内务府旗人，历任苏州织造、广东布政使、江南河道总督等职，由于女儿的尊贵，高家得以入满洲镶黄旗，改姓高佳氏。乾隆二年十二月，册封高佳氏为贵妃，册文载："尔庶妃高氏，笃生名族，克备令仪，持敬慎以禔躬，秉柔嘉而成性……兹仰承皇太后慈谕，以册宝封尔为贵妃。"[1]几年以后，高佳氏去世，尊谥为慧贤皇贵妃。

① 《清高宗实录》卷58，乾隆二年十二月丁亥。

民间口口相传高宗为“风流天子”，说法未免肤浅且缺少翔实的根据。但是在这位立有“十全武功”且爱好风雅、舞文弄墨的皇帝身上，确实也让人真切地感受到了他的缠绵悱恻和儿女情长，对这几位皇后、妃嫔的宠爱，也展现出高宗有人情味的一面。

三次建储

立储一事，在中国古代任何封建王朝都是极为重要的大事。清自入关以来，就甚为重视对储君的培养。世祖册立圣祖；圣祖诸子争位，终选世宗；世宗设立秘密立储制度，传位高宗，使得清代立储制度得到不断完善。

雍正朝设立秘密立储制度，是对历代皇位继承制度的重大改革，成为其后的定型制度。世宗鉴于历代，特别是其父康熙一朝，皇子众多且相互争夺储君之位，最终酿成不少悲剧的史实，在经过多重考量之后，决定实行秘密建储制度。世宗将年仅十三岁的弘历定为储君，把建储诏书藏于锦匣之内，存放于乾清宫的正大光明匾额之后。此诏书一式两份，另一份诏书密藏于圆明园之中，留作日后核对之用。这种方式使得国家权力得以顺利移交，也为政局稳定奠定了坚实的基础。清作为少数民族建立的政权，不同于以往的汉族政权，往往对于立嫡还是立庶，立长还是立幼的问题上并不在意，一般较为看重子嗣的品德与君主的个人喜好。高宗受汉文化影响较大，其立储的过程中，过多地遵循立嫡不立庶的原则，却没有遵循立长不立幼的原则，经过三次立储，才选中了日后的仁宗，可见其立储过程之艰难反复。

初立皇子

爱新觉罗·永琏，高宗的第二子，也是嫡长子，其母是孝贤皇后富察氏。永琏于雍正八年（1730）六月二十六日申时出生，聪明贵重，气宇不凡，深受祖父世宗和父亲高宗的喜爱与重视，曾被密立为皇太子。但于乾隆三年（1738）十月患寒疾夭折，高宗悲痛不已，追封他为皇太子，谥号端慧。永琏的生母是高宗的嫡皇后富察氏，富察氏是世宗按照弘历未来皇后的标准精心挑选出的儿媳，他对富察氏的家世和性情都非常满意。高宗和富察氏喜结连理之后，一直相敬如宾，恩爱笃深，相处十分和睦。雍正八年六月二十六日申时，富察氏生下一子，世宗大喜过望，并亲自为爱孙命名为“永琏”。琏者，宗庙之器也，为古代祭祀时盛黍稷的尊贵器皿，夏朝称“瑚”，殷朝称“琏”。在敏感的高宗看来，这个名字显然暗示着承继宗庙社稷之意。因此，高宗视永琏为心肝，宠爱至极。永琏也的确是个聪慧优秀的孩子，高宗时常夸赞他：“为人聪明贵重，气宇不凡。”

乾隆元年七月初二，高宗才即位不多时，便急于立储。他召集重臣，宣布仿照皇考成式，秘密建储，将储君的名字亲手写于密旨之上，藏于乾清宫“正大光明”匾额之后。清朝立储，不是立嫡或立长，而是看重皇子自身的资质以及皇帝的喜爱程度。而此时弘历年仅二十六岁，这样过早立储，无非就是太过喜爱这个儿子了。

乾隆三年十月的一天，秋风初起，乍暖还寒，永琏患了伤风。尽管皇子天生尊贵，但宫中之人只是以为他偶感风寒，也就没太在意。哪里知道永琏病情日渐恶化，当月十二日就不幸辞世。高宗闻此噩耗，伤心透顶，悲恸不已。悲哀之际，将乾清宫“正大光明”匾后面存放的建储密旨取出，接着便颁布一道上谕，正式将永琏册封为皇太子，谥端慧。谕旨称：“二阿哥永琏，乃皇后所生，朕之嫡子，为人聪明贵重，气宇不凡。当日蒙我皇考命为永琏，隐然示以承宗器之意，朕御极以后，不即显行册立皇太子之礼者，盖恐幼年志气未定，恃贵骄矜，或左右谄媚逢迎，至于失德，甚且有窥伺动摇之者。是以于乾隆元年七月初二日，遵照皇考成式，亲书密旨，召诸大臣面谕，收藏于乾清宫正大光明扁之后。时永琏虽未行册立之礼，朕已命为皇太子矣。今于本月十二日，偶患寒疾，遂致不起，朕心深为悲悼。朕为天下主，岂肯因幼殇而伤怀抱！但永琏系朕嫡子，已定建储之计，与众子不同，一切典礼，着照皇太子仪注行。元年密藏扁内之谕旨，著取出，将此晓谕天下臣民知之。”①

之后，高宗命避讳其名“琏”字，并为永琏增添一万余名八旗兵丁。在清朝历史上，永琏也是唯一一位死后被追封为皇太子的皇子。其实，由于年轻气盛，思虑不周，这道上谕的发布可以说是高宗的失误。这让皇长子永璜、皇三子永璋觉得，第一次确立皇太子时，他们是失意者，他们未能进入皇父的视野。如果当时高宗能够痛定思痛，进而暗中继续考察，再从中择一合意的继承人，并悄悄把之前定的皇太子名字换掉，方不失为明智之举。

再立皇子

爱新觉罗·永琮，高宗的第七子。他的生母是孝贤纯皇后。他的同母哥哥永琏在九岁时病亡，高宗立嫡不成，因此十分希望皇后富察氏再度诞下皇子。富察氏没有辜负高宗的殷切期望，乾隆十一年（1746），诞下七阿哥永琮。说来也巧，永琮出生前已经久旱不雨了，那天恰逢天降大雨，又正好是“佛诞”日——佛家认为农历四月初八为佛的生日，永琮生于这吉祥的日

① 《清高宗实录》卷58，乾隆三年十月辛卯。

子，高宗大喜过望，为庆贺皇子的诞生，挥笔写下美诗佳句：

九龙喷水梵函传，疑似今思信有焉。
已看黍田沾沃若，更欣树壁庆居然。

写到这里，怕别人不懂，高宗又加了一句“是日中宫有弄璋之喜”这样的注释。“弄璋”这个典故出自《诗经》：“乃生男子，载寝之床。载衣之裳，载弄之璋。”后来一些文雅的人就把生男孩称作“弄璋”。高宗的这首诗名为《浴佛日复雨因题》，诗的后两句是：

人情静验咸和豫，天意钦承倍惕干。
额手但知丰是瑞，颐祈岁岁结为缘。

民间有佛诞日结缘之俗，高宗期盼得结喜缘，希望年年有今日，沐浴在佛诞日的雨水之下，这样就能够结喜缘。第二年佛诞，永琮周岁，皇天不负高宗所望，那天果然下起了雨，高宗又像去年一样写了首诗，前两句是：

廉纤夜雨枕边传，天眷常承独厚焉。
饶有对时增惕若，那无抚节庆油然。

沉吟片刻，高宗想出了后两句：“啐盘嘉祉征图策，佛钵良因自竺干。恰忆去年得句日，果然岁岁结为缘。”将其写在纸上以后，又觉得“啐盘”这个词似乎有些冷僻，于是在诗句的下面加了一条注释：“去岁中宫生子，今日适逢周啐。”

从这两首诗可以看出，高宗此时的心情非常好，他将继承大统的希望寄托在了这个嫡出的皇子身上。尽管这时高宗已有好几个儿子，但对这个孩子确是视若珍宝，“性成夙慧，歧嶷表异，出自正嫡，聪颖殊常”。或许是偏心，高宗认为其所有子嗣中，这个孩子才是最聪慧可人的那个。在众多皇孙中，高宗的生母崇庆太后也最宠爱他。尽管没有亲自写下密旨，但毫无疑问，如果这个孩子长大，必将会成为清王朝的继承者。

皇后富察氏得皇七子，高宗为之大喜，御临董其昌府原经文，亲自撰写《白衣大悲五印陀罗尼》，随后将这个满含着自己喜悦心情的经文特地赐予爱臣张若霭（张廷玉之子）以示共同庆贺。张若霭受到如此浩荡皇恩，必然是感到诚惶诚恐。得此圣卷，于是沐手将其记下：“乾隆十一年四月十五日，御临此本以赐臣霭，臣拜捧天书，宠惊异数，恩光永佑，花雨常新，臣拜手敬书以记岁日。”群臣共敬皇恩的浩荡。当时，朝廷的一些重臣名仕，诸如董邦达、梁诗正、沈德潜、丁观鹏等二十多个人，为一同庆贺皇帝喜得贵子，也为迎合张若霭得到这样的恩宠，有的画观音、有的临摹经文以期完成此卷，在场的观众无不瞠目结舌、拍案叫绝。这些朝臣或为张氏至交，或为张氏门生，以贺皇家，不敢怠慢。为此，他们十分谨慎地提笔，力图使每一幅作品都能够达到“精奥神化”的境界。梁诗正、沈德潜、裘曰修等人写的楷书，其圆活的笔法、分明的顿挫、庄重的规度、潇洒飘逸的风格、自如的气韵，显现在字里行间，跃然纸上的是文人的神韵，令欣赏者目不转睛，生怕一不留神就错过了什么。篆书如汪由敦、蔡琇的作品，曲线优美的文字，纯熟的起笔、稳定的落笔，字体饱满，遒劲有力，又不失淳雅清古。尤为众人称赞的是董邦达的隶书写经，他用笔的风格显得自然和谐，其字的结构紧密平稳，其刚毅的行笔、隽美的字体，严谨的同时又显露着洒落。纵观董邦达全卷文字，章法清新疏朗、绝俗洒逸。这些作品展现了乾隆时期浓郁的文化气息，而这与当时的社会环境是紧密相关的。更令人赏心悦目的是，卷中群臣所画的观世音，细致入微的刻画让人不由自主地想以一颗极度虔诚的心来走进这神佛的世界。

高宗没有沿袭皇子适龄后才命名的传统，有的皇子都好几岁了才取名，而在皇七子还不满周岁时，高宗就迫不及待地为他取名为永琮。琮是祭祀时候用的玉杯，与永琏相同，宗字带有秉承宗业的含义，名字所隐含的继位之意也是显而易见的。高宗命名皇七子为永琮后不久，他发现在宗室中也有一个永字辈的人名叫永琮，高宗便立即下令其改名，甚至都想好了改后的名字，令那个孩子改叫永瑺。皇七子甚得高宗钟爱，在他的同母哥哥永琏死后，高宗一直未考虑册立庶子为皇太子，永琮一出生，便被高宗内定为皇位继承人。

但好景不长，谁也未曾想到，永琮只活了二十个月，乾隆十二年（1747）十二月二十九日因出痘夭折。高宗悲痛不已，谕曰："先朝未有以元后正嫡绍承大统者，朕乃欲行先人所未行之事，邀先人不能获之福，此乃朕过耶。"[①]高宗赠给永琮的谥号为悼敏阿哥，并命皇七子丧葬仪式按皇子的仪式举行。嘉庆四年（1799）三月，永琮被他的弟弟仁宗皇帝追封为哲亲王。

秘密建储

清仁宗爱新觉罗·颙琰（1760—1820），清朝第七位皇帝，原名永琰，母孝仪纯皇后魏佳氏，高宗的第十五子。在仁宗之前，高宗认定为皇太子的两位皇子，都夭折了，高宗为此十分伤心，命令大臣不准提立太子之事。到乾隆三十八年（1773），已经六十二岁的高宗，再也无法回避这个问题。永琰是高宗的第十五子，本没有多大希望被立为太子，因当时高宗在世的皇子只有六位，且两个儿子被过继他人，能选择的只有四位。这四位皇子均不太

① 《清高宗实录》卷305，乾隆十二年十二月乙酉。

成器，相对而言，永琰为人比较忠厚，学习努力，行为举止也较为得体，最终在乾隆三十八年（1773）永琰被秘密立为皇储，乾隆五十四年又被封为嘉亲王。乾隆六十年九月初三，高宗宣布第二年正月初一禅位，颙琰于次年登基，改元为嘉庆。仁宗在位二十五年。成为太上皇的高宗仍然发号施令，故而仁宗并无实权。高宗死后，仁宗才独掌大权。仁宗惩治了贪官和珅，肃清了吏治。这一时期，是西方工业革命兴起的时期，在中国却是清朝由盛转衰的时期。内忧外患此起彼伏，国内爆发了白莲教大起义，清王朝统治出现了危机。此时的仁宗继续推行闭关锁国和重农抑商政策，导致清王朝远远落后于世界大潮，留下了千古遗恨。

高宗一生，实际掌控政局时间已经超过其祖父圣祖，但大体上都在六十年左右。二人立储有很多相似之处，却也有很多不同之处。相似之处在于君主在位时间越长，子嗣越多，废立之事就随之增多，其中坎坷也就越多，立储已然成为君王的一种负担。康熙朝末年，诸子争位，导致兄弟反目。高宗在位多年，三立太子，直到最后无从选择才拿定主意。说起二者立储之事，确都不易，但这困难也不尽相同，圣祖的困难，是因为子嗣众多，出现争夺皇位的混乱，不得不等到最后才传位于世宗。而高宗立储却难在子嗣寿命较短，且剩余者不够优秀。这也从一个侧面反映出，清入关多年，贵族的体质已经开始下降，甚至已经开始影响到繁育后代，高宗的多名子嗣均未过成年便夭折，就是最好的例证。

三山五园

“三山五园”指的是位于北京西郊的清代皇家园林建筑群，包括圆明园、畅春园、万寿山清漪园（颐和园）、玉泉山静明园、香山静宜园。这些园林始建于康熙、雍正时期，乾隆朝进行了大规模修建。其中，仅康熙朝所建的畅春园没有进一步修缮，其余园林都为乾隆朝新建或扩建。

北京西郊海淀一带，自古以来就是文人墨客所青睐的胜地，也是历代帝王休闲、娱乐的理想处所。早在明代，北京的西郊虽然也有少量的园林建筑，但没有形成一定规模，观赏性也远远不够。追溯清帝兴建皇家园林行宫的历史，早在顺治朝，就在京城南郊建有“南苑行宫”，用于休闲、渔猎、骑射，圣祖早年也在此驻足。自康熙十四年（1675）起，圣祖对西郊逐渐青睐，两年后修建了香山行宫，又过三年，修建玉泉山行宫。康熙二十六年，圣祖在清华园的基础上修建了畅春园，其后，世宗扩建圆明园，才使这一地区的皇家园林粗具规模，到了乾隆时期，国力增强，遂斥巨资大兴土木，建成了号称三山五园的皇家园林建筑群。

而清帝在此修建离宫别苑，也有社会、文化和民族因素。作为渔猎民族，满洲人入主中原，定都北京后，乏味的定居生活，夏季的炎炎酷暑，成为清统治者修建“三山五园”的一个动力。其中，赐予皇四子雍亲王胤禛的园林即为家喻户晓的圆明园。圆明园位于北京西北郊，本为明代贵族的废园，顺治时期再次修建，大规模的兴修扩建是在乾隆时期。圆明园占地350公顷，其中有数不胜数的亭台楼阁、假山怪石，并且建筑风格中体现出一丝江南风情，被称为“万园之园”。这些江南风格的园林建筑素材来源于高宗六巡江南时，随行的画师、工匠的记录、描绘。乾隆九年（1744），由唐岱、沈源等著名画家执笔描绘，高宗作诗，汪由敦书写的圆明园四十景完工，包括图画、题咏各40幅，后为英法联军掳去，现存于法国巴黎国家图书馆。除去这四十景以外，乾隆时期又新建了许多新的景点，独具特色的是模仿西湖风景的建筑群，例如三潭印月、平湖秋月、雷峰夕照、断桥残雪等景观。

各具典故的景点，结合着高宗的诗句题咏，更加增添了几分韵味。这些诗收录于高宗的《圆明园四十景图咏》。例如，坐落于福海仙岛中，由大小三岛组成的“蓬岛瑶台”，缥缈如天上宫阙一般，高宗赋诗“天上画图悬日月，水中楼阁浸琉璃”。又如“北远山村”构建模仿的是农村景色，高宗诗云：“矮屋几楹渔舍，疏篱一带农家。独速畦边秧马，更番岸上水车。”

福海东侧坐落着同乐园，每逢佳节，这里一派繁荣热闹的市井气息，小贩买卖往来，茶馆酒楼一应俱全，足见高宗对民间生活的向往。园区中的文源阁是收藏图书典籍的处所，其模仿的对象是宁波天一阁，内藏图书经典《四库全书》《古今图书集成》。于乾隆初年建造的方壶胜境坐落在圆明园东北角，这是一处配色丰富多彩且精致的小型园林，意境取自西湖的三潭印月。这里坐落着9座亭台楼阁，供奉着30余座佛塔，佛像2000余座。

此外，在圆明园的西面，高宗又建“长春园”，与圆明园浑然一体。无论是占地面积，还是园林建筑数目，长春园较圆明园规模都要小很多。世宗曾经赐给年轻的弘历“长春居士”的封号，而弘历读书学习的地方也称作

“长春仙馆”，“长春园”即得名于此。长春园是高宗为自己退位后所建的休闲处所，因此，园中建筑风格、整体结构凸显着高宗的兴趣之所在。长春园早期的一些景区包括宝相寺、法慧寺、爱山楼等。著名景观有：如园、鉴园、西洋楼、狮子林。其中的狮子林就是高宗最喜爱之地，它模仿苏州狮子林建造，以其假山最为著名，结合虹桥、藤架、磴道、高亭、畅斋、香幢、石室，成为狮子林八景。高宗有诗云：“最忆倪家狮子林，涉园黄氏幻为今。因教规写阊城趣，为便寻常御苑林。”

在长春园北侧有一片建筑群，即“西洋楼”，是早期模仿西方建筑的典范。由外国传教士设计，中国工匠建造，采用中国本土建筑材料。这座仿欧式园林建筑由10座大小不同的亭台院落组成，包括谐趣园、万花阵、海晏堂、大水法等，其中“大瀛观”“大水法”“观水法”是整个西洋楼的主景观。大水法是一座巨型喷泉，东西两侧各有一喷水塔，靠机械装置运转。西洋楼以这一喷泉和法式建筑为主体，将西方艺术表现手法与中国传统建筑风格融为一体，别具一格。

“绮春园”是圆明园的延伸，位于圆明园东南侧，本名“交辉园”。是大学士傅恒和怡亲王允祥的赐园。后傅恒之子福隆安将其交还，高宗即将其更名为“绮春园”。绮春园多为老旧建筑，高宗似乎不甚感兴趣，因此也没有扩建兴修。

圆明园是我国园林建筑的巅峰之作，以其建筑规模宏大、建造精巧、内容丰富、风格多样而闻名于世，也深深打上了高宗设计理念的烙印，与宫廷庄严刻板的建筑风格不同，圆明园的建造注重人工建造与自然的融合，追求一种清新自然的气氛。在吸收江南园林风格的基础上，又有所发挥创造，因地制宜，并不是一味地照搬照抄。圆明园始建于雍正朝，完成于嘉庆朝，而以乾隆朝建筑规模最大，最为出众，修缮、扩建工程在乾隆朝一直都在进行，充分体现了高宗的艺术风格和思想理念。

香山静宜园是高宗建造的第一座新园。乾隆十年（1745），高宗下令在圣祖所建旧址基础上修建庙宇楼阁，香山静宜园始成规模。实际上香山本为寺庙，缺少管理，山上树木遭到乱砍滥伐，十分荒凉。因此在建设香山的园林时，以植树种草、引水栽花为主，主要以自然的山景为主，建造小规模的人造景致。

山中有一香山寺，原名永安寺，始建于约600年前的金朝。高宗时进行修缮，使之焕然一新。另有明成化年间太监郑同所重修之洪光寺，寺前有名为“霞标磴”的石盘道。自然景观则有“绚秋林”，虽有松、柏、槐、榆等多种树木，但最有特色的还当属香山红叶。高宗有诗赞美之：“嶂叶经霜染，迎晖紫翠纷。绚秋堪入画，开锦恰过云。”此外，还有“森玉笏”“玉华岫”“芙蓉坪”等景。而香山最高建筑“香雾窟”，又名“鬼见愁”，则被列为燕山八景之一。

香山还曾作为军事演习的场所被征用过，高宗首次征伐金川，而金川于高山险壁之上建立碉堡，一时难以攻下，高宗遂建立健锐营，于香山仿造金山碉堡，演练登山攻堡、克敌制胜的战术。为纪念这次建营演练，乾隆十四年，于营房旁建立实胜寺。此外乾隆十六年建立“宝谛寺”，此寺仿照五台山殊像寺建造，还曾大规模修缮碧云寺。高宗非常喜爱香山，经常前来游赏，写下了1300多首关于香山的诗篇。有诗赞美香山秀美景色：“最爱香山好，因之别叶成。常留云馆跸，便阅黍田耕。”

清漪园（今颐和园）是高宗新建的另一座规模宏大的皇家园林。此地名为翁山泊，又名西海，依山傍水，此前并无太多建筑，因此，自然条件非常优越。高宗为了给生母庆祝六十大寿，遂建此园。改翁山为万寿山，改西海为昆明湖。建园首先从疏通水系、保证水源做起。引多条泉水入玉泉山水，汇合后注入昆明湖，成功将昆明湖扩大，使之成为蓄水库，这就解决了园林用水问题，同样也有利于灌溉与交通。与圆明园历经康、雍、乾三朝逐步修建完工的系统工程不同，清漪园则是于乾隆十四年（1749）至十六年一次性建成的。所以园林整体组合得当，一气呵成。清漪园依山傍水，有景点一百余处，主要分为三个部分，分别为前山、后山、湖内。前山部分的景点包括勤政殿、乐寿堂、罗汉堂、玉澜堂等宫廷建筑，其中玉澜堂依湖而建，蓝天碧湖尽收眼底。高宗诗云："又俯西窗餍，湖天上下空。只观铺镜影，辽待迭绔风……漫言水尚沍，澜意满其中。"又有罗汉堂，内有神态栩栩如生、精心雕塑的五百罗汉。以上略举前山东段景致两例，西段更有深入湖中的"石舫"，观看戏曲的"听鹂馆"。前山东、中、西、段的景点由一条朱漆彩绘长廊横贯连接起来，使前山风景浑然一体。后山建筑包括"须弥灵境""香岩宗印之阁"等，这些建筑模仿藏式风格建成，气势庄重威严，山麓处，买卖街、茶馆酒肆、估衣商铺一应俱全，极具江南水乡风情。后溪河南岸为真山，北岸为假山，山水相间，幽静深邃，为高山峡谷景观。若干简易的小园错落于河边山腰，很有风雅情趣。根据无锡寄畅园仿造的惠山园坐落于后溪河东端茂密的丛林中。高宗送给母亲的这份生日贺礼，彻底改变了翁山的原貌，于秃山上植树种草，整治水系，兴建亭台楼阁，使此地面貌焕然一新。但建园的投入是非常巨大的，据乾隆二十九年内务府奏销，只是修建经费就高达四百八十九万七千三百七十二两。高宗于耄耋之年来此游览，赋诗一首，表达了他对此园的喜爱："玉泉舟下玉河通，日丽风和波不雄。芷白蒲清景有望，鸢飞鱼跃兴无穷。清漪水色从新秀，万寿山光即渐融。行不须臾吟数首，裴家构思或相同。"

玉泉山，从金、元起被称为"燕京八景之一"，被称作"玉泉垂虹"。静明园始建于康熙年间，乾隆时期又进行扩建，玉泉山以泉水清冽、泉源丰沛为其主要特点，泉水如济南趵突泉一样向上喷涌而出。此泉负责供应宫廷用水，被高宗称为"天下第一泉"。玉泉山顶有一座仿造金山寺塔形所造的七层高塔，名为定光塔。高宗有诗云："窣堵最高处，岧岧霄汉间。天风摩鹳鹤，浩劫镇瀛寰。结揽八窗打，登临一晌间。俯凭云海幻，朅尔忆金山。”

畅春园始建于康熙年间，此处避开紫禁城的喧嚣，适合修养身心、处理政务，于是畅春园也就变成了御园行宫。圣祖还将畅春园周边土地上修建的各种园林赐予大臣、皇子，包括大学士明珠、索额图、佟国维和诸皇子，以便于就近召见他们。乾隆时期，皇太后在此居住，之后并未做太多扩建。

“三山五园”在各自不同的背景下，以不同的方式、形制建造起来，却又集中地诠释着中国古典园林登峰造极的水准与风范。绵亘数十里的皇家园林，实际上在空间布局和功能上构成了系统、有机的体系。其中，畅春园与圆明园、清漪园、静明园紧凑地排列在一起，它们之间可以通过相连的水系互通舟船；三山所在园林实际上是皇帝的三座行宫，其中距离最远的当属静宜园，这里生活起居和处理政务的各种设施完善，因此适合常住理政。而清漪园与静明园则只是用于一日之内的游玩或理政，并不用于留宿。从更深远的意义上看，京西园林是清朝的另一个政治中心，历史上的许多重大决策与事件发生于此。圆明园的八旗兵负责保护皇帝安全，连同北京西郊的“京旗外三营”都证明了这一片园林地区的军事职能。大规模建造皇家园林也推动了当地的经济发展，大量建筑工程的进行必然需要雇佣大批劳动力，减轻了人口过剩带来的生计问题。此外，皇家园林的崛起，也带动了商业的发展和交通的发达。最重要的一点，是对文化繁荣的贡献，这里建立了天文台、大剧场，具有划时代总结意义的巨著《古今图书集成》《四库全书》藏于树木掩映的楼阁之中。极具思想的艺术家、文学家，如曹雪芹和纳兰性德在这里居住、生活过，《石头记》《饮水词》浸润、升华了古典唯美的传统园林艺术。

纵观这三山五园的建设，主要的建造、修缮工作都是在高宗一朝进行的，并且这些工程规模大、耗费多、质量高、时间长。这些建筑现已成为北京城的主要标志，可以说高宗为北京城的风格与文化打上了深深的烙印，同样也是属于高宗自己文化理念的烙印。

八十九岁长寿帝王

自古以来，帝王或因连年征战，负伤累累；或因勤于政务，宵衣旰食；或因荒淫无度，损心伤神，因而寿命皆不长。据统计，自秦至清，八十岁以上的帝王只有五位，即梁武帝萧衍寿命八十岁、大周武则天寿命八十一岁、宋高宗赵构寿命八十一岁、元世祖忽必烈寿命八十岁、清高宗弘历寿命八十九岁。高宗自二十五岁登基，在位六十年，退位后又有三年多太上皇的生活，堪称中国古代寿命最长的皇帝。

在古代，人生七十古来稀，八十九岁高龄的高宗，不仅在皇帝中寿命最长，甚至在民间亦可称长寿。高宗对自己的长寿甚为满意，在七旬万寿之时，便撰写《古希说》，并刻有“古希天子之宝”的印章，八十岁时，高宗又作《八征耄念之宝记》，刻有“八征耄念之宝”。据相关资料记载，高宗最终并未患任何疾病，而是寿终正寝，因而对于高宗长寿之道的探究极有意义。

高宗的长寿与其所处的时代境遇有关。与世宗不同的是，高宗在位之时，并没有雍正一朝如此激烈的权力之争。早在弘历即位之前，世宗便已经为其铲除了争夺皇位的势力。弘历即位之初，又开始着手打击威胁皇权的政治势力：削弱四大辅臣的权力，剪除鄂、张二朋党，诛杀六大贪官，并发动三次文字狱，使得皇权高度集中，高宗便无须终日为权力之争而耗尽精力。同时，这也为高宗六下江南、行围等丰富多彩的活动提供了有益的时机和宽松的环境。

此外，高宗的长寿与其独有的养生之道密不可分，这也是至关重要的原因。高宗将长寿秘诀归结为十六字，即吐纳肺腑、活动筋骨、十常四勿、适时进补。

“吐纳肺腑”，即清晨起床后做深呼吸，也即今天所提到的气功。人是靠气而生的，而气息的活动对人的精神和生理都是有益的。中国自古以来便讲究气息锻炼养生法，这一方法最早追溯到原始社会，由于当时生活条件恶劣，人们多靠采集和狩猎为生，然而在跳跃式地采摘野果以及奔跑狩猎之时，人们逐渐意识到调节气息的重要性。至秦汉以后，气息调养法逐渐完善，它融合了儒、道、释、武、医等多方面的气息锻炼方法，讲究天人感应，顺四时，避邪气，按时作息，以达到颐养天年之道。秦汉以后，历经各朝各代，气息调养法均有发展，至高宗之时，他总结了历代养生妙法，黎明起床，并进行吐纳气息的调养，他提倡顺应自然，天人感应，长期坚持这一方法，对于长寿有重要的作用。

“活动筋骨”，高宗一方面坚持骑射等满洲传统的军事训练，对于这一要求，高宗的倡导固然有满洲的尚武精神，但对强身健体也起到了重要作用。高宗六巡江南，三上五台山，行围狩猎之地频频显现他的身影，这些活动一方面陶冶了性情，另一方面也锻炼了身体，不失为良好的保健之举。

“十常四勿”，便是高宗平时养成的良好的生活习惯。十常，即齿常叩，津常咽，耳常弹，鼻常揉，眼常运，面常搓，足常摩，腹常旋，肢常伸，肛常提；四勿，即食勿言，卧勿语，饮勿醉，色勿迷。其中十常是高宗生理上所注意的细微之处，对预防疾病有很大帮助，而四勿更是有益于身心健康。食勿言，是一种皇家礼仪，而具体到养生方面，便是为了集中注意力，使身体更好地吸收食物的营养，避免因多说话而影响对食物营养的吸收；卧勿语，睡觉之前不说话，使人的精神和缓，能够更快地进入睡眠状态，避免失眠，提高睡眠质量，也提高了处理政务时的精神状态；饮勿醉，所谓醉酒伤身，适当饮酒对身体是有益的，而过度饮酒则会伤胃伤脾，饮勿醉对身体各部位的健康至关重要；色勿迷，很多古代帝王都因荒淫无度而致英年早逝，高宗活到八十九岁高龄，唯独对三位皇后情有独钟，晚年关于香妃的传说，也体现了高宗钟情于一人。此外，高宗一心为政，听取圣祖教导，没有迷恋女色，对其身心健康具有重大的益处。

至于适时进补，更是高宗养生的重中之重。常言道："药补不如食补。"在这一方面，高宗与世宗又有着很大的差异。与历代君王一样，世宗也曾一度痴迷于寻求长生之道，派各地官员遍访名医，更为甚者，世宗迷信道家炼丹之术，长期大量服用由宫廷豢养的方士所炼制的各种所谓丹药，且不时将丹药赐予亲近臣子与前方将领。但是，由于许多方士并不了解药理，更有甚者，为了博取世宗封赏而滥制丹药。长久服食这些丹药，不仅不利于养生保健，反而有害身心，加之世宗日夜劳心劳力，因而只执政十三年便暴死。有鉴于此，高宗与世宗截然不同，即位之初，便将先前世宗所豢养的宫廷方士尽数驱逐，一扫前代积弊，转而注重膳食营养。

高宗的饮食，除了大量粗粮素食外，还采用多种营养含量较高的食材，其中也不乏各种极具保养价值的山珍野味，特别是鸭子与野生蘑菇，这两种食物可谓养生佳品。据研究发现，鸭子富含丰富的蛋白质，且性凉，不仅不会使人积累较多的脂肪，而且还能起到清热、美容、调补之功效；而野生蘑菇则含有丰富的钙、磷、铁等人体必需的微量元素与大量维生素，且具有防癌、抗癌之功效。而在烹饪时，鸭子与山珍经相互搭配，对促进高宗的健康、长寿具有重要作用。

至年迈之时，高宗秉承爱新觉罗家族的传统，采用参补之法。人参之功效自是不必多提，我们都知道其具有大补之功效，特别是对于血衰体虚的老人来讲，更具价值，是历代宫廷中养生之佳品。在古稀之年，高宗便开始用参补阳气。特别是进入耄耋之年后，高宗更为注重食用人参，据记载，在嘉庆二年（1797）至嘉庆四年的时间里，高宗曾用参脉饮达三百五十九次之多，应该说，参补之法成为确保高宗晚年后仍具有充沛体力操劳国事的一项重要条件，对延长高宗寿命具有不可替代的作用。

另外，值得注意的是，高宗的长寿也与清代政治制度的发展有较大关系。乾隆朝进一步发展了康熙、雍正两朝建立起来的奏折制度，又对其进行改造，首先由军机大臣等对各部、各省及军事前线上奏的非重要性奏折进行阅览，并酌情予以初步处理，无形间大大减轻了皇帝处理政事的工作，也减轻了压力。这也给高宗留出了更多的时间狩猎、骑射与四处游览，这对舒展身心与锻炼身体是颇为有益的。

高宗之健康长寿，自是清朝之幸。他胸怀博大，目光如炬，以极大的热情与活力处理全国政务，在政治、军事、经济、文化、民族等各方面都取得了重要成绩，将康雍乾盛世推向了鼎盛，给中华民族留下了众多宝贵的财富。当然，正是由于盛世的积淀，使高宗有丰厚的财富来休闲、围猎和保健。从这一角度来讲，盛世的繁华与明君的康健是相辅相成、不可分割的。可以说，高宗在前代的基础上，把盛世推向“乾隆鼎盛”，也在盛世的映衬下创造出了帝王长寿的奇迹。

长寿八珍糕

八珍糕并非源自乾隆朝，而是明清时期一种宫廷经常食用的糕点类食品，也是明清两代较为知名的药膳食品。八珍糕通常根据配料种类不同，可分为三种，即上八珍、中八珍和下八珍，而在宫廷中，八珍糕主要根据形状的不同分为两种，即八珍丸和八珍糕。

清代的宫廷糕点，就是根据食用者的口味和具体需求进行搭配制作的。由于高宗年岁日益增长，脾、胃、肾等内脏功能已经开始衰弱，偶尔会出现不适的症状。因此，高宗会根据原有的八珍糕配方，亲自配置符合自身身体需要的八珍糕。最初的食材，有白术、薏米、芡实、党参、茯苓、扁豆和白糖等九种，另外两种食材由于记录材料的问题，已不得而知。从后来的史料记载中，可以大体知道是将九种食材研磨成粉，经过蒸制，最终成糕。

高宗常有饮茶之后食用八珍糕的习惯，“乾隆四十四年（1779）六月十二日，由太监胡进杰传旨：‘叫你们做八珍糕。’所用之物人参、茯苓、山药、扁豆、建莲肉、粳米面、糯米面，共为极细加白糖，和匀蒸糕，俱系药房碾面，碾得面时，总管肖云鹏、张顺，太监胡士杰，药房总管首领田福，堂官陈世琬看着蒸糕，蒸得时凉了，每日随着熬蒸茶时送，记此”[①]。从上述记录上来看，高宗所食用的八珍糕的主要原材料有人参、茯苓、山药、扁豆、建莲肉、粳米面、糯米面和白糖八种，选择了“蒸”这种成品口感较好的制作方式，最终形成了我们今天所知道的八珍糕。

除了高宗外，还有一位清朝的实际统治者——慈禧皇太后，也对八珍糕这种美食钟爱有加。慈禧太后晚年因为年事已高，脾胃开始出现“失和”的状况。经过御医李德立的诊治，给出了八珍糕方，其中的食材主要为茯苓、莲子（去心）、芡实、扁豆、薏子、藕粉、白糖等，慈禧太后食用这种八珍糕后，果然脾胃日渐恢复。从这段记录来看，从明末到乾隆朝，再到清代晚期，八珍糕的配料一直在变化，但是大体上都有茯苓、薏米、党参、白术、芡实、扁豆、白糖几种食材，为何这几种食材搭配在一起就能有这样神奇的效果?

茯苓富含茯苓多糖、氨基酸、蛋白质、卵磷脂等多种营养成分，能够有效提高人体免疫力，所含的茯苓多糖在临床上有较好的抗肿瘤效果。同时，茯苓作为重要的食材之一，人体长时间食用，可以达到健脾去湿、促进消化、强壮体魄的功效。薏米具有清利湿热、除风湿、利小便、益肺排脓、健脾胃、强筋骨的功效，主治风湿身痛、湿热脚气、湿热筋急拘挛、湿痹、水肿、肺萎肺痈、咳吐脓血、喉痹痈肿、肠痈热淋。党参含有丰富的多糖类、氨基酸、维生素和微量元素，有刺激神经、增加人体抵抗力的作用；亦有调和脾胃，增强胃动力的作用，能够有效抵抗胃溃疡，抑制胃肠道内胃酸过度分泌。适合脾胃不调、气血不旺、中气不足、体虚多病的人群食用。白术含有谷氨酸等种类丰富的氨基酸，具有降低血糖、补血益气、调理脾胃、止咳化瘀、增进食欲的功效。芡实有治疗风湿性关节炎以及腰背膝痛的作用，可

① 《驾行热河哨鹿节次膳底档》，转引自林永匡《清代饮食文化研究》，第335页。

以补中益气，让食用者耳目聪明，更能开胃助气，补肾益气。扁豆作为我们日常食用的食材之一，具有健脾化湿的作用，长期食用能够有效治疗脾胃虚弱、寡食腹泻等症状。

八珍糕的制作方法主要分为选材、湿糖、擦粉、成形、炖糕、切糕等几步。从史料来看，八珍糕对于食材的选择有着较高的要求，同时，在制作八珍糕之前要对食材进行粗加工，即挑选食材中的优质部分作为备材。具体做法：将莲子用开水浸泡后去掉苦心，晒干留用；将芡实炒制后留用；将扁豆炒制成焦黄色留用；茯苓、薏米等也要淘洗干净后晒干留用；然后将白糖、适量的水，少量的油搅拌后，形成较为黏稠的糖浆，做成湿糖备用。再将第一步中的各种食材碾压成粉，与湿糖搅拌均匀，呈黏稠状，留用数天，使得湿糖与食材充分融合；将搅拌均的膏状物切成长块后上炉蒸制，即可成糕。成糕后出炉，晾置一日，便可切块食用。

总的来说，八珍糕中的各种食材，大多具有补肾益气和调理脾胃的功效。这些正好有助于年龄较大的高宗调养身体。高宗晚年对食品越来越挑剔，但是软糯的八珍糕一直能够受到高宗青睐，也恰恰说明其口味的甜美与功效的强大。

三餐健康饮食

后金政权建立之初，满洲人大多过着半狩猎半农耕的定居生活，很多人还保留有原部落的生活习惯，饮食也较为简单。从皇帝到贵族，再到普通八旗军民，大多以吃肉食为主，很少有对菜系和菜品的讲究。清入关前后，满洲贵族的饮食结构已经发生了较大的变化，贵族与普通八旗军民的饮食结构已经大不相同。君主的饮食自然也因为其地位的尊贵与特殊，得到了特殊的对待。不过，清入关后的几位君主，包括世祖、圣祖、世宗，由于本身厉行节俭，对饮食的要求并不是很高。除了圣祖晚年千叟宴的记录外，史料里很少出现高宗之前的几位皇帝大摆筵席的记录，关于各位皇帝餐饮结构的记录就更加稀有。

高宗在位时期，清王朝国力达到鼎盛，国家财政状况良好，百姓生活相对富庶，使得高宗有条件，也有需要在自己的饮食多样性上下一下功夫。高宗能够活到八十九岁高龄，很大原因在于其饮食的丰富多样，饮食为其提供了大量营养。

其实，高宗一餐的菜品数量并没有我们想象的那么奢华，一般来说，高宗每顿膳食仅是五菜一汤的标准，但是这些菜品中不乏燕窝、禽类、食用菌等营养价值高的食材，同时荤素搭配相对合理，饮食结构也体现出丰富、合理的特点。

在健康饮食方面，高宗也颇有见地，在其一日三餐中，豆制品、野生食用菌等对身体大有益处的食材必不可少。可以说，高宗长寿的秘诀，主要是饮食搭配合理。在高宗喜爱的豆制品中，豆腐和豆芽菜是其最为钟爱的食材。

中国人食用豆制品的历史久远，最早可追溯至汉代。汉初，豆腐已在宫廷内颇受欢迎。汉高祖刘邦对豆腐就有独特的偏好，常以此为食。而汉武帝时期著名的淮南王刘安更是一位烹饪高手，其绝技便是制作豆腐。至明代，豆腐已成为民间广泛使用的食材之一。著名的医药学家李时珍在其专著《本草纲目》中对豆腐有如下记载："豆腐之法，始于前汉淮南王刘安。凡是黑豆、黄豆、白豆、绿豆、泥豆、豌豆之类，都可以做成豆腐。"

高宗甚爱食用豆腐，这一点可以从乾隆四十四年（1779）的《膳底档》中发现，书中记载高宗在热河期间，几乎每天每餐都食用花样不同的豆腐或豆制品，例如鸭丁豆腐、厢子豆腐、锅烧鸡烩什锦豆腐、鸡汤豆腐、烩云片豆腐、卤虾油炖豆腐、锅塌豆腐、炒豆芽菜、羊肉炖豆腐、豆豉豆腐、菠菜拌豆腐、豆片汤、什锦豆腐、烩三鲜豆腐、红白豆腐、鸭子豆腐等。

豆腐本身富含蛋白质、淀粉，这些是人体必需的基本物质，每日摄入适量的蛋白质，有利于身体健康。现代研究表明，豆腐和豆制品的原材料大豆中含有大量的大豆卵磷脂和大豆异黄酮，这些微量化合物有利于延缓衰老，预防心脑血管疾病，同时更有抗癌的作用。尤其是豆腐和豆制品比较适合人的消化系统，人在长期食用豆腐等豆制品的过程中，可以有效地吸收豆腐和豆制品中的各种微量元素，提升自身免疫力。因此，我们可以判断，高宗能够在八十九岁的高龄仍然能关心朝政的一个重要原因，就与其常年食用豆制品有关。

除了豆腐外，还有一样与豆有关的食材也颇受高宗青睐，这就是豆芽菜。豆芽菜在今人看来，虽然已经是一种普通食材，但是对人体健康大有益处。豆芽菜除了富含豆制品所含有的各种微量元素外，更为突出的特点，就是其营养更容易被人体吸收。尤其适合中老年人食用，可以有效补充人体所必需的铁、锌、钙等微量元素。因此，豆芽菜也成为高宗餐桌上的佳肴。

高宗除了喜爱使用豆腐和豆芽菜之外，其膳食的食材中还有一个重要的组成部分，便是野生食用菌和野菜。冬笋、口蘑、菠菜多次出现在他的菜谱之中。足见高宗对这类食材的特殊偏好。冬笋含有丰富的膳食纤维和微量元素，长期食用可以清热化痰、通便利尿、解毒养颜，高宗的菜谱中存在大量含有冬笋的菜品，可见冬笋对于高宗来说，也是很重要的食材之一。口蘑作为食用菌的一种，含有大量的植物纤维，有防治便秘、预防糖尿病、排除体内毒素和降低胆固醇的作用。作为君主的高宗，因为饮食结构中肉类的比重较大，势必会有胆固醇偏高的可能性，因此，大量食用口蘑也是有利于身体健康的。菠菜中含有大量胡萝卜素、维生素、铁、锌等微量元素，营养价值丰富。从现代医院临床实验来看，长期食用菠菜的人，对痔疮、结石病、贫血和皮肤病的抵抗力会大大增强。而这些疾病恰恰是老年人最容易患的疾病。因此，高宗大量食用菠菜对其身体颇有好处。另外，高宗更多地选择禽类作为肉类食材，这大大降低了他因大量摄入脂肪而患各种疾病的可能性。

高宗喜食素食粗粮，在位期间，宫中素食一年不断。从正月初一开始便食素馅饺子，至四月初八浴佛节，食素一天。夏日祈雨需吃素，腊八也吃素。至全年斋戒日，更是提前一天便开始吃素。据记载，乾隆二十年（1755）四月初七日，膳单所列食物如下：素菜十三品，面卷三品，面筋三品，圈签三品，山药三品，豆腐干二品。

乾隆三十年四月初八日浴佛节当天的膳食是：早膳素杂烩一品，素笋丝一品，苔蘑爆腌白菜炒面筋一品，口蘑炖面筋一品，豆瓣炖豆腐一品，水笋丝一品，野意油炸果一品，匙子饽饽红糕一品，竹节卷小馍首一品，银葵花盒一品，银碟小菜四品，奶子饭一品，素面一品，果子粥一品，饽饽六品，额食二桌，炉食四品；晚膳包括香蕈口蘑炖白菜一品、蘑菇炖人参豆腐一品，山药、白菜、香蕈、蘑菇烩油炸果罗汉面筋一品，王瓜伴豆腐一品，油炸果火烧一品，托活里额芬一品，素包子一品，小米面窝窝头一品，象棋眼小馍首一品，银葵花盒小菜一品，银碟小菜一品，绿豆仓米水膳一品，额食五桌，奶子两品，饽饽两品，炉食六品[1]。综观这些食物，均是素食，且大多用粗粮制成，一方面易于消化，另一方面粗粮也有助于抗衰老，利于长寿。

无论从饮食结构还是所用食材的丰富程度来看，高寒的一日三餐均符合现代人对健康饮食的认识。很多人都在探寻高宗长寿的秘诀，其实，人如果想要活得健康，饮食搭配至关重要。我们常说病从口入，其实健康也是从嘴里吃出来的，只有合理的饮食结构才能打下健康的基础。

① 《江南节次照常膳》。

七

盛世落幕　王朝夕阳

SHUDU QINGSHI QIANLONG DINGSHENG

数读清史乾隆鼎盛

『御制十全记』

看遍中华历史，从秦朝统一中国，到清朝被革命军推翻而灭亡，封建专制主义中央集权的帝王统治在华夏大地已历经两千余年。在这漫长的两千多年的时间里，仅中原地区就出现了一百多个政权，帝王数量更是成百上千。在这千百位帝王中，统治中国时间最长的帝王之一当属高宗，他在位六十年，仅次于其祖父圣祖六十一年，退位后又做了近四年的太上皇。他在文治武功上建树颇多，文有御制诗四万有余和《四库全书》，武有十全武功，达到帝王之极致。乾隆时期，社会相对安定，极大地促进了我国境内各民族间相互融合发展，同时清王朝多次抵御外国入侵，保卫了中华之安宁。

高宗在他祖父圣祖和父亲世宗毕生所建基业的基础上，不断发展，再度铸就辉煌，形成“康乾盛世”之局面。高宗的一生勇于进取、勤政爱民，在其统治过程中，多次减租免赋、修整河道、关心民生，并大力整饬官场，惩办贪恶，将中国古代历史上最后一个太平盛世推向了顶峰。然而，官场贪污腐败之习气并非一朝一夕就能改变，贪腐不能根除，国家的社会经济问题就不能得到根本性的解决，因此百姓生活仍然困苦，各地经常发生农民起义、农民暴动。老百姓生活困苦，必然对政府进行反抗，刚开始只是个别抗税、抗粮、抗捐、抗租的事件，渐渐发展成为有组织且涉及宗教、民族的大规模反抗运动。各地百姓反抗政府的行为，使得高宗觉得事情发展超出了其可承受的范围，赋税钱粮无法得到保证，已经危及政权的稳固。更重要的是，内地不稳，边疆地区其他民族也可能借机制造更大的事端，这些都已经触碰到了统治的底线，因此，高宗发动了数次战争。可以这样认为，高宗作为盛世君主，本应安享太平，但事实并非如此。到了他统治的中后期，在强力的军事行动之下，社会再次回到一个较为平静的状态，到乾隆五十七年（1792）十月，长期威胁西藏地区的廓尔喀向清廷派遣使臣，表示愿意称臣纳贡，高宗以此为契机，认为自己的军功完备，于是历时三日亲作《御制十全》一篇。为更好地彰显其武功超越历史上的其他帝王，下令将《御制十全》翻写成满、汉、蒙古、藏四种文字，刻于碑上，为碑建亭，以昭其武功。

《御制十全记》，流传至今的有乾隆五十七年高宗写本一册，另有拓本一册，现藏于北京故宫博物院。

写本、拓本前均有高宗御制序："昨准廓尔喀归降，命凯旋班师，诗有十全大武功之句，引而未发，兹特叙纪之。" 末署："乾隆五十七年岁次壬子嘉平月御笔"，并钤"八征耄念""自强不息"朱印两方。拓本除高宗御制序外，尚有碑题记，刻有双龙捧"御笔十全"题字云纹图案，末为云龙纹碑之背面。

正文首列十次战役名称，次记平定廓尔喀战役之详情经过，并依时间顺序以小字双行穿插其间，追溯其余八次重大战役之始末原委及军事胜利等情形。高宗用兵缅甸、安南及廓尔喀，使得缅甸、安南、廓尔喀皆先后归顺，进表纳贡，成为清朝的藩属国，长久以来的边境冲突遂告缓和。高宗又积极整顿边疆，使中国成为一个统一的大国家，其"十全武功"的贡献具有划时代的意义，高宗也因此而自诩为"十全老人"。

"十全武功"，按照高宗想法，共计："十功者，平准噶尔二，定回部一，打金川为二，靖台湾为一，降缅甸、安南各一，即今之受廓尔喀降，合为十。"从表面上看，似乎是九次战役，事实上，廓尔喀战役也是前后两次。

《御制十全记》中对高宗十全武功的记述，主要从对内战争和对外战争两方面来描述，对内战争主要包括两平金川、两平准噶尔、平定回部、平定林爽文起义，共计六大武功。

从战争事件上看，从乾隆十二年（1747）至乾隆五十七年，林林总总的战事历时四十五年，几乎贯穿着高宗的统治岁月，也体现了高宗的丰功伟绩。从战争对象上看，有外国的，有本国的；有廓尔喀王，有藩属国王，有蒙古回部首领，有金川土司，也有台湾的反清义士。作战时间少说要一年，多则三四年。如此算来，乾隆朝六十年时间中，有近三分之一的时间是在处理战事问题。尤其到了乾隆朝中后期，清廷内部和外部的矛盾愈发地突出，这其实已经给清王朝敲响了警钟。

将近半个世纪连续的战争，不仅耗费了大量军费，很多士兵埋骨他乡，也对民间百姓的生命和财产造成了难以估量的损失。从某种程度上来讲，高宗有些好大喜功。但不可否认的是，这十役对我们国家的领土完整都直接或间接地起到了积极有效的保障作用，从这一点上看，高宗的历史功绩是不可磨灭的，我们对此应该给予肯定。

二 皇帝和珅擅权

乾隆朝已经达到中国封建王朝繁荣的顶峰，高宗正是这最后一个盛世王朝的贤明君主，而本节的主角，就是他所宠信的第一权臣——和珅。和珅并非出身名门，却赢得了已经年过六旬，在皇位上磨炼得精明老练的高宗的宠爱。他巧妙地运用手段与权谋扶摇直上，最终在历史舞台上扮演了一个臭名昭著的“奸相”角色。

和珅，字致斋，姓钮祜禄氏，满洲正红旗人，生于乾隆十五年（1750），祖父因军功赐巴图鲁，授轻车都尉世职。和珅幼年入官学读书，主修满、汉、蒙古文和经史典籍，天赋极佳。他没有当时像其他八旗子弟那样颓废懈怠，而是刻苦努力，名列前茅。乾隆三十二年，他成为大学士、刑部尚书英廉的女婿，这一联姻无疑为他仕途的飞黄腾达创造了条件。乾隆三十四年，他继承父亲的职位，并在皇帝轿前执事，主要在皇帝出行时担当服侍与陪伴娱乐兼护卫的职责，从此他得以接近高宗。

乾隆四十年，可以说是和珅的幸运之年，在这一年之内，他连升六任。其后几年，更是平步青云，担任军机大臣、大学士、吏部尚书、户部尚书、领侍卫内大臣、九门提督等要职，并封一等忠襄公。乾隆四十五年（1780），皇帝赐其长子名丰绅殷德，并将和孝公主嫁与丰绅殷德。这次联姻，和珅家族又得到皇帝封赏的大量土地、财产。除此之外，和珅家族还与皇族有其他联姻关系，君臣之间的姻亲关系使和珅的权威更加巩固。在此后二十四年的从政生涯中，他权倾朝野，位极人臣。

和珅如此年轻，却能够迅速地升迁，得到高宗的宠信，可谓世所罕见，必有主客观多方面的因素在起作用。

到乾隆朝时，封建皇帝的集权已达顶峰，晚年的高宗有着历史罕见的执政生涯和丰富的政治统治经验。而承平日久的社会环境让他变得越来越好大喜功，喜爱阿谀奉承。此时，和珅的出现正合他的胃口。和珅善于揣摩皇帝的心思，事无巨细，投其所好。高宗七十岁和八十岁的千叟宴均由和珅一手操办，高宗对此非常满意。甚至皇帝吐痰，他都是第一个手持痰盂冲上去的那个人，每每与皇帝交流，必自称“奴才”，阿谀奉承，溢于言表。因此深得皇帝欢心 。封建王朝此时已处于盛极而衰的节点上，官僚体系也弊病丛生。官员腐败严重，上下欺瞒，结党营私之风盛行，也使得和珅施展其他的权术时得心应手。

为强化满洲贵族对中原的专制统治，乾隆前期大兴“文字狱”，实行高压政策，意在强调君主专制和保持满洲特色。在国家政治生活中心形成了一种恐怖气氛，官僚皆人人自危，看皇帝眼色行事。这种压抑的政治气氛无疑为以和珅为首的一类善于取巧逢迎、玩弄权术的官员创造了生长的温床。而和珅正是利用这种“乾隆盛世”、万马齐喑的政治氛围，左右逢源，施展他的政治手腕，进而擅权专政。

高宗继承先辈思想，加强君主专制，而作为中枢机构的军机处更是由皇帝一手控制。即位之初，高宗一再更换军机大臣，安插亲信。但是军机处毕竟职能重大，必须让诸如鄂尔泰、尹继善、刘统勋等威望高、功勋卓著的大臣担任军机大臣的要职。但是，这些军机大臣政治交际广泛，势力庞大，很容易对独揽皇权构成阻碍。所以，适当任用年轻有为且没有太深层的政治背景的官员为军机大臣，既较容易操控，又能够对功勋老臣形成掣肘作用。而和珅正是符合高宗这一要求的人选。

和珅并非影视作品和民间传说的那般庸碌无能，姑且抛开他在历史进程中的劣迹，仅就和珅本人而言，他是一位相貌英俊的文武全才。他掌握满、汉、蒙古、藏四种语言，在官僚机构中，游刃有余的办事能力都是他仕途得意的重要条件。

众所周知，清朝历代帝王都重视对边疆少数民族的管理。和珅这一语言上的外交特长在当时朝中大臣中实属罕见，因此在对蒙古、藏用兵或与之进行文书交涉时，凸显出了和珅的重要作用。乾隆四十五年（1780），和珅任理藩院尚书。他在陪同高宗前往避暑山庄处理边疆事务时，其语言才华得以彰显并发挥了重要作用。他曾多次负责接待外国使臣，尤其是乾隆五十八年，以马戛尔尼为首的英国使团首次访华，英人此行为商业利益而来，清廷上下却不解其意。此时，和珅作为皇帝与外交使团的中间人，一改往日阿谀奉承的面目，态度严肃冷峻，贯彻了高宗的意图，没有给英人留下幻想的余地。清廷闭目塞听，不知如何处理外交事务，但和珅与外交使团交流不失大国风度，也发挥了积极作用。

众所周知，高宗酷爱舞文弄墨。而和珅本身具备此种文学功底，他本人就曾任《四库全书》的总裁官。投皇帝所好并非难事。有了皇帝这个大靠山，和珅仕途通达的外部因素可以说已经基本具备了。于公可解朝廷烦忧，于私又能愉悦主子，和珅受到皇帝宠爱便不难理解了。

和珅在仕途的巅峰拥有一连串耀眼的头衔，他身兼要职，加之皇帝宠爱，使他有恃无恐地擅权乱政。他逐步掌握了人事、财政、刑罚、外交等诸多方面的权力，并利用这些职权上下其手，专权敛财。

恃权纳贿是和珅的最大罪名，和珅最为人所熟知的当属他对财富的贪得无厌，而这些财物主要来自其他官员的贿赂。若非沾亲带故，若不用钱财贿赂这位权臣，那么上至督抚，下至司道，很难有官可做。经由他途任职，也可能被他施弄权术搞下台，甚至丢掉性命。户部银库郎中为肥缺，理所当然，欲任此职，必先贿赂和珅，才可能任职。因此，任此官者，到任后恣意贪纵，如此恶性循环，贿赂之风日甚，贪纵之乱象也更加普遍。至此，官场已是乌烟瘴气。

河工问题与国计民生息息相关，高宗一向非常重视。恰恰就是在这一问题上，严重地受到了贪污腐败的荼毒。河防官员身居要职，关系到百姓生存、生产的大问题。和珅掌权后，通过贿赂谋取官职的触角伸向了这一要职，进而侵吞国帑，甚至负责管理水利的要员为了贪污钱财，居然希望发生水灾。如此腐败贪婪，不仅直接威胁到百姓的生存，也动摇了封建王朝的统治根基。可见官场风气和官僚行政体制已经被腐蚀到了脊髓，这一切丑恶的现象也玷污了“乾隆盛世”的美名。

结党营私、阻塞言路，亦是和珅一大罪行。若论资历，和珅并不能与功勋老臣相提并论，但是由于皇帝宠爱有加，使他无所顾忌。他扶持苏凌阿、和琳、福长安等党羽，其中和琳为和珅之弟，亲近异常，自不必说。福长安为大学士傅恒之子，孝贤皇后之侄，最高升迁至户部尚书。和珅作为军机大臣兼管户部，使得双方更紧密地勾结在一起。苏凌阿本人平庸无能，甚是昏聩，他曾经和自己的属下说：“我是承蒙皇上厚恩，来挣取我的棺材本的。”如此贪婪的语言也招致了众人的嘲笑。就是这样一个无能贪婪的人，只因与和珅之弟和琳联姻，仕途节节高升，最后升至户部尚书、刑部尚书，再晋升为大学士。和珅利用他的权势向清政府输入了如此庸才，官僚素质低下这一问题已经侵蚀到了中央。

和珅对外排除异己，为自己专权扫清障碍，各种著作中均有记载。《所闻录》中记载："乾隆时，和珅当国，权倾一世"，"结党营私，道路侧目，朝士莫敢撄其锋者"。《庸庵笔记》载："当时督抚，如国泰、王亶望、陈辉祖之伦，赃款累累，屡兴大狱，侵亏公帑，钞没家产，动辄十百万之多，为他代所罕睹，然其始，未必即非和珅之党。"为了避免让这些骇人听闻的作为传到皇帝的耳朵里，和珅调整监察制度，任命年老体衰者担任御史一职，阻碍下情上达。这种行为造成了恶劣的后果，大臣们唯恐得罪权臣和珅，遇事推诿，更谈不上直言进谏了。

和珅权倾朝野，朝廷上下虽心有怨言，但是由于忌惮和珅权势，只能旁敲侧击，而不敢直指其人。先是乾隆五十一年（1786）五月，江苏织造揭发两广总督富勒浑的家奴殷士俊贪污银两、田亩，牵连到了主子富勒浑。家奴贪污，主子富勒浑也被革了职。与此案案情相似，同为家奴贪污，放在和珅身上，结果却大相径庭。

乾隆五十一年六月，陕西道监察御史曹锡宝上疏弹劾和珅的家奴刘全，上疏言刘全本为车夫，"服用奢侈，器具完美，苟非侵冒主财，克扣欺隐，或借主人名目，招摇撞骗，焉能如此"[①]。但随后本案的后续发展，即暴露出和珅权势之大，根基之深，他的权势足以使曹锡宝的直言进谏为密友出卖。高宗对曹锡宝的揭发不予采纳，他在承德避暑山庄下谕旨一道，训斥了曹锡宝。他借用和珅回奏所言，认为刘全"一向派在崇文门税务上照管一切，素昔尚为安分朴实。平时管束家人甚严，向来未闻其敢在外间招摇滋事"[②]。

高宗对和珅的偏袒，在随后的谕旨中更甚："曹锡宝如果见全儿倚借王势，有招摇撞骗情事，何妨指出实据，列款严参，乃徒托诸空言。或其意本欲参劾和坤，而又不敢明言，故以家人为由，隐约其词，旁敲侧击，以为将来波及地步乎？或竟系纪昀因上年海升殴死伊妻吴雅氏一案，和珅前往验出

①②《清高宗实录》卷1256，乾隆五十一年六月丁亥。

真伤，心怀仇恨，嗾令曹锡宝参奏，以为报复之计乎？若不出此，则曹锡宝之奏何由而来？”[1]曹锡宝已回奏刘全房屋住处豪华奢侈，但和珅提前密令将房屋拆毁，查无对证，曹锡宝受到皇帝训斥，最后落得了“革职留任”的下场。

曹锡宝参劾不成反受惩罚，自此以后，直至高宗去世，无人再敢触犯和珅的权威。这也显示了和珅专权乱政已到了何种地步。而这种乱象的出现，高宗难辞其咎。这也预示着高宗末期政局动荡，清王朝走向衰落已不可避免。

嘉庆四年（1799），高宗驾崩，和珅失去了赖以生存的靠山，大臣们群起而攻之。仁宗即下令，将和珅革职拿问，查抄家产，本应凌迟处死，后改赐自尽。和珅终年五十岁。仁宗给和珅定了二十二条大罪。其中，主要罪状有：

1. 立皇太子前，向颙琰（即仁宗）泄露机密，欲得拥戴之功。

2. 骑马进圆明园，“无父无君，莫此为甚”。

3. 延搁军报，存心欺瞒，导致征剿白莲教准备工作迟迟未能完成。

4. 垄断户部事务，不许其他臣僚参议商讨，独断专权。任意撤换军机处专员。

5. 家内藏匿珍宝、银两。

6. 与小民争利，广置家产。

7. 私役京师步甲兵丁。

在这些罪名中，可以看出和珅与高宗之间的亲密，非常人可比。像立储这样的机密事件，他都先于人知。和珅飞扬跋扈，大权独揽自不必说，贪污敛财、以权谋私更是骇人听闻。这些罪状表现出和珅贪婪腐败、殃民祸国之实情。仁宗所列罪状为和珅的擅权乱政画上了最后的句号，一代权倾朝野、显赫天下的权臣终于走上了绝路。

---

① 《清高宗实录》卷1256，乾隆五十一年六月丁亥。

凭着和珅个人的才干和肯吃苦的精神，以及逢迎高宗的种种手段，在清王朝达到鼎盛的时代背景下，和珅得以擅权。和珅仕途辉煌的二十几年，推波助澜，大行歪风邪气，终将清王朝推上下坡路。虽然这不全属于和珅集团所为，但其破坏的作用不容低估。和珅的擅权，尤其对吏治的败坏，无疑加速了清王朝的衰败。

三载太上皇

在中国古代漫长的封建王朝历史上，未逝世而退位，被尊为“太上皇”的帝王不在少数，但大多数是被逼无奈。高宗弘历则是个例外，他当太上皇，是由他预先规划设计的主动让权归政。从嘉庆元年（1796）元旦，新帝登基、高宗退位开始，直到嘉庆四年正月初三高宗病逝，高宗做了整整三年的太上皇。

高宗退位归政于其子，实有原因。弘历幼年时，圣祖非常疼爱这个天资聪颖的小孙子。而在弘历心里，对祖父更是崇敬有加。在登基大典上祷告天地时，他表示不敢与在位六十一年的祖父相提并论，并且许下承诺，当自己在位六十年时，要“归政退闲”，以此表达对祖父丰功伟业的尊重与敬仰。

除去上述个人情感因素，高宗自然也考虑到政权稳定性问题，自己的父亲世宗即位时惨烈的政治争斗，想必高宗不愿这样的悲剧再次发生。在有生之年确定接班人，既可以避免大政方针有较大的波动，也可以避免为争夺皇位进行的党争。随着年龄的增长，高宗的身体状况大不如前，也坚定了高宗立储的决心。计划已经设定，接下来就要做一些必要的准备工作了。

首要的大事，即是立储事宜。鉴于历史上为立长、立嫡而设立的储君原则最终都会带来骨肉相残，高宗认为接班人是否贤明，并不在于立长立嫡，而是应当择优择贤。他遵照其父世宗秘密立储的办法，决定秘密确定储君人选，这样能够避免由于争夺皇位而结党争斗。在密立的两位皇位继承人皇二子和皇七子相继夭折后，乾隆五十七年（1792），高宗告知诸皇子，他将在乾隆六十三年时归政退位，次年秘密确立了储君人选，但并没有向大臣透露。确立了皇位继承人后，高宗开始建造自己日后的居住之所，这便是紫禁城东北角的皇极殿、宁寿宫、养性殿、乐寿堂等宫院。其建筑结构完全仿制皇帝的“办公室”养心殿设计建造。从这些建筑物的名称可以看出，高宗想要在退位后修身养性，颐养天年。但是从建筑构造上又可以推断，他还是对皇帝职权恋恋不舍。

高宗还对自己的后事做了安排。高宗即位不久就修建了自己的陵寝，退位后，他决定继续修缮。高宗担忧自己的陵寝建在东陵，西陵会受到冷落，便下令自其子仁宗始，后世子孙建陵要“各依昭穆次序，迭分东西，一脉相联，不致递推递远”。可谓用心良苦，考虑周全。此外，他对死后葬礼也有详细的规划布置。

乾隆六十年九月初三，高宗即位六十年整，在王公大臣和皇子皇孙面前，从“正大光明”匾后将密旨取出，皇十五子颙琰被立为皇太子。次年正月初一举行登基大典，高宗亲自将传国玉玺授予颙琰，改元嘉庆。从此，高宗的太上皇生活开始了。高宗虽然已经归政让位，但是他在位六十载，政治经验丰富，历史长河中的诸多实例也告诉他，完全做太上皇，日子未必好过。为了防止这一混乱局面的出现，为自己的太上皇生活做一些准备是非常必要的，所以他仍然手握实权。仁宗只负责出席一些祭祀和礼仪活动，而军国大事，高宗仍然事必躬亲，督训仁宗。在三年的太上皇生活期间，太上皇的权力凌驾于仁宗之上。

在高宗这三年的太上皇生涯中，在一切重大礼仪的规格上，仁宗始终处于助手的地位，包括敬天、祭祖等礼仪活动，都只能处于次要地位，一切事宜要遵循太上皇的训导。中国自古为礼仪之邦，政治体制与礼仪规章有着千丝万缕的联系。由此可见，高宗在礼仪上也在向全天下昭告，真正的皇帝仍然是他，仁宗充其量是一个“副职”而已。年号虽然已经改成嘉庆，但是在大臣们的建议下，朝廷所颁文书仍使用乾隆纪年，直至高宗去世。乾隆通宝仍然铸造，且流通量还很大。

高宗虽然在名义上归政赋闲，但是，关系到军国大事的奏折文书仍然要禀奏他过目，官员的任免权也仍然掌握在太上皇手中。譬如嘉庆二年（1797），高宗将江西巡抚陈淮和参赞大臣额尔春革职治罪。同年五月，太上皇又因为一些大臣没能到场陪同仁宗进行祭祀典礼，将这些违例的官员交部议处。一年一度在热河接见文武大臣是乾隆朝形成的定制，成为太上皇以后，这一制度依然延续。高宗还处置了多名办事不力和犯错的官员，这一切都表明高宗仍然通盘掌控整个朝廷。高宗也掌握着经济权力，其中最为重要的税赋蠲免政策，都由他来主导，诸如皇帝出巡、普免钱粮以及白莲教起义所波及地区缓征钱粮的事务等。此外，太上皇更是独揽军权，湘黔苗民动乱、川陕白莲教起义都由高宗坐镇指挥，“一切军务机宜，俱朕酌筹指示”[①]。

此外，高宗对仁宗还是有所防备的，担心自己的儿子结党威胁自己的政治统治。朱珪是仁宗非常尊崇的一位老师，当高宗决定委任他为大学士后，仁宗作诗祝贺自己的老师。很快，经和珅之手将这首诗摆在了太上皇眼前，高宗的敏感神经被触动，朱珪也未能出任大学士一职。仁宗逐渐地察觉到了太上皇的顾忌和提防，处事更加小心，对父亲愈加恭敬顺从。高宗作为一个

① 《清高宗实录》卷1494，嘉庆元年正月丁卯。

心思缜密、老谋深算的政治家，走下皇位后，虽然对自己的权威是否会受到挑战心存顾虑，但是仁宗清楚地认识到太上皇依然掌控全局，自己的皇位若想稳固，还是要仰仗自己的父亲，因此仁宗摆正心态，对太上皇唯命是从。这无疑给高宗吃下了一颗定心丸，认为仁宗并无夺权抢班的企图，也就放松了对仁宗的束缚与限制。

仁宗继位后的前三年，太上皇依然是国家军事、政治、经济大权的掌控者。然而，高宗也确实将一些行政权力交给了仁宗，例如对低级别官吏的任用以及考试的命题权等。这样循序渐进地下放权力，也可以逐步地使仁宗得到历练。但是，高宗做了太上皇后，身份毕竟有所变化，仁宗在一定程度上承担了一些皇帝的职务。这就使高宗不会像做皇帝时那么日理万机，而有了自己的个人活动时间和空间。高宗利用这些闲暇时光追忆往昔峥嵘岁月，包括在父亲面前背诵经书，和祖父相处时难忘的温情画面，情到深处，提笔作诗，倒也颇为洒脱。

高宗以太上皇的身份有效控制了政治权力，而随着他的身体与清王朝一起衰弱，许多因素已经在他的掌控之外了。号称“十全武功”的高宗在追求完美的帝王身份的同时，期许着清王朝更加繁荣富强。“十全武功”代表着高宗为保卫国家统一而发动的十次战争。不能否认其中一些边疆战争对于维护国家统一安宁有重大意义，但是像征伐缅甸这样得不偿失、损失惨重的穷兵黩武，只能看作是高宗好大喜功的表现。随着高宗进入晚年，清王朝也日渐衰败。但是高宗营造出的盛世气氛，让他忽略了这些阴暗面，继续诠释着自己完美的形象，继续沉浸在泱泱大国的迷梦之中。

进入晚年，高宗的执政方针与风格逐渐变得温和、平缓。对于镇压农民起义和白莲教起义的有功之臣，高宗对他们封爵封赏。而对于镇压不力的官员，也从轻处罚，最常见的就是让其戴罪立功，之后官复原职，又加封赏。对平民百姓，高宗也少了几分严厉，多了一些宽容。例如放松对文字狱的严格控制，减轻了刑罚力度。这些都是高宗施政方针转向温和的鲜明体现。

太上皇苦心孤诣，怀柔天下，但是这种宽容政策却不能换来百姓安居乐业和官场清明。官僚体制的腐朽已形成尾大不掉之势，不可逆转。官僚们结党营私，鱼肉百姓，社会矛盾错综复杂，不断激化，最终导致了白莲教起义的爆发。

川陕白莲教起义发生于高宗归政后，起义规模非常大。由于乾隆朝后期政治黑暗，社会矛盾加深，川陕山区百姓深受地主剥削摧残，也受到贪官污吏的百般欺凌，无处申冤讨公道，这一地区社会矛盾尤其突出，率先爆发了起义，随后席卷多省。直到高宗病逝，他也未能见到白莲教起义平息，临终之际，他手握仁宗，“频望西南”，“以军务未竣，深留遗憾”。镇压白莲教起义历经数年，费银数千万两。在这一事件过程中，清王朝的军纪废弛、贪污腐化体现得淋漓尽致，仁宗不得不撤换一批官员来整顿军纪。直到嘉庆九年（1804），波及数省的白莲教起义才被扑灭。起义虽被镇压，但是清王朝的统治根基受到了严重的打击，“康乾盛世”已成为过眼云烟，清王朝的颓势衰败之相越发地显露出来。

高宗退居太上皇之位后，权臣和珅的权力愈益扩张。随着高宗逐渐老去，精力、健康状况每况愈下，记忆力减退，口齿不清，都成了执政、交流的障碍。但高宗并不想彻底退居幕后，那么他就很需要和珅这个帮手传达他的意图，贯彻他的方针，和珅也确实具备这种综合实力。由此，和珅俨然成了太上皇的代言人，他代替太上皇与国外来华使节交谈，他上下其手，阻塞言路，蒙蔽太上皇。他掌握了军机处的用人大权，在中央各部门安插亲信，独断专行，飞扬跋扈。甚至骑马进入皇宫，正大光明地经过宫殿。

皇帝的宠爱有加使得和珅能够从容地专权乱政，就连仁宗对他也是有所忌惮。而和珅当然明白，过于接近仁宗势必招来太上皇的不满和猜忌，所以他对仁宗只是恩威并施。在仁宗被立为储君的前一天，提前得知这一消息的和珅为了讨好未来的皇帝，隐晦地告知了仁宗。

和珅对新皇帝心存顾忌，暗中监视仁宗，排挤仁宗所提拔的官员，并且鼓动太上皇与仁宗意见相左。和珅的种种行为让仁宗内心无比憎恶，只因其背后的靠山是太上皇，仁宗并不与他针锋相对，而是采取长线作战计划，以保住皇位为先，因此表面上对和珅很是恭敬，这也的确麻痹了和珅。在高宗去世的同一天，和珅即被仁宗软禁。之后仁宗列出和珅的二十条罪状，赐其自尽。仁宗粉碎了和珅集团，从此开始真正独自执掌大权。

高宗身体状况急转直下，嘉庆三年（1798）冬天感染风寒，嘉庆四年正月初三，高宗驾崩，享年八十九岁，庙号“高宗”，同年九月，葬于东陵裕陵。这位“十全老人”是在中国漫长历史上实际在位时间最久、寿命最长、文武兼备的君主，对维护国家统一、民族团结和中国版图的最终确定做出了重大的贡献。

太上皇与仁宗共同执政的三年是权力过渡时期，也是整个清王朝由盛转衰的重要节点。高宗作为太上皇继续把持朝政大权，使得他的统治理念得以延续，其中一些积重难返的弊病，也随着清王朝的衰败继续存在和发展，包括官僚系统的腐朽、军纪废弛等。历史总进程在缓慢推进，仁宗一时的改弦更张并不能改变清王朝走下坡路的大趋势。高宗三载太上皇的经历，对于其个人可以称得上是一个比较完美的帝王生涯的结局，也正是以此为起点，清王朝的运势开始加速滑坡，纵然老太上皇殚精竭虑、未雨绸缪，可惜“夕阳无限好，只是近黄昏”，谁也无法扭转清王朝由盛转衰的命运，无法挽救日薄西山的封建统治。

四次农民起义

在中国历史上阶级压迫与反抗阶级压迫犹如一对孪生兄弟，往往相伴出现。反抗阶级压迫的形式主要为广大农民组成的武装暴动，封建社会从来没停止过对农民的压榨，以致大规模农民起义不断爆发。从清入关开始，就开始出现各种各样的民众反抗，其主要矛盾即广大汉族百姓与清朝统治者之间的民族矛盾。到康熙、雍正时期，社会趋于稳定，满汉矛盾逐渐开始淡化，阶级矛盾开始成为社会的主要矛盾。

至乾隆朝，盛世的背后已经危机四伏，这样的危机主要来自三个方面：一是仍然潜存的民族矛盾，民族矛盾逐渐转化为民间宗教势力渗透各方，通过宗教信仰的形式笼络百姓，并最终掀起反抗浪潮，这样的反抗往往具有持续性、广泛性。二是乾隆朝对贪腐惩治乏力，贪官污吏对地方百姓的压迫往往成为民变的导火索，使得清王朝统治陷入危机。三是由于社会经济发展，土地兼并情况日益严重，地方士绅对百姓的盘剥加剧，民众生活困苦，不得不举起反抗的旗帜。这些原因交织在一起，使清王朝陷入了严重的危机之中，矛盾遍布全国。其中比较重要的起义，主要有四次，即王伦起义、林爽文起义、苗民起义和白莲教运动。

王伦起义

王伦，乾隆年间人物，具体出生年不详。他出生于山东寿张县后王庄（今阳谷县十五里元乡党后王村）的一个农民家庭。由于家境贫困，从小受尽欺凌。王伦相貌威严，身材魁梧，气力过人，武艺超群，他还很擅长医术。他于乾隆十六年（1751）参加了白莲教，展现出领袖的才华，自立门户，创立支派，称“清水教”。从乾隆二十六年开始，王伦便在阳谷、寿张一带给人治病，专治痈病，不收诊费。经他治愈的很多青年人后来干脆拜王伦为“义父”。他一面行医，一面在兖州、东昌等地传教，他亲自教人们拳脚功夫，并不断发展地下组织。经过十余年的努力，在堂邑、寿张、阳谷一带都能看到清水教教徒的身影。

乾隆三十九年春，王伦跟弟子们约好十月在多个地方举事。这个消息快速传开，他的教徒们全部集合起来操练，精心筹备即将举行的起义大事。很快消息传到了当时任寿张知县的沈齐义那里，他迅速下令将王伦抓捕归案，并立即查禁清水教。令他没有想到的是，清水教已经打进了他的内部，他手下的衙役也成了教徒，他们把消息通知给王伦。王伦得到这个消息后，觉得应该先下手为强，于同年八月举行起义。

王伦请了个戏班子，让他们到寿张县衙门前去唱戏，这样，几千人组成的起义军聚集门前佯装看戏。半夜时分，他们手举火把，持刀棍，浩浩荡荡地冲进衙门。那个知县大人沈齐义见状，吓得惊慌失措，慌忙披上官服到衙门升堂，试图“软语劝谕”，暂稳局势，以后有机会再想办法剿杀。他的阴谋未得逞，便狗急跳墙，开始辱骂，皂役李旺当即将其杀掉。同日，在堂邑县城西的张四孤庄，王经隆领导五六百人举事，杀了村里的恶霸地主，随后，他赶到南部寿张，与王伦会师，一同北伐。起义军便开始进攻阳谷。兖州镇总兵惟一带领寿张游击赵福前去剿捕，赵福在阳谷南门与起义军交战，被义军击毙，惟一则落荒败逃。时任莘县把总杨兆立在阳谷县城驻守，一经交锋，不堪一击，在城内被杀。县丞刘希涛得到消息后率兵从阿城增援，两军相遇，县丞被砍死，清军败遁。义军冲进城内，杀死防守监狱的典史方光祀，将关押的犯人悉数放出。到九月，起义军乘胜北上，攻打堂邑，当天下午就到了目的地，该县四门都有清军把守，领军的分别是卸任知县陈枚、武举陈元梁、把总杨兆相和训导吴标。义军势不可挡，四座城门被起义军轻松夺取，把守各门的将领等人被消灭。这支起义军先攻下寿张，又陷阳谷，据堂邑，攻城杀官，队伍迅速壮大。这时，正在承德避暑的高宗听到消息，再也坐不住了，即刻命山东巡抚徐绩集结该地的旗勇、绿营等军队，迅速前往“剿捕”逆犯。徐绩率军追赶，到东昌府时，这支清水教起义军已经一路向北，到了离临清二十多公里的柳林镇。徐绩赶紧联合其他部队，与兖州镇总兵惟一、河道总督姚立德，兵分三路，两攻一守，试图围剿起义军。起义军也不会坐以待毙，他们设下埋伏诱敌深入，等到清军赶至，突然间四面皆兵，火光冲天。起义军采取包抄之势，绿营兵顿时慌了阵脚，遂大溃。徐绩被围，一队官兵拼死相救，才得以逃脱。

柳林大捷后，起义军队伍更加壮大，已经发展到万余人。起义军进至临清附近，为闸河阻隔，他们想方设法弄了一些树枝、木头之类的东西扎成木筏，才得以过河。渡河之后，在城东北角运河东岸的砖城，发现守城的清军都龟缩在这里，起义军迅速攻下了土城，并以此作为根据地，开始攻打砖城。这场战役持续十几日，起义军用了很多攻城方法，一开始先偷偷在夜里跑到城楼外，堆起秸秆等物，点火焚烧，烟焰蔽空，乘机攻城。然后他们把火药装到四乘牛车上，让牛车冲过去引爆，试图打开缺口，但未能实现。于是，起义军又将一辆牛车的车轮去掉，让好几个壮汉背着这个车悄悄来到城下，试图点火烧城，不幸的是，城上清军抛下无数砖石，起义军大量伤亡，最终也失败了。起义军攻城屡屡受挫，但他们没有退缩，反而越挫越勇。这时，清朝援军正在慢慢靠向起义军，双方于临清城下展开了一场激战。起义军冒着清军的炮火奋勇杀敌，清军四下溃逃，援兵统帅惟一自己逃了出来，一路跑到东昌。后来，他跟图格肯以逃脱罪被处死。

正当起义军准备大举进攻时，高宗再次任命舒赫德做清军统帅前往督战，此人“久谙军务”，是一品重臣大学士。除此之外，高宗还令河南总督出兵以“助剿”，指令清军在临清砖城继续守卫，牵制起义军。舒赫德到达山东后，随即集结三路兵马围剿起义军，起义军被团团包围，他们殊死搏斗，几次试图突围不成。这时，在临清周围集结的各路清军迅速发动总攻。清军虽有千军万马，但是起义军临危不退，他们上屋放枪，飞掷砖石，挥舞刀枪，与清军短兵相接，一直殊死拼搏。清军虽人多势众，但由于是巷战，很不利于发挥优势。清军统帅舒赫德见进展缓慢，便传令军中，且战且焚，大肆屠戮，瞬间火光四起，哭号连天。原本鳞次栉比的房屋瞬间化为灰烬，百姓来不及逃离，尸横遍野，这座古城顿时变成一片火海血海。经过五天五夜的激战，到九月末，清军最终镇压了起义，重新夺回临清，而起义军伤亡惨重，王伦等人被围困在了汪家宅院，无计可施，有的人便劝说他投降，但王伦坚决不降，最终命令手下放火焚楼，起义军士兵不忍动手，王伦毅然自焚，壮烈牺牲。

林爽文起义

林爽文，福建漳州平和县板仔人，于乾隆三十八年（1773）随父渡台，居彰化大里代庄，以耕田、赶车为业。乾隆三十九年，参加严烟组织的“天地会”，不久成为台湾地区天地会的北路领袖。乾隆五十一年至乾隆五十三年，台湾暴发历史上规模最大、范围最广的农民起义斗争，起义军的领袖便是林爽文。

乾隆五十一年（1786）一月，由于当时台湾知府孙景燧将天地会取缔，逮捕其领袖，这个领袖就是林爽文的叔伯。因此林爽文领军劫狱，号称50万众响应，同月攻下彰化，杀死知府孙景燧，占领彰化县衙，自称“盟主大元帅”。很快王作、李同的队伍也在北路响应，杀淡水同知，又一路向北，占领了新竹地区的竹堑城。林爽文建号“顺天”，向南进军攻打诸罗一带的清军，驻守诸罗的是福建陆路提督署台湾兵备道柴大纪。此时，凤山的天地会领袖庄大田亦集结队伍积极响应。至二月，整个台湾除了南部的台湾府、诸罗、中部海港鹿港这几个地方，其他的都已被林爽文军队攻陷。由于军纪不严，桃竹苗等地的客家人迫于无奈，遂以乡勇形式组织义民团练，反抗林爽文的军队，来保卫自己的家乡。在新竹地区，陈紫云带领起义军转战到新竹苗栗这些地方。事件平定后，这里的老百姓收拾那些死难的客家乡勇，一共捡到200多具骨骸，后来把这些骸骨合葬在枋寮（即今新竹县新埔褒忠亭义民庙）。

听闻林爽文起义军攻占台湾的消息后，闽浙总督常青急忙命福州将军恒瑞、福建水师提督黄仕简和福建陆路提督任承恩几人，率清军共4000人征台。入台后，大军一路围杀，收复诸罗县城、凤山县城，不久这些地方又被庄大田占领，双方僵持不下，形成拉锯战。清廷任命常青为督师，常青调集浙江、广东一万多清军，他亲自率军渡台，清廷后又增派7000人，起义军与清军在台湾府城形成对峙之势。台湾漳泉一带一直不安定，鹿港泉州府籍林凑等人率领一大批人袭击彰化县城，并对漳州府籍移民大开杀戒，将百姓的房屋烧毁。因为林爽文也是漳州籍，于是他率军展开反攻，那些漳州人无奈之下投靠了林爽文。漳州籍大股首陈泮伺机报复泉州人，他下令将泉州人的房屋全部烧毁。由于闽粤械斗时间已久，积攒了很多怨恨，漳州籍的庄大田后来也跟客家人发生了冲突，攻城一事被迫搁置。

随后，清廷又派陕甘总督大学士福康安、参赞大臣海兰察共率绿营8000人自鹿港登台，登台后又招募团练6000人，共14000人的兵力，和林爽文的三万兵力展开对峙，双方在八卦山交战。福康安率军攻打彰化、诸罗，最终将其收复，林爽文兵败后逃到集集、水沙连（今南投县鱼池乡）一带，福康安派人与当地居民交涉，最后在老衢崎（今苗栗县竹南镇崎顶里一带）抓获林爽文。庄大田和泉州籍的首领庄锡舍不和，庄大田独自逃跑时，被清军侦知踪迹，当他被乌作哈达的水师抓获时，早已严重受伤，后来在台湾被处死，函首燕京。清廷仅派军不足4万，经过一年四个月就镇压了起义。高宗大加赞赏诸罗县义民的义举，为表示嘉奖，遂把诸罗更名为“嘉义”。

湘黔苗民起义

湖南湘西地区及贵州地区，一直是苗族生活、生产较为集中的地区，清地方官长期欺压苗民，使得本不富裕的苗民生活更加困苦。乾隆六十年（1795）正月，在四川、陕西、湖北一带广为流传的白莲教传入湘西和黔东北地区，甚得广大苗民认可，在白莲教的宣传与鼓动之下，广大苗民掀起了反抗压迫、反抗租税、反抗客民的起义活动。起义一开始就直指官府、地主、高利贷者，提出“逐客民、收复地”，“穷苦人跟我走，大户官吏我不饶”的口号，号召广大苗民驱逐湘西、黔东北一带的满、汉官吏和士绅，为苗民争取权益。这一口号很快得到了当地深受压迫的苗民、广大贫苦的汉族百姓以及土家族等少数民族民众的支持，逐渐影响至湘、黔、川等地区。三月，清廷不得不派遣云贵总督福康安会同四川总督和琳、湖广总督福宁统率云、贵、川等7省10万余大军进剿起义军。起义军则与清军展开广泛的游击战，一直秉承着“敌有万兵，我有万山，其来我去，其去我来”战略原则，在深山中袭击清军，并取得了一些胜利，在干州狗拜岩战役中，全歼福宁统率之精兵6000余人，成功阻击福康安，与之对峙半年有余。

清廷见单纯围剿不成，改为剿抚并用的策略，分化瓦解起义军，起义军领袖吴半生、吴八月、石三保等人先后被叛徒出卖被俘。起义军在丧失诸位领袖的情况下继续作战，直到嘉庆元年（1796）十二月，清军方才占领起义军最后的据点石隆寨，起义军领袖石柳邓战死，苗民起义最终失败。

白莲教起义

乾隆朝中后期，官员贪腐严重，官府横征暴敛，导致各种社会矛盾持续激化。随着人口激增，大量土地被官员士绅兼并，物价随之飞涨，中下层民众生活在水深火热之中。正当高宗沉浸在自己以往的功绩中之时，一个震惊的消息让他甚为不安。年迈的高宗此时已经逊位做了太上皇，年轻的仁宗刚刚继承帝位，正在此时，却爆发了遍布西南、西北各地，来势汹汹的白莲教大起义。

白莲教提倡反抗现实的宗教理念，宣传社会已经到了“末劫年”，很快将要“换乾坤，换世界”，引入历朝农民起义“黄天将死，苍天将生”“入其教则可免一切水火刀兵灾祸”“教中所获资财，悉以均分”“穿衣吃饭，不分尔我”“有患相救，有难相死，不持一钱可周行天下”等口号，这些理念在普通民众中广为流传。随着信众的不断增加，这个秘密宗教团体开始谋划以暴力方式推翻清政府。

当这个宗教在湖北、四川、陕西一带不断发展的时候，引起了清朝中央和地方官府的注意。官府开始大量逮捕其领头骨干，“全教拿获，毋使一名漏网”，乾隆五十九年（1794）十月，除白莲教教首刘之协等少数人侥幸逃脱外，各地白莲教领袖人物悉数被捕，而地方官吏再次暴露出贪恶的一面，对教众大肆勒索敲诈。与此同时，湘贵黔一带苗民起义正盛，大量百姓逃离家园避难，白莲教借此时机以“官逼民反”为口号，发动了全面起义，白莲教起义随之在各地得到广泛响应。嘉庆元年（1796），白莲教起义军相继攻陷孝感、当阳、保康、竹山，并逼近襄阳，起义军头裹白巾，又被称为“白巾军”。白莲教起义军虽然一路势如破竹，并且取得了多次胜利。但是，在高宗和仁宗的绞杀之下，白莲教起义逐渐陷于被动。自嘉庆五年起，清廷的“筑寨团练”及“坚壁清野”等围堵措施开始发挥效能，使得起义军处于孤立境地，出现了兵粮短缺的情况，陷入被动挨打的局面。嘉庆六年，在各路清军的围追堵截之下，起义军中战斗力较强的几支队伍相继被剿，使得其元气大伤。但是，广大起义军将士仍然没有放弃抵抗，在极为艰苦的情况下，仍然与清军进行了长期的对抗，并在局部取得了一定胜利，沉重打击了清朝地方政权。

事实上，直至嘉庆九年，各地白莲教起义军仍在积极活动。当年九月，白莲教起义军的最后一位领袖人物苟文润被起义军中的叛徒残忍杀害，至此，威震九省、历时九年的川楚白莲教起义才被扑灭。白莲教起义使得清王朝元气大伤，地方政权威信扫地，此后清王朝的国势也随着起义的结束开始走下坡路。谁也没有想到，这场农民起义一打就打了九年，直到高宗去世，也未能完全剿灭。清廷调动十六省兵勇，耗费白银上亿两，阵亡数名将领，损失大量官兵，方才镇压下去。这些农民起义遍布全国，沉重地打击了清王朝的统治，增加了政府的财政负担，使得康乾盛世的光辉越发暗淡。清王朝在经历高宗长达六十年的统治达到顶峰之后，渐渐进入了衰退时期，帝国也开始落下自己辉煌的大幕，盛世也仅剩下美丽的夕阳。

主要参考文献

[1] 鄂尔泰监修，张廷玉、福敏、徐本等纂修：《清世宗实录》，中华书局，1985年。

[2] 庆桂监修，董诰、德英、曹振镛等纂修：《清高宗实录》，中华书局，1986年。

[3] 中国第一历史档案馆编:《雍正朝汉文朱批奏折汇编》，江苏古籍出版社，1986年。

[4] 白新良：《乾隆传》，辽宁教育出版社，1990年。

[5] 贺长龄、魏源：《清朝经世文编》，中华书局，1992年。

[6] 琴川居士辑：《皇清名臣奏议汇编》，光绪二十八年（1902）石印本。

[7] 庄吉发：《清高宗十全武功研究》，中华书局，1987年。

[8] 昭梿：《啸亭杂录》，上海古籍出版社，2012年。

[9] 赵尔巽：《清史稿》，中华书局，1976年。

[10] 李治亭：《清康乾盛世》，河南人民出版社，1998年。

[11] 郭伯恭：《四库全书纂修考》，岳麓书社，2010年。

[12] 魏家川：《先秦两汉的诗学嬗变 从“〈诗〉云”“子曰”到“子曰诗云”》，学苑出版社，2007年。

[13] 林永匡：《清代饮食文化研究》，黑龙江教育出版社，1990年。

后记

《数读清史丛书》历经七年的艰辛，终于得以付梓，真是值得高兴的事。作为主编，我们深感编辑这部有一定特色的“清史丛书”实非易事，个中甘苦，唯亲历者知之。

本套丛书的编辑工作启动于2012年，两位主编在深思熟虑之后，明确宗旨，确定选题，拟就编写计划，制订《编写则例》。接着，又约请京内外九位中青年学者承接编写工作。作者们对于本丛书的写作十分认真，兢兢业业，数易其稿，付出了艰辛劳动。编纂伊始，还承蒙北京青年政治学院（通过作者之一谭绍兵）赞助，使得来自四面八方的作者能齐聚一堂，共襄盛举。

由于多种原因，原接洽的出版社临时变卦，致使丛书出版中途搁浅。面对意外变故，我们作为主编没有气馁，又积极与辽宁民族出版社沟通。承蒙不弃，该社社长兼总编辑李凤山先生、副总编辑吴昕阳女士鼎力相助，慨然允诺出版本套丛书。责任编辑李璜女士及杜璐珊、黄金刚等编辑负责联系、审稿，多有辛劳。此外，又通过邹建达、张立程两位作者得到了云南师范大学和浙江大学的出版资助，最终得以克服困难，仅仅用了不到一年时间就把此书奉献给广大读者，这是我们全体编著者要特别感谢的。在丛书编撰过程中，编著者的家人、朋友给予了大力的支持和帮助，杨阳、黄彦震等同志也协助做过一些事务性工作，在此一并致谢。

2019年4月于北京